Andrea Riccardi

Comprendre le pape François

Traduit de l'italien par Hélène Ginabat

Éditions de l'Emmanuel

Édition originale :
Andrea Riccardi, *La sorpresa di Papa Francesco. Crisi e futuro della Chiesa*.

ISBN : 978-88-04-63434-8

Conception couverture : © Christopher Roger
Photo couverture : © Giulio Napolitano/Shutterstock.com
Composition : Soft Office (38)

89, bd Auguste-Blanqui – 75013 Paris
www.editions-emmanuel.com

ISBN : 978-2-35389-368-3

Dépôt légal : 1er trimestre 2015

Avant-propos

La crise de l'Église catholique est-elle irréversible ? Un grand nombre de catholiques se posent la question, comme beaucoup d'autres personnes préoccupées par l'affaiblissement du rôle de l'Église dans l'histoire. Bien des choses ont été dites à ce sujet. Différentes réponses ont été avancées. Une conviction surtout s'est répandue : la vieille Église catholique n'avait peut-être plus les ressources pour affronter la crise. Dans ce climat d'incertitude, la renonciation inattendue du pape Benoît, le 11 février 2013, a d'abord donné lieu aux interprétations les plus diverses et semblé confirmer la gravité de la crise. Beaucoup ont interprété cette renonciation comme un retrait personnel du pape devant des problèmes insolubles. Sa décision était une preuve de la gravité de la situation ; elle justifiait le pessimisme quant à l'avenir de l'Église catholique. Cette crise ne venait pas de l'extérieur (persécutions, mesures discriminatoires…), comme si souvent par le passé, mais plongeait ses racines dans la vie interne de l'Église même.

Cette démission fut suivie par l'élection du premier pape latino-américain de l'histoire, le cardinal Jorge Bergoglio, qui prit le nom de François. Ce fut une véritable surprise.

Non seulement le choix de l'homme, mais aussi l'impact immédiatement positif de sa personnalité sur les catholiques et les non-catholiques. On perçut un intérêt nouveau pour l'Église.

Les faits sont connus. Mais bien des questions demeurent sans réponse. Les causes de la crise sont-elles une affaire entendue ? Que s'est-il passé au cours de cette période si cruciale pour le catholicisme ? Ces interrogations méritent d'être examinées dès maintenant, en attendant que les historiens se penchent un jour sur le sujet. L'année 2012-2013, année de la crise, de la démission inédite du pape et de ce qui ressemble à un nouveau « printemps » du catholicisme, a été une période extrêmement délicate. Il n'est pas trop tôt pour essayer de comprendre ce qui s'est passé en profondeur, par-delà les vicissitudes de l'Église. Nous en avons les moyens. Cette histoire est faite d'éléments dont on ne tient pas souvent compte car ils vont au-delà des perceptions, des impressions et des rumeurs.

Quelle est l'ampleur de la crise de l'Église et comment le pape François y réagit-il depuis son élection ? Quelle que soit la réponse, une chose est sûre : ce passage de la *crise* à la *surprise* est révélateur de la spécificité du catholicisme – que l'on n'évalue pas toujours avec suffisamment d'attention –, de ses ressources, des différents mondes qui le composent, de son approche singulière de l'avenir. Il me semble particulièrement important de tenter de comprendre la « proposition » du pape Bergoglio, et, pour ce faire, de retracer sa pensée et son parcours, y compris avant son élection. C'est ce que je me propose de faire dans ces pages.

Lorsqu'on se mesure à la pensée et à la personnalité de François, les analyses simplistes faisant de lui un pape populiste ou sentimental se dégonflent d'elles-mêmes comme des ballons de baudruche. La « proposition » du pape François vient de loin. On le perçoit en étudiant son histoire et sa pensée. Au fil des années, Jorge Bergoglio a approfondi une réflexion qui s'articule autour des thèmes cruciaux de la vie de l'Église et de sa place dans la société contemporaine. Il a suivi avec une attention particulière les changements des deux dernières décennies, notamment l'affirmation incontestée de la mondialisation et ses conséquences sur la vie économique et sociale. Il s'est interrogé sur l'espace et la mission de l'Église dans un monde transformé, pluriel, où la population vit dans les grandes villes. Il l'a fait en se référant au concile Vatican II et aux années postconciliaires, celles de Paul VI et du pape Wojtyła.

Le « laboratoire » de cette réflexion du pape François a été l'Argentine, avec ses difficultés, ses contradictions et son lien, ne serait-ce que du point de vue religieux, à toute l'Amérique latine. Le nouveau pape n'est pas conventionnel. C'est un homme passionné et très communicatif. Mais il a une vision très ordonnée et réfléchie du monde globalisé, de ses vicissitudes humaines, et surtout des problèmes et des défis de l'Église catholique aujourd'hui. Les cardinaux qui l'ont élu pape de Rome en mars 2013 en étaient-ils conscients ? Peut-être pas tous, ni de manière précise. Peut-être ont-ils été surpris, eux aussi, comme tant d'autres, par leur collègue devenu le pape François. Ce qui est certain, c'est que même avant l'élection de Bergoglio, ils ont perçu son énergie intérieure, celle d'un chrétien authentique qui ne cède pas au pessimisme et nourrit de grandes attentes vis-à-vis de l'avenir.

Et de fait, avec cette élection et la personnalité du nouvel évêque de Rome, c'était comme si l'avenir faisait irruption dans l'ambiance pessimiste qui flottait alors. Élu pape à 76 ans, François a immédiatement témoigné d'une espérance forte, ou plutôt d'un rêve pour son Église. C'est un rêve mûri tout au long d'une vie marquée par le goût de la rencontre et du dialogue, mais aussi par une réflexion intérieure, particulièrement alimentée par la prière et la confrontation avec la Bible.

Sa vaste expérience humaine et ses idées fortes sur l'Église n'entraînent pas chez le pape François une attitude négative envers le monde d'aujourd'hui. Bien qu'il n'en ignore ni les limites ni les contradictions (il les relève, au contraire), son rapport aux réalités contemporaines est empreint d'une sympathie profonde qui s'exprime dans son attention personnelle à l'histoire singulière des femmes et des hommes, surtout des plus pauvres. Cette sympathie caractérise profondément la façon dont le pape affronte les situations et les problèmes qui se présentent à lui.

Il est clair que « la surprise du pape François »[1] ne s'est pas limitée à l'élection d'un pape venu du bout du monde, comme il s'est lui-même désigné. François surprend (et surprendra encore) dans les situations nouvelles auxquelles il est confronté dans l'exercice de sa charge. Bien qu'il ne soit pas homme à élaborer des plans, le nouveau pape a montré qu'il avait un rêve pour l'Église et qu'il voulait la conduire sur les chemins de l'avenir. Pour lui, seule une Église à la

---

1. N. d. E. : C'est le titre de l'édition italienne de ce livre : *La sorpresa di Papa Francesco*.

hauteur de sa mission pourra vraiment contribuer à changer le monde contemporain et à le rendre plus humain.

L'Église du pape François n'est pas seulement celle des structures (même s'il reconnaît clairement la valeur des institutions) : l'Église est d'abord un peuple présent dans de nombreux pays du monde. C'est un peuple que le pape entend guider, mais aussi accompagner, et même suivre. Le nouveau pape a le « sens du peuple », convaincu que celui-ci a des ressources humaines et spirituelles à déployer, des parcours à proposer et des énergies à offrir. Il ne se voit pas comme un réformateur isolé ou un chef accablé par les problèmes. Ce n'est pas non plus un homme seul aux commandes. C'est un évêque qui se tient au milieu d'un peuple complexe. En ce début malaisé de XXIème siècle, l'opinion publique découvre dans le pape un interlocuteur important pour l'avenir et un chef. La surprise créée par le pape François n'est pas l'émotion d'un moment.

Andrea Riccardi

I
La démission de Benoît XVI

La nouvelle « choc »

Ce matin du 11 février 2013, l'agence de presse italienne ANSA annonce une nouvelle presque incroyable, immédiatement retransmise dans le monde entier. Au cours d'un consistoire de routine convoqué pour ratifier trois canonisations, Benoît XVI vient de communiquer en latin une décision inédite : « Après avoir examiné ma conscience devant Dieu à diverses reprises, je suis parvenu à la certitude que mes forces, en raison de l'avancement de mon âge, ne sont plus aptes à exercer de manière adéquate le ministère pétrinien »[1].

L'annonce n'est pas aussitôt comprise par tous, entre autres raisons parce qu'elle est communiquée en latin. Beaucoup pensent qu'il s'agit d'un malentendu journalistique. Certains espèrent que l'information est véridique. Même si le pape Ratzinger avait fait dans le passé certaines allusions dans ce sens, personne ne s'attendait à une telle décision. Quand la

1. Consistoire ordinaire public, « Declaratio du Saint-Père Benoît XVI sur sa renonciation au ministère d'évêque de Rome, successeur de saint Pierre », 11 février 2013.

nouvelle est confirmée, elle est accueillie avec un mélange de surprise et de perplexité. Le fait est sensationnel. Beaucoup s'interrogent : que se passe-t-il donc dans l'Église pour que le pape soit ainsi poussé à démissionner ?

Depuis longtemps, on était habitué à recevoir la nouvelle de la mort du pape, non celle de sa renonciation. Les plus âgés ont assisté à l'agonie douloureuse de Pie XII, le pape de la guerre ; à la mort du pape Jean, accompagnée par la prière des fidèles sur la place Saint-Pierre ; à celle, silencieuse, de Paul VI à Castelgandolfo ; à la disparition subite du pape Luciani trente-trois jours seulement après son élection. Mais ce qui domine tous ces souvenirs, c'est l'image récente et dramatique de l'agonie et de la mort de Jean-Paul II, modèle de pape pour plus d'une génération[2]. Le pape Wojtyła considérait que s'éteindre sur la chaire de Pierre était la croix de sa vie ; et il était convaincu qu'un pape ne peut pas descendre de la croix.

C'est dans cet esprit que Jean-Paul II avait voulu rester jusqu'au bout à sa place pour témoigner de ce qu'il appelait l'Évangile de la souffrance. Un autre motif l'avait convaincu de ne pas se retirer : il ne voulait pas créer un précédent dangereux. À un cardinal qui avait étudié le dossier d'une possible démission de Wojtyła, le secrétaire du pape confiait : « Il craint de créer un précédent dangereux pour ses successeurs, parce qu'ils pourraient se trouver exposés à des manœuvres et à des pressions subtiles de la part de ceux qui voudraient les faire partir »[3].

---

2. Cf. M. Politi, *Papa Wojtyła. L'adieu*, Brescia, Morcelliana, 2007.

3. S. Dziwisz, *Una vita con Karol,* Rizzoli, 2007, pp. 215 sq. Voir aussi A. Tornielli, *Francesco. Insieme*, Milano, Piemme, 2013, p. 41.

Mais la raison la plus profonde du choix de Jean-Paul II, il l'a révélée lui-même à un autre cardinal : « Jésus n'est pas descendu de la croix »[4]. Pour Wojtyła, la papauté est un martyre au sens profond du terme : un témoignage évangélique qui ne s'arrête pas en cours de route, même devant la souffrance et la mort. L'attentat de 1981, qui aurait très bien pu provoquer sa mort, n'avait rien changé à son habitude, lors de ses sorties publiques, d'aller vers les gens sans réelle protection, ouvert et amical. Par ailleurs, Jean-Paul II était le pape qui avait fait découvrir aux catholiques du monde entier la mémoire des nouveaux martyrs, ceux du vingtième siècle, aussi nombreux que ceux des premiers siècles. Pendant l'occupation allemande de la Pologne, le pape Wojtyła avait vu la mort de près et il s'était demandé pourquoi il en avait réchappé, à la différence de tant d'hommes de sa génération.

Joseph Ratzinger avait vécu de près les derniers moments douloureux du pape Wojtyła et avait admiré son courage. Sans doute n'avait-il pas entièrement adhéré à la manière dont sa maladie avait été gérée et exposée, en raison notamment de son caractère pudique et réservé. Cependant, il a toujours parlé de son prédécesseur avec un immense respect, comme d'un homme supérieur à lui[5]. Cette humilité mérite d'être soulignée. En tant que pape, il s'interrogeait souvent sur la manière dont Jean-Paul II s'était comporté dans telle ou telle circonstance, le prenant en exemple. En renonçant à sa charge, Benoît XVI n'avait donc pas l'intention de prendre ses distances par rapport à son prédécesseur « bien-aimé »,

4. A. Riccardi, *Giovanni Paolo II. La biografia*, Cinisello Balsamo, San Paolo, 2011, p. 528.

5. Benoît XVI, Homélie du Saint-Père Benoît XVI à l'occasion de la béatification du serviteur de Dieu Jean-Paul II, 1er mai 2011.

même si son geste a paru rompre avec la tradition incarnée par Jean-Paul II dans les dernières années de sa vie, au prix du grand sacrifice que l'on sait.

Pour Ratzinger, la longue maladie de Wojtyła avait été une « catéchèse de la souffrance » chargée de sens dans un monde où l'on « cache la souffrance », alors qu'elle fait « partie de l'être humain » et surtout du christianisme, « la religion du crucifié »[6].

Cela dit, cette réflexion sur le témoignage donné par le pape Wojtyła à la fin de sa vie ne supprimait pas la question de savoir si l'on peut gouverner l'Église dans de telles conditions. Cette question, Ratzinger se l'était évidemment posée. Il l'avait d'ailleurs abordée dans un entretien qu'il m'avait accordé, en prenant soin de me dire qu'il fallait considérer le choix de son prédécesseur « dans une vision rétrospective ». Je suis convaincu moi aussi qu'il faut poser un regard distancié sur beaucoup de choix de l'Église et des chrétiens, précisément parce qu'ils ne visent pas la seule efficacité immédiate. C'est dans cette perspective que s'est placé le pape Ratzinger lorsqu'il m'a dit, à propos de son prédécesseur : « On peut gouverner même avec la souffrance »[7]. Mais il a aussi introduit quelques distinctions qui, après sa renonciation, m'ont fait réfléchir plus à fond.

Le pape Ratzinger disait que l'on pouvait gouverner avec la souffrance. « Pas toujours, mais dans un long pontificat » comme celui de Jean-Paul II, on le pouvait. « Après une vie si active, une pause de souffrance se justifiait »[8]. Cette

---

6. Entretien de l'auteur avec Benoît XVI.

7. A. Riccardi, *Giovanni Paolo II. La biografia*, Cinisello Balsamo, San Paolo, 2011, p. 130.

8. *Ibid.*

souffrance s'apparentait alors à « une forme de gouvernement ». Resituées dans la perspective de la renonciation de Ratzinger, ces expressions deviennent très claires. Il introduisait déjà là – c'était en 2011 – certaines distinctions importantes entre le long pontificat très actif de Jean-Paul II et un pontificat comme le sien. Dans le cas de Wojtyła, rester en dépit de la maladie avait du sens, en raison justement de ce qui s'était passé dans les années précédentes. Mais dans l'entretien accordé à Peter Seewald, Benoît XVI avait parlé avec une grande franchise du droit, et même du devoir du pape de se démettre quand il « en vient à reconnaître en toute clarté que physiquement, psychiquement et spirituellement il ne peut plus assumer la charge de son ministère »[9].

Malgré ces prémisses, personne ne s'attendait à la renonciation de Benoît XVI. Elle fit l'effet d'une bombe médiatique. Le pape expliqua aux cardinaux qu'en prenant cette décision il n'entendait ni sous-estimer le témoignage qu'offre la vie d'un pape âgé, ni exagérer la nécessité d'un gouvernement efficace :

> Je suis bien conscient que ce ministère, de par son essence spirituelle, doit être accompli non seulement par les œuvres et par la parole, mais aussi, et pas moins, par la souffrance et par la prière. Cependant, dans le monde d'aujourd'hui sujet à de rapides changements et agité par des questions de grande importance pour la vie de la foi, pour gouverner la barque de saint Pierre et annoncer l'Évangile, la vigueur du corps et de l'esprit est aussi nécessaire, vigueur qui, ces derniers mois, s'est amoindrie

9. Benoît XVI, *Lumière du monde. Le pape, l'Église et les signes des temps. Entretien avec Peter Seewald,* Bayard, 2010, p. 51.

> en moi d'une telle manière que je dois reconnaître mon incapacité à bien administrer le ministère qui m'a été confié[10].

Il faut souligner que le terme d'« incapacité » utilisé par le pape Ratzinger figure aussi dans la renonciation de Célestin V, lue aux cardinaux en 1294. Mais beaucoup d'eau a coulé sous les ponts depuis le treizième siècle. Au cours des siècles qui ont suivi, l'abdication papale a plutôt été liée à la réapparition de schismes dans l'Église d'Occident, qui aboutirent à l'élection de plusieurs papes en même temps. Depuis, aucun pape moderne n'a fait le choix de démissionner. Le confesseur de Paul VI, le père Dezza, rappelait : « Paul VI aurait renoncé, mais il me disait : "Ce serait un traumatisme pour l'Église", et il n'a par conséquent pas eu le courage de le faire ». C'est le mot juste : la démission du pape Ratzinger a bien été un « traumatisme »[11].

Benoît XVI gardait en mémoire l'exemple de Jean-Paul II et de ses prédécesseurs ; il n'a pas eu l'intention de le renier. Néanmoins, sans être une critique ni un démenti du choix qu'ils avaient fait, son choix à lui a été différent. Le pape Ratzinger savait bien que le ministère du pape consiste dans le gouvernement pastoral, mais aussi dans le témoignage personnel. Mais il a senti que la vigueur nécessaire au gouvernement de l'Église et à l'annonce de l'Évangile lui faisait défaut, surtout dès lors qu'il s'agit d'effectuer des voyages dans le monde entier, élément qui semble désormais faire partie intégrante de la mission du pape. La Journée mondiale

---

10. Consistoire ordinaire public, « *Declaratio* du Saint-Père Benoît XVI sur sa renonciation », *op. cit*.

11. R. Rusconi, *Il gran rifiuto. Perché un papa si dimette*, Brescia, Morcelliana, 2013, p. 114.

de la jeunesse au Brésil se profilait à l'horizon. Le pape Benoît était rentré très fatigué de son voyage au Mexique et à Cuba. Cela s'était reproduit après son courageux voyage au Liban (rappelons que, devant les éléments imprévisibles, voire les dangers de ce voyage au Liban, les principaux services secrets l'avaient déconseillé), où il avait redonné de l'espérance aux chrétiens et aux musulmans. Pour ce qui est des voyages apostoliques, le pape Benoît ressent comme un devoir de suivre le plus possible l'exemple de son prédécesseur, qui avait fait de ses visites aux fidèles du monde entier une des marques de son pontificat, marque devenue caractéristique de l'exercice contemporain du ministère pétrinien.

Pour le pape, le parcours qui a abouti à la décision de renoncer à sa charge a été jalonné de nombreuses difficultés. Mais ceux qui connaissent de près Benoît XVI savent qu'il a mis toutes ses forces à rendre possible et effective son abdication. L'annonce est arrivée à l'improviste, à un moment ordinaire, alors que l'on célébrait l'année de la foi promulguée par Benoît XVI lui-même. Elle a fait l'effet d'une bombe. Ce pape était un « doux ». Mais la fermeté de ce doux se manifeste justement dans la pleine détermination avec laquelle il a mûri sa décision.

L'opinion publique a appris à connaître et à estimer sa douceur. Dans les milieux ecclésiastiques, il lui fut justement reproché d'avoir été trop soumis à ses collaborateurs de la Curie. C'est un paradoxe quand on pense que Ratzinger avait été pendant des années considéré par la presse comme le « *panzercardinal* », l'âme inquisitoriale du pontificat de Jean-Paul II. Son élection avait été vue comme celle d'un « dur », y compris par ceux qui l'avaient soutenu au conclave de 2005, comme le cardinal colombien López Trujillo. Ce dernier avait combattu la théologie de la libération pendant les années de Wojtyła et avait été grand électeur de Ratzinger en 2005. Mais, après quelques années de ce pontificat, il ne cachait pas sa déception vis-à-vis d'un pape qu'il jugeait trop doux.

La douceur du pape Ratzinger est un paradoxe auquel l'opinion publique a dû s'habituer. Elle a mis en lumière le caractère caricatural de tant de représentations médiatiques. Benoît XVI n'a pas du tout été l'« inquisiteur » décrit par certains[12]. Et pourtant, en 2005, il fut considéré – avec satisfaction pour les uns, contrariété pour les autres – comme le pape qui allait d'une main ferme remettre de l'ordre dans la vie de l'Église après les « excès » de Wojtyła.

Ce pape doux avait pris la ferme résolution de quitter la papauté quelques mois avant de l'annoncer publiquement. Quelques-uns l'ont su parmi ses intimes, d'après ce que l'on peut deviner. Peut-être le secrétaire d'État Tarcisio Bertone, son secrétaire particulier Georg Gänswein, son frère Georg Ratzinger. Les tentatives faites pour le dissuader ont été inutiles. Et c'est ainsi que ce 11 février 2013 la nouvelle est tombée, annoncée en latin au cours d'une réunion de routine du collège cardinalice. Le pape se déclarait « incapable » d'« administrer le ministère qui [lui était] confié » ; « la vigueur du corps comme celle de l'âme » avaient diminué en lui au point de l'obliger à poser cet acte. Le pape avait décidé en « conscience », obéissant à la vérité de sa situation. Cette annonce soudaine ouvrit une période d'interrogations : quels avaient été les motifs d'une telle décision ?

---

12. Cf. par exemple, P. Flores d'Arcais, *"Il Papa inquisitore"*, in *Micromega*, 6/2009, pp. 5-22.

Pourquoi cette décision ?

Au cours des huit années de son magistère, Benoît XVI a accompli une œuvre d'approfondissement du fil de la tradition. Il a précisé l'herméneutique selon laquelle le concile Vatican II devait être lu : non comme une rupture, mais comme un événement situé dans la continuité de la tradition de l'Église. D'un point de vue extérieur, il a réintroduit dans l'univers du Vatican certains usages traditionnels mineurs que Jean-Paul II, à la suite de Paul VI, avait abandonnés. Le « Siège » dont parle le pape a souvent davantage ressemblé à un trône épiscopal qu'à un siège de présidence. Par-dessus tout, Benoît XVI a surtout cherché à redonner le sens de la liturgie catholique, dans la ligne de la tradition, en réintroduisant le latin. Il attribue en grande partie la fracture avec les traditionnalistes de Monseigneur Lefèbvre (qu'il a en vain cherché à réparer) aux abus de la réforme liturgique postconciliaire. Le fait que Benoît XVI ait été un homme de tradition a d'ailleurs été très apprécié dans les milieux orthodoxes. Les Russes orthodoxes, en particulier, ont eu de la sympathie pour ce pape qui, après son élection, a été parmi les premiers à rencontrer le métropolite Kyrill, devenu plus tard patriarche[13].

La démission de Benoît XVI, geste on ne peut moins traditionnel, a surpris d'autant plus. Le pape était conscient d'effectuer là un geste novateur, plus précisément un geste exceptionnel, lui qui avait voulu remettre en vigueur dans l'Église certains aspects traditionnels. Tous ses prédécesseurs du vingtième siècle ont expérimenté l'affaiblissement physique, se posant parfois la question de la démission,

13. Cf. BENOÎT XVI, *Lumière du monde*, *op. cit*.

mais tous ont finalement décidé de ne pas abdiquer. Pie XII s'était interrogé lui aussi sur ce point. Ratzinger en a décidé autrement. Il a montré par-là que, bien qu'étant un homme de tradition, il avait un sens très personnel de la responsabilité, au point d'effectuer des changements d'une grande portée.

Dans la mémoire catholique, le pape démissionnaire par excellence était Célestin V, le saint ermite Pietro da Morrone, à la fin du treizième siècle. Dans le contexte des prophéties de Joachim de Flore, Célestin avait été considéré comme le « pape angélique », élu au terme d'un conclave difficile qui avait révélé les divisions de l'Église. Devenu successeur de Pierre, l'ermite avait donné corps au rêve d'un pape qui allait ramener l'Église à la pauvreté de l'Évangile en la libérant de son *establishment*. Dans cette société difficile du Moyen-Âge, le défi était immense, au point que le poète franciscain Jacopone da Todi avait apostrophé ce « pape paysan », élu sur une chaire généralement occupée par des descendants de familles nobles, de membres de la Curie ou de savants :

> Que feras-tu, Pier da Morrone ?
> C'est le temps de la comparaison.
> Nous verrons le travail
> Que tu as contemplé au ciel[14].

« Que feras-tu, Pier da Morrone ? » En fait, le pape angélique ne résistera pas au choc du gouvernement, aux intrigues de la Curie, aux manigances politiques. Tolomeo dei Fiadoni da Lucca, un de ses contemporains, écrit que le pape Célestin était un saint, mais qu'« il était cependant manipulé

14. Jacopone da Todi, *"Epistola a Celestino papa quinto, chiamato prima Pietro da Morrone"*, in *Le laudi*, Firenze, Libreria Editrice Fiorentina, 1955, pp. 182-183.

par ses fonctionnaires selon les privilèges qu'il accordait, et il ne pouvait en être informé en raison de sa faiblesse due à l'âge ou de son inexpérience du gouvernement, au milieu des fraudes et de la malice humaine en lesquelles les membres de la Curie sont particulièrement experts »[15]. Quelques semaines après son élection, le défi semblait impossible à relever. Célestin V vécut un grand tourment intérieur (qui a été attribué, peut-être à tort, aux pressions exercées sur lui par son successeur, Boniface VIII) jusqu'au jour où il parvient à prendre et à exécuter sa décision. Voici comment elle nous est rapportée :

> Il entra dans le consistoire prêt à faire le passage ; et, s'étant assis sur le trône, il imposa le silence aux cardinaux, qui ne s'opposèrent pas à ce qu'il voulait faire. Il prit le parchemin et commença à lire la très triste sentence et il renonça à la papauté. Puis il descendit du trône et déposa par terre l'anneau, et la mitre ou la couronne, et le manteau pontifical, et il s'assit lui-même par terre[16].

Sur le plan symbolique, la scène de la renonciation de Célestin, qui revêtit à nouveau son habit d'ermite, est beaucoup plus forte que celle du pape Ratzinger, qui a continué à gouverner l'Église quelque temps après l'annonce de sa démission, et qui a conservé par la suite le vêtement papal blanc (mais sans la mosette), ainsi que son nom de pape, prenant le titre inusité de « pape émérite ». On sait que l'abdication de Célestin donna lieu à d'intenses débats.

---

15. P. Golinelli, *Il Papa contadino. Celestino V e il suo tempo*, Firenze, Camunia, 1996, p. 161.
16. *Ibid.*, p. 166.

Certains milieux dans l'Église ne reconnurent pas l'élection du nouveau pape. Pour Ubertin de Casale, franciscain spirituel proche de la sensibilité de Joachim de Flore, la démission du pape était une *horrenda novitas*[17].

Rien de tout cela n'a accompagné la décision du pape Benoît, même si beaucoup ont rappelé la décision du pape Célestin de renoncer à sa charge parce qu'il était incapable de gouverner l'Église, non seulement en raison de sa vieillesse, mais aussi à cause des intrigues et du poids du gouvernement pontifical. Le théologien Ratzinger, un des plus grands intellectuels européens vivants, est bien différent de ce pauvre ermite, de ce pape paysan. Néanmoins, l'évocation des scandales et des intrigues de la Curie de l'époque a trouvé un écho dans le présent. Que s'est-il donc passé au cœur de l'Église ?

Quels motifs graves ont poussé Benoît XVI à poser un geste aussi exceptionnel ? La question qui traverse l'opinion publique se concentre sur les « scandales » plus ou moins récents du Vatican, notamment ceux du majordome infidèle et de Vatileaks, cette publication inédite de documents privés qui passaient par l'appartement du pape[18]. D'après certains, les « scandales » soulevés régulièrement par la presse avaient mis le pape à rude épreuve et il avait du mal à éloigner ses collaborateurs ou à imposer une orientation différente à son gouvernement. La douceur de ce pape plus proche d'un « pape angélique » que de l'inquisiteur annoncé avait joué en sa défaveur, en une période difficile. Dans l'émotion suscitée par

17. *Ibid*. L'expression signifie « horrible nouveauté» (N. d. E.).

18. Cf. G. Nuzzi, *Sua Santità. Le carte segrete di Benedetto XVI*, Milano, Chiarelettere, 2012.

la renonciation papale – ce « traumatisme » selon Paul VI –, on eut l'impression qu'il existait des problèmes très graves auxquels Benoît XVI ne réussissait pas à faire face. Quoi qu'il en soit, la renonciation semblait confirmer aux yeux de l'opinion publique que la crise de l'Église catholique était si grave qu'elle ne permettait pas au pape de continuer à la gouverner, alors que tous ses prédécesseurs l'avaient fait jusqu'au bout.

Qui connaît Ratzinger sait qu'il a un sens aigu du devoir :

> « Lorsque le danger est grand, a-t-il déclaré à Seewald en 2010, on ne peut pas s'enfuir. Voilà pourquoi ce n'est certainement pas le moment de donner sa démission. C'est précisément dans des moments comme celui-ci qu'il faut résister et surmonter la situation difficile. On peut se démettre dans un moment de sérénité, ou simplement quand on n'a plus la force. Mais on ne peut pas s'enfuir… »[19].

En relisant ces lignes, on comprend clairement que le pape n'aurait pas fui devant une situation critique, mais on comprend tout aussi clairement qu'il commençait à toucher ses limites et envisageait de renoncer. Mais au moment de sa renonciation, c'est plutôt un sentiment de crise qui dominait.

L'humilité de Ratzinger

En donnant sa démission, le pape s'est exposé à une série de dures critiques et à un froid de la part de l'opinion publique. Un pape n'avait jamais démissionné et l'on pensait par conséquent que Benoît ne devait pas le faire. Si les voix en sa faveur n'ont pas manqué, la perplexité a été manifeste.

---

19. Benoît XVI, *Lumière du monde*, *op. cit.*, pp. 50-51.

Avec le temps, cette opinion diffuse a largement disparu. Une réélaboration s'est opérée dans un sens très positif, au point de faire oublier les perplexités. Le pape François a dédramatisé cette situation inédite de la concomitance d'un pape en exercice et d'un pape démissionnaire par une plaisanterie : « C'est comme avoir un grand-père à la maison, mais le grand-père sage. Quand, dans une famille, le grand-père est à la maison, il est vénéré, il est aimé, il est écouté. Il est un homme prudent ! Il ne se mêle pas »[20].

Cela étant, en renonçant ainsi à sa charge, le pape s'est soumis peu ou prou à une humiliation collective. Le mécontentement provoqué par son geste n'a pas toujours été exprimé, mais il était latent. Il suffisait de vivre ces journées au contact des gens et des fidèles pour en prendre conscience. En faisant ce pas, le pape, le maître de l'Église catholique, acceptait d'être jugé – et sévèrement –, de passer pour un homme peu courageux ou plus faible que ses prédécesseurs.

Devant la décision du pape, l'ensemble de l'opinion publique s'est montrée plutôt contrariée, silencieuse et préoccupée, sauf dans certains milieux. Partout, la question était la même : pourquoi le pape part-il ? Certains proches de l'Église ou observateurs plus lointains, qui considéraient le pape comme un point de référence dans la crise de notre temps, ont pu se sentir un peu perdus : « Alors, le pape lui-même vacille ? »

La diffusion de la nouvelle a donné lieu à des extrapolations caricaturales. Même s'il ne s'agit que de phénomènes marginaux, ils sont significatifs. Ainsi, dans certains pays

---

20. Voyage apostolique à Rio de Janeiro à l'occasion de la XXVIIIème Journée mondiale de la jeunesse, Conférence de presse du Saint-Père durant le vol du retour, 28 juillet 2013.

d'Afrique, une rumeur a circulé selon laquelle le pape Ratzinger avait quitté l'Église catholique en signe de protestation, s'était fait néo-protestant, ou carrément musulman. Ces extrapolations, aussi ridicules soient-elles, sont révélatrices du désarroi. Par ailleurs, les évêques ou responsables ecclésiaux ne semblent pas avoir tous été capables d'expliquer aux fidèles la renonciation du pape ; surpris eux-mêmes devant un événement auquel ils n'étaient pas préparés, ils ont souvent utilisé des termes généraux. De fait, il n'était pas facile d'expliquer un événement aussi nouveau et inattendu.

Deux ans après, il est encore difficile d'évaluer l'impact de la renonciation de Benoît XVI sur les catholiques du monde entier, d'autant que les événements qui ont suivi et l'élection du pape François ont effacé les sentiments suscités par son geste. Ce qui est sûr, c'est que par ce choix inédit Benoît XVI s'est exposé au jugement de tous, catholiques ou non. Pendant quelques jours, lui, le maître de l'Église catholique, s'est soumis aux critiques non seulement des médias, mais aussi du public, surpris d'un tel geste. Il a été mis au banc des accusés, tout en étant considéré dans le même temps comme la victime d'un système ecclésiastique plus fort que lui. Les paroles employées par le pape pour expliquer sa décision ont été très claires, mais aussi très brèves. Le fait qu'il ne se justifie pas devant une opinion publique perplexe a révélé l'humilité du pape Ratzinger. Certes, les manifestations d'affection n'ont pas manqué, mais, dans le fond, des doutes et des incertitudes demeuraient, y compris parmi les personnalités ecclésiastiques et les cardinaux.

Nul doute que, dans l'ensemble, ce geste inattendu a semblé confirmer l'image d'une Église en crise. Dans le changement de pontificat de 2013, il n'y a pas eu de deuil contrairement à ce qui se passe chaque fois qu'un pape s'éteint (souvenons-nous de la grande et unanime douleur à la mort de Jean-Paul II). Le deuil unit le peuple chrétien et c'est de la douleur que naît l'attente d'un nouveau pape, dans un élan d'espérance. C'est dans le deuil que mûrit aussi l'attente d'un avenir meilleur pour l'Église. En 2013, il n'y a pas eu de deuil. Il n'y a eu que le silence, avec la sensation muette que l'Église était elle aussi, comme le pape, un peu démissionnaire.

Les catholiques, qui suivent les médias comme tout le monde, ont intégré l'image qui leur était constamment présentée d'une Église en crise. De nombreux éléments confortaient cette idée d'une crise profonde, qu'il s'agisse des scandales qui venaient alors d'éclater au Vatican ou de ceux, plus anciens, liés aux affaires de pédophilie. Ce sentiment d'une crise était presque incarné dans la personne de ce pape démissionnaire : l'Église apparaissait impossible à réformer, du moins pour les forces d'un pape. La renonciation du pape Benoît, un homme intègre aux yeux des médias, était la confirmation ultime d'une crise que certains estimaient très grave.

Avec cette démission, l'impression de déclin et de grisaille qui couvait dans l'esprit de beaucoup a trouvé l'occasion de s'exprimer. De fait, l'Église catholique semblait en grave difficulté, non seulement en Occident, mais aussi en Amérique latine (que l'on pense à la baisse constante du nombre de fidèles catholiques au Brésil, au profit des nouvelles communautés protestantes). Elle était devenue grisonnante, un peu comme les cheveux de la majorité de ses fidèles du dimanche en Occident, tandis que les jeunes s'éloignaient (les évêques le déplorent assez). C'est l'Église des scandales, mais c'est surtout une Église qui manque de crédit dans la société. C'est aussi une Église qui voit diminuer le nombre de ses fidèles à cause de la sécularisation. Il appartiendra aux chercheurs de réévaluer ces affirmations en les confrontant à d'autres époques historiques. Quoi qu'il en soit, il est difficile de nier que l'impression générale est celle d'un déclin de l'Église.

Un observateur attentif des affaires du Vatican, Massimo Franco, a consacré à la perte d'influence de l'Église en Occident un livre au titre significatif : *Il était une fois le Vatican*. L'auteur commence son exposé par plusieurs affirmations que beaucoup partagent :

> Cela fait de l'effet de voir le Vatican essoufflé. C'est comme si vacillait un point de référence sûr, pour celui qui l'admire comme pour celui qui lui est hostile. Et pourtant, il s'agit d'une nouveauté qu'il faut commencer à prendre en compte. Depuis longtemps désormais, on perçoit un défaut de gouvernement, une confusion croissante et jusqu'à des conflits publics entre cardinaux. On a l'impression d'assister à un redimensionnement larvé du profil international du Saint-Siège et, conséquence des scandales sur les abus sexuels, à une tentative de porter atteinte à sa crédibilité morale[21].

Le manque de crédibilité du Vatican se mêle à la crise de l'Église de la base, avec la désaffection des fidèles, la baisse de la pratique religieuse et la sécularisation, autant de phénomènes qui ne sont pas récents. L'affirmation de la modernité s'est accompagnée d'une réduction de l'espace de l'Église, considérée comme une institution ancienne inévitablement dépassée par le progrès de la société. Le déclin de

21. M. Franco, *C'era una volta un Vaticano*, Milano, Mondadori, 2010, p. 3.

l'Église et son manque de crédit sont les symptômes d'un christianisme et d'une religion dépassés par une conception de la vie plus positive et rationnelle. La sécularisation occidentale croissante des dernières décennies en serait une preuve évidente. Le développement de la modernité (dans ses différentes versions) impliquerait nécessairement un redimensionnement du christianisme, comme si la loi de l'histoire était « plus de modernité, moins de religion ». Dans une certaine mesure, la thèse d'Auguste Comte sur la loi des trois états (théologique, métaphysique et scientifique ou positif) sert de toile de fond au sentiment commun de notre temps, même si c'est à l'insu de la majorité : l'âge positif, caractérisé par la science, est l'aboutissement d'une pensée mûre et la plénitude de la modernité. Pour Comte, « la théologie s'éteindra nécessairement devant la physique »[22].

Le déclin de la religion semble profondément inscrit dans les chromosomes de l'âge moderne. La crise du Vatican et de l'Église catholique ne serait que la confirmation de cette conviction largement partagée. Et pourtant, les dernières décennies du vingtième siècle semblaient avoir démenti la théorie de l'inévitable déclin de la religion devant l'avancée de la modernité, avec cette « revanche de Dieu » dont a parlé Gilles Kepel, incarnée par le retour du rôle public des religions, comme c'est le cas pour l'islam[23]. Malgré un contexte de sécularisation, on a redécouvert le besoin de spiritualité et de religiosité de la société moderne. Dans le christianisme du vingtième siècle, l'extraordinaire croissance du monde charismatique et néo-protestant a donné

22. Cf. H. de Lubac, *Le drame de l'humanisme athée*, Paris, Cerf, 1998, pp. 141 *sq*.

23. Cf. G. Kepel, *La revanche de Dieu*, Paris, Seuil, 1991.

naissance à un ensemble bigarré de communautés qui frôlent les cinq-cent millions de fidèles[24].

Le néo-protestantisme et le pentecôtisme représentent un christianisme « nouveau » par rapport à celui, structuré, de l'Église catholique. Comme nombre de chercheurs l'ont fait observer, le christianisme néo-protestant a trouvé un terrain fertile dans la croissance de la culture globalisée, souvent dans des nations périphériques ou semi-périphériques ; en revanche, il s'est peu affirmé en Europe, sinon parmi les immigrés[25]. Dans le dépaysement humain introduit par la mondialisation, il a offert aux gens l'occasion de devenir membres de communautés « chaleureuses », qui donnent un horizon et une espérance, en les assortissant parfois d'une promesse d'amélioration rapide de la situation personnelle. Entre la sécularisation inévitable et l'affirmation des nouvelles identités religieuses, le déclin du catholicisme semble le résultat inéluctable de l'évolution. Le chiffre des offrandes des fidèles au pape en 2012, par exemple, a enregistré une baisse de 5,4 %, et cette baisse ne s'explique pas entièrement par la crise économique. Dans ce contexte, la démission du pape Benoît est apparue comme le symbole de la crise de l'Église, ou plutôt comme l'expression quasi physique, la personnification de cette crise. Le catholicisme semblait pris dans la spirale d'un déclin inexorable.

24. Cf. G. Cavallotto, *Dati invisibili e futuro della missione*, Città del Vaticano, Urbaniana Press, 2006.

25. Cf. Ph. Jenkins, *La terza Chiesa. Il cristianesimo nel XXI secolo*, Roma, Fazi, 2004.

II
La surprise

Le besoin d'une prophétie

À la mort de Jean-Paul II, en 2005, le catholicisme semblait afficher une grande vitalité. Les funérailles du pape polonais avaient manifesté un attachement à l'Église et à son chef. Les grands de ce monde étaient venus à Rome pour rendre hommage à cette figure capitale du vingtième siècle. Jean-Paul II est un pape qui a changé l'histoire en favorisant la chute du Mur, mais il a aussi tissé des liens forts d'amitié sur le plan pastoral et humain avec de nombreuses personnes et avec des peuples entiers. Après des années postconciliaires difficiles, le catholicisme avait déployé de grandes énergies, et pas seulement dans l'Est de l'Europe où il avait joué un rôle historique. Or, voilà que cette conjoncture favorable s'était gâtée en l'espace de quelques années. Pouvait-on en attribuer la responsabilité au gouvernement du pape Ratzinger ? Pour certains observateurs, la forte personnalité du pape Wojtyła aurait couvert les grands problèmes non résolus de l'Église catholique. C'est l'accusation qu'avait lancée le célèbre théologien suisse Hans Küng, juge très sévère du pontificat de Jean-Paul II. Selon lui, ce pape aurait gouverné sur un mode triomphaliste, sans affronter les grandes questions posées à l'Église par le monde moderne, questions à l'origine de la récession catholique[1].

Comment expliquer la crise de l'Église ? Les années du pape Wojtyła ne sauraient avoir été qu'une parenthèse, ni l'occultation triomphale des problèmes de l'Église. L'histoire et la sociologie ne sont pas toujours les meilleurs instruments, ni les seuls, pour entrer en profondeur dans des situations aussi complexes. Les intuitions de la poésie vont parfois plus loin. Dans les années 1980, le père David Maria Turoldo, religieux et poète italien d'une grande sensibilité, qui avait vécu une période pleine d'espérance avec Jean XXIII et le concile Vatican II, a composé un poème à l'intention d'un moine camaldule, Benedetto Calati, spécialiste de Grégoire le Grand. Il y évoque l'état de son âme :

> ... il fait nuit, mon frère ! Une grande nuit plane sur l'Église. Le Concile, un gaspillage d'espérances. La Parole, toujours plus rare, partout ; tandis que le monde résonne, par vagues, d'inutiles paroles. Pas un prophète qui lève l'étendard du salut ; les tués de la paix sont tous aussitôt tués : la terre entière est un arsenal de mort. Dans ce profond désarroi, qu'au moins survive notre amitié, cet événement salvifique : être amis dans un tel désert...[2]

Les paroles de Turoldo paraissent pessimistes. Peut-être sont-elles l'expression d'une génération qui a cru dans le Concile, mais qui a ensuite éprouvé des difficultés à voir ses

1. Cf. H. Küng, *"Santo subito ? Il caso Maciel e altre ombre"*, in *Micromega*, avril 2011, pp. 5-11.

2. D. M. Turoldo, *"Perché la terra torni a sperare"*, cité par B. Calati in *Sapienza monastica. Saggi di storia, spiritualità e problemi monastici*, (dir. A. Cislaghi et G. Remondi), Rome, Centre d'Études Saint-Anselme, 1994, p. 66.

attentes satisfaites dans les années Jean-Paul II, d'où cette impression d'un « gaspillage d'espérances ». Chez Turoldo, cette déception s'étend d'ailleurs sans doute au-delà de cette période déterminée. Il semble penser que c'est la « prophétie » de l'Église elle-même qui s'est éteinte, au point d'affirmer : « Pas un prophète qui lève l'étendard du salut… ». Il est vrai que, dans les années qui ont suivi le Concile, le mot « prophète » a été beaucoup employé et qu'on en a peut-être abusé. Tout devait être prophétique : les actes, les gestes, les prises de position… On connaît les contradictions de cette époque, la politisation de la foi et l'idéologisation de la vie ecclésiale. Et pourtant, comme le dit Turoldo dans un autre verset de son poème, il faut toujours une nouvelle énergie pour donner de l'espérance au monde :

> … composons de nouveaux cantiques :
> pour que la terre recommence à espérer.

L'Église a vécu, et peut-être vit-elle encore, une crise de l'espérance. Sur ce point, la ressemblance entre la crise de l'Église et celle de l'Europe ne doit pas être négligée : pour l'une comme pour l'autre, les espérances se sont vraiment réduites. Nous assistons tous au déclin démographique et politique de l'Europe face à l'émergence des géants asiatiques, comme l'Inde et la Chine, mais aussi face à d'autres nouveaux pays émergents. S'ajoute à cela la grande difficulté de créer une Europe vraiment unie politiquement, même une Europe fédérale[3]. Dans nos pays européens, à commencer par l'Italie, on perçoit un déclin et surtout un manque d'énergie créatrice. Comment ce climat ne serait-il pas lié à la vie de la plus ancienne institution du continent, l'Église catholique ?

3. Cf. W. Brown, *Murs : les murs de séparation et le déclin de la souveraineté étatique*, Paris, Les Prairies ordinaires, 2009.

Turoldo évoque la recherche d'un prophétisme chrétien qui fasse que la terre recommence à espérer. Le prophétisme a certainement été compris de manière équivoque dans les années postconciliaires. Il n'en reste pas moins que l'esprit prophétique apporte une empathie nécessaire pour communiquer les paroles et les expériences de foi. On a beaucoup écrit que le problème actuel de l'Église était la communication. Mais réduire les problèmes de l'Église à ses rapports, si importants soient-ils, avec les médias, procède d'un raisonnement étroit. Pour les chrétiens, communiquer signifie bien plus que faire usage des moyens de communication.

Dans sa première encyclique, *Ecclesiam suam*, publiée en 1964, alors qu'il avait l'intention d'annoncer le nouvel esprit de Vatican II, Paul VI fit cette déclaration importante : « L'Église se fait parole ; l'Église se fait message ; l'Église se fait conversation »[4]. L'Église vit un dialogue avec le monde. Sa conviction est celle de quelqu'un « qui sait ne plus pouvoir séparer son salut de la recherche de celui des autres, de celui qui s'emploie continuellement à mettre ce message dont il est dépositaire en circulation dans les échanges des hommes entre eux ». La parole de l'Église se donne donc dans les « échanges des hommes entre eux »[5]. Telle est l'Église du Concile. La prophétie peut être comprise dans le sens où l'Évangile circule à nouveau dans les « échanges des hommes entre eux ».

> Aucun homme n'annonce la volonté de Dieu, si ce n'est pas en fonction de Christ, qui est le seul vrai prophète. Il ne s'agit donc pas, de notre part, de nous imaginer

4. Paul VI, Lettre encyclique *Ecclesiam suam*, n. 67.

5. *Ibid*, n. 82.

> pouvoir être prophètes « libres »... Notre participation à la prophétie, c'est celle d'écoliers dans la maison de Dieu[6].

Dans cette mise en garde, Karl Barth affirme que la prophétie n'est ni emphase ni divination. C'est pourquoi il n'y a pas de prophète chrétien sans un enracinement décisif dans l'enseignement de Jésus.

Dans les années 1970, je me souviens de la force avec laquelle le pasteur vaudois Valdo Vinay, un disciple de Barth, annonçait une période de turbulences qui se révéleraient prophétiques et affirmait que les prophètes sont des prédicateurs du Christ et que le Christ est le seul vrai prophète. Dans un livre sur la réforme de l'Église publié dans les années 1950, le grand théologien Yves Congar parlait lui aussi des prophètes et du prophétisme, mettant en lumière la manière dont les prophètes non seulement anticipent le sens des événements, mais les relient au Royaume de Dieu. Pour Congar, le prophète « est aussi celui qui donne au mouvement du temps son vrai rapport au dessein de Dieu. [...] Le prophète ouvre sans cesse le peuple de Dieu à son développement »[7].

Le prophète prêche la parole de Dieu, mais il lit aussi les signes de son temps et ouvre celui-ci à une dimension future. Gérard Bessière, dans un livre écrit il y a quelques années, trace ce portrait des prophètes : « Ce sont des hommes libres, enracinés en Dieu et en vaste humanité. Bergers de l'humaine

6. K. Barth, *La confession de foi de l'Église*, Neuchâtel, Delachaux & Niestlé, 1943, p. 34. Cf. aussi A. Vauchez (dir.), *L'intuition prophétique. Enjeu pour aujourd'hui*, Paris, Éditions de l'Atelier, 2011 ; A. Vauchez (dir.), *Prophètes et prophétisme*, Paris, Seuil, 2012.

7. Y. M.-J. Congar, *Vraie et fausse réforme dans l'Église*, Paris, Cerf, 1950, p. 202.

transhumance, ils vivent au large et respirent du souffle de l'Esprit. Ces êtres d'incandescence voient si profond dans leur temps qu'ils semblent parfois mettre à nu l'avenir. Ce sont des déchireurs d'horizon. Ils dérangent, avec une insupportable lucidité, les hommes qui vivent en surface… »[8]. Le manque de sens prophétique peut se rencontrer dans la vie de l'Église : ce qui explique peut-être l'effort requis pour accomplir cette « humaine transhumance » nécessaire pour avancer dans l'histoire. Turoldo n'a pas tort lorsqu'il remarque qu'il manque la prophétie « pour que la terre recommence à espérer ».

La prophétie est liée à ce que Dieu ressent (*pathos*) : les prophètes communiquent aux hommes et aux femmes de leur temps le « ressenti divin ». Le grand chercheur juif Abraham Heschel, spécialiste du prophétisme d'Israël, en a parlé de manière très convaincante : « le ressenti (divin) signifie que Dieu n'est jamais neutre… »[9]. Pour ce grand érudit, le prophète partage le ressenti de Dieu et y fait participer d'autres personnes.

Pour en revenir à ce sentiment d'une crise de l'Église, elle ne peut s'expliquer entièrement par les défauts de gouvernement ou les carences en communication médiatique. Un tel jugement est réducteur et ne tient pas compte de la profondeur de l'expérience ecclésiale. En réalité, il y a parmi les fidèles aussi une demande d'empathie dans la communication de la foi, de sympathie pour la condition humaine. Cette demande révèle combien l'Église a perdu sa dimension prophétique.

---

8. G. Bessière, *Le Feu qui rafraîchit*, Paris, Cerf, 1978, p. 37.

9. A. Heschel, *The Prophets,* The Jewish Publication Society of America, 1962, p. 231. (Notre traduction.)

Le cri et l'invocation d'un poète

Turoldo espérait un retour de l'esprit de prophétie. Nous avons vu que le prophèteporte l'empathie de Dieu et manifeste la sympathie de Dieu pour les hommes. On peut dire sans exagérer que la crise a fait émerger ce qui était profondément ancré dans le peuple chrétien un peu grisonnant, sans perspective claire d'avenir. La démission de Benoît XVI a permis de jauger un état d'âme collectif. À une autre époque, le père David Maria Turoldo avait écrit à ce sujet :

> Rends-moi à mon enfance, Seigneur, fais que je redevienne un enfant, que je retrouve le goût véritable des choses, le goût du pain et de l'eau. Le temps a usé nos sens et les a rendus insensibles. Seigneur, sauve-moi de l'indifférence, de cet anonymat de l'homme adulte. C'est le mal dont nous souffrons sans en avoir conscience. Seigneur, sauve-moi du grisonnement de l'âge adulte et fais que le peuple entier soit libéré de cette sénilité de l'esprit. Rends-nous la capacité de pleurer et de nous réjouir ; fais que le peuple revienne chanter dans tes églises[10].

Si l'on s'arrête, même rapidement, sur les paroles du poète, on observe qu'elles déplorent d'abord la perte de l'esprit d'enfance chez les chrétiens. Ce phénomène a rendu les chrétiens – à moins que ce ne soit le « je » du poète ou le « nous » de ceux qui s'identifient à lui – indifférents, pauvres de foi et de poésie. il s'git d'une forme de sénilité de l'esprit qui peint la vie en gris. La sénilité provient d'un manque

10. D. M. Turoldo, *Il sapore del pane*, Cinisello Balsalmo, San Paolo, 2002, p. 11.

d'empathie de l'Église, qui ne sait ni pleurer ni se réjouir avec les autres (rappelons-nous, en contrepoint, le commencement de *Gaudium et spes,* la constitution conciliaire sur les rapports avec le monde moderne, qui affirme que les angoisses, les joies et les espérances de l'humanité sont celles de l'Église). Une Église sénile ne sait plus chanter à l'église. Le poème de Turoldo est en réalité une prière adressée à Dieu pour être libéré du grisonnement et de la sénilité de l'esprit.

On peut se reconnaître dans ces paroles, ou au contraire les rejeter parce qu'on voit les choses autrement. On peut faire sienne ou non la prière de Turoldo, selon que l'on partage ou non ses sentiments. Personnellement, j'ai senti qu'en cette période de la vie de l'Église je pouvais me l'approprier en disant: « Seigneur, sauve-moi du grisonnement de l'âge adulte et fais que ton peuple tout entier soit libéré de cette sénilité de l'esprit ».

En s'appuyant sur les paroles de Turoldo, on peut aussi dire que ce phénomène du grisonnement n'est pas confiné à l'intérieur des murs de l'Église. « L'indifférence et l'absence de l'esprit, affirme le poète, sont la cause de notre esclavage et de notre décadence ». Pour lui, l'indifférence est la racine des dictatures qui font du peuple « tout juste une foule sans visage: alors le bien est égal au mal, le sacré égal au profane et l'amour n'est que plaisir, le mal, sacrifice… »[11]. La crise de la société européenne a une racine spirituelle qui doit être mise en lumière. Sur ce point et par certains aspects, la condition de l'Église catholique est mêlée à celle de l'Europe.

Le manque d'espérance est la racine spirituelle de la crise. Ces dernières décennies, on a vu l'Europe perdre

11. *Ibid.*

foi en sa capacité à se changer elle-même et à changer le monde. La crise économique des dernières années a poussé les Européens à se centrer sur eux-mêmes. Avec toutes ses contradictions, 1968 a peut-être été la dernière bouffée d'air utopique venue d'Europe qui apportait avec elle la perspective d'un changement. Aujourd'hui, on a plutôt tendance à adopter une attitude faite d'indifférence et de résignation. « On ne peut pas changer ! Les ressources économiques se raréfient, le pouvoir est inexistant, mais surtout, c'est inutile ».

Turoldo poursuit ainsi :

> Mais maintenant j'ai assisté à des événements incalculables, à des guerres cruelles, à la destruction féroce de villes entières ; j'ai vu des millions d'hommes enchaînés, j'ai entendu les pleurs de milliers et de milliers d'innocents ; et mon cœur ne s'est même pas endurci, je n'ai même pas été capable de condamner de manière radicale et absolue cette histoire monstrueuse et infernale[12].

Dans l'Europe chrétienne d'aujourd'hui, la condition subjective de l'homme et de la femme devenus indifférents les porte à renoncer à espérer un monde différent, mais aussi à devenir différents. « J'ai vieilli. J'ai accepté le destin, je l'ai appelé nécessité, fatalité ; je me suis inventé des alibis pour être tranquille. Je suis juste un indifférent parmi la multitude des autres »[13]. L'existence d'une multitude d'indifférents n'est d'ailleurs pas qu'une impression subjective ; l'indifférence de l'opinion publique face aux grandes tragédies en dit long.

12. *Ibid.*, p. 12.

13. *Ibid.*

Dans la seconde moitié du vingtième siècle, l'opinion publique s'est montrée très sensible à la situation des pays pris en tenaille par les guerres. Que l'on pense à la mobilisation contre la guerre du Vietnam, à la sollicitude à l'égard des *boat people*, ou encore à la préoccupation et à l'indignation devant le siège de Sarajevo ou le drame du Rwanda, pour ne donner que quelques exemples. Mais aujourd'hui, la terrible guerre qui sévit en Syrie, détruisant un grand peuple et un pays merveilleux, ne suscite pas de réactions significatives dans l'opinion publique. Elle suit son cours dans un contexte d'indifférence généralisée. C'est une guerre contre laquelle on ne peut rien faire, dit-on. L'indifférence se mêle à l'impuissance. Si l'on ne peut rien faire, mieux vaut ne pas en parler.

L'indifférence est le fruit de la morosité. Pour Turoldo, la morosité n'est pas simplement une situation un peu triste et résignée, difficile à vivre. C'est une situation dangereuse pour ceux qui la vivent et pour le reste du monde, au point qu'il ne craint pas d'écrire :

> Maintenant que l'apparition du Christ n'émeut plus personne, n'inspire ni respect ni terreur, maintenant alors peuvent advenir d'autres choses plus monstrueuses et chacun dira : Ah, oui, le Seigneur est apparu ? Maintenant, nous pouvons tuer, voler, violer, et tout le monde continue de dire : C'est le monde, c'est la vie. Nous sommes devenus des hommes sans remords et sans péchés[14].

14. *Ibid.*

La jeunesse spirituelle d'un pape âgé

Ces paroles de Turoldo peuvent paraître excessives : n'est-il pas exagéré de parler d'indifférence devant les grandes souffrances des autres, de disparition du remords et du sens du péché ? Et pourtant, ces paroles sont plus pénétrantes que bien des analyses. Comment balayer cette grisaille qui rend sénile ? Même quand on parle de réformer l'Église, les projets n'ont pas ce souffle dont a besoin toute réforme ecclésiale qui prétend être autre chose qu'un simple ajustement des structures. Ratzinger, par exemple, a beaucoup insisté sur la nécessité préalable d'une réforme spirituelle[15]. Mais, plusieurs observateurs le disent, il n'est pas facile de trouver la voie pour sortir de cette grisaille, de cette situation de crise et de déclin.

Il y a peu de temps encore, la question de savoir comment libérer l'Église de sa sénilité restait sans réponse. On pouvait avoir de bonnes raisons de nier cet état de fait ou d'accuser les médias de vouloir détruire et avilir l'Église, la rapetisser et la réduire à quelques faits marginaux ou scandaleux. De fait, l'Église et le christianisme en Occident font l'objet d'un procès qui remonte loin dans le temps et qui perdure[16]. Il n'empêche, l'Église semblait bel et bien malade, et de la même maladie que l'Europe en raison de cette osmose qui existe entre elles, bien qu'elles aient une histoire distincte.

L'Église ne se connaît pas totalement elle-même. Même si le concile Vatican II a rappelé combien la dimension

---

15. Cf. BENOÎT XVI, *Lumière du monde. Le pape, l'Église et les signes des temps, op. cit.*

16. À ce sujet, la reconstruction d'un auteur très équilibré comme R. RÉMOND, dans *Le christianisme en accusation* (Paris, DDB, 2000), est particulièrement significative.

« mystérique » de l'Église était incontournable, cette affirmation importante a paru abstraite à beaucoup, sans grand rapport avec la vie et l'histoire. Le pape François lui-même l'a dit récemment : « Nous avons peut-être réduit notre façon de parler du mystère à une explication rationnelle »[17]. Et pourtant, les grandes ressources humaines et spirituelles de cette Église sont aussi un mystère, les ressources de sa communion, de la profonde communication qui existe entre ses membres[18]. Et de fait, après la démission du pape Benoît, la communauté ecclésiale a connu, avec l'élection de Jorge Maria Bergoglio, un épisode surprenant. Il est significatif qu'avant le conclave, Bergoglio ne figurait pas sur la liste des *papabili* donnée par les médias. Les cardinaux ont longtemps discuté des besoins de l'Église et du nom du successeur du pape Ratzinger. Au cours des réunions qui ont précédé le conclave, de nombreuses préoccupations ont été exprimées. Une conviction commune a émergé : l'Église était confrontée à une crise (et la Curie romaine devait être réformée). Mais aucun candidat ne s'imposait clairement, à la différence de Ratzinger en 2005.

Dans ce climat de préoccupation et d'incertitude, l'élection du pape François a créé la surprise. C'était le premier pape jésuite et le premier pape d'Amérique latine. Le nouveau successeur de Pierre a immédiatement fait preuve d'une énergie nouvelle, pleine de jeunesse et d'espérance. Pour les catholiques comme pour l'opinion publique, l'effet de surprise a été grand. Que s'est-il donc passé ? Le pape est

17. Voyage apostolique à Rio de Janeiro à l'occasion de la XXVIIIème Journée mondiale de la jeunesse, Discours du pape François aux évêques du Brésil, 27 juillet 2013.

18. Cf. Paul VI, *Ecclesiam suam*.

apparu face à la foule, dans sa simplicité franciscaine, fort et humble à la fois. Il n'a pas flatté son auditoire. Il a été plutôt sobre. Il n'a pas affirmé de grands principes. Sa proposition était simple : marchons ensemble vers l'avenir !

De la loggia de la basilique vaticane, il s'est exprimé ainsi :

> « Et maintenant, initions ce chemin : l'Évêque et le peuple. Ce chemin de l'Église de Rome, qui est celle qui préside dans la charité à toutes les Églises. Un chemin de fraternité, d'amour, de confiance entre nous. Prions sans cesse pour nous, l'un pour l'autre. Prions pour le monde entier afin qu'advienne une grande fraternité »[19].

Il a ensuite demandé au peuple de prier pour que descende sur lui la bénédiction de Dieu. Car il n'y a pas d'évêque sans peuple. C'était comme l'incarnation des paroles de saint Augustin, l'évêque d'Hippone, dans son fameux discours 340 pour l'anniversaire de son ordination : « Je me console d'être avec vous ; car je suis à vous comme évêque, comme chrétien je suis avec vous ; le premier titre rappelle les obligations contractées, le second, la grâce reçue »[20]. Pour vous je suis évêque avec vous, je suis chrétien. Dès le début, le pape s'est présenté comme un chrétien avec son peuple. Il n'a pas fait de rhétorique ecclésiastique. Comme l'a écrit Hannah Arendt à

19. PAPE FRANÇOIS, Premier salut et bénédiction apostolique « urbi et orbi », 13 mars 2013.

20. AUGUSTIN D'HIPPONE, *Sermon 340*, in *Œuvres complètes de saint Augustin*, trad. M. l'abbé Raulx, tome 6, Bar-Le-Duc, 1866.

propos d'un autre pape, Jean XXIII, ce pape est « un chrétien sur le trône de Pierre »[21].

D'où vient que ce pape a suscité la surprise dans cette Église plutôt triste et vieillie ? Comment ce choix inattendu a-t-il pu se faire ? Il faut se tourner du côté des électeurs de François. Le collège était plutôt âgé (l'âge moyen était de 72 ans environ), composé de cardinaux du monde entier[22]. En choisissant François, ces hommes âgés ont montré la voie d'une Église qui surprend. Lors de sa première messe concélébrée avec les cardinaux, le nouveau pape leur a adressé ces paroles :

> « La moitié d'entre nous sommes d'un âge avancé : la vieillesse – j'aime le dire ainsi – est le siège de la sagesse de la vie. Les vieillards ont la sagesse d'avoir cheminé dans la vie, comme le vieillard Siméon, la vieille Anne, au Temple. Et justement, cette sagesse leur a fait reconnaître Jésus. Donnons cette sagesse aux jeunes : comme le bon vin, qui avec les années devient meilleur, donnons aux jeunes la sagesse de la vie »[23].

Ce sont là des paroles importantes dans un monde qui marginalise les personnes âgées, les abandonne à leur sort et ne croit pas à leur rôle. L'idéal ambiant est celui d'un individu seul, jeune, autosuffisant. La vieille Église de Rome, par les suffrages de son conseil d'Anciens, a élu un vieil homme qui

---

21. Cf. aussi *Un cristiano sul trono di Pietro. Studi storici su Giovanni XXIII*, a cura della Fondazione per le scienze religiose Giovanni XXIII di Bologna, Bergamo, 2003, p. 9.

22. Cf. *"Conclave, età media 72 anni, 58% cardinali scelti da Benedetto XVI"*, 12 marzo 2013 (www.lapresse.it).

23. Pape François, Discours lors de l'audience à tous les cardinaux, 15 mars 2013.

apporte un message de jeunesse. Les cardinaux ont montré combien est féconde la vieillesse vécue comme expérience d'une humanité ouverte sur l'avenir. Dès ses premières paroles, comme en réponse à la grisaille ambiante, le pape François a apporté une bouffée de fraîcheur humaine et évangélique.

Les thèmes de la vieillesse et de la jeunesse ont tout de suite été associés à l'élection du pape Bergoglio qui, dès le début, a suscité un ample consensus dans le monde entier. Ce pape âgé a d'emblée manifesté une grande fraîcheur, mieux, il a manifesté la jeunesse de l'Église. Pour illustrer la surprise du conclave, Mgr Bruno Forte, évêque théologien, a rappelé ces paroles de Jean Chrysostome : l'Église est « plus haute que le ciel, plus vaste que la terre ; elle ne vieillit jamais : sa vigueur est éternelle »[24]. Évoquant le second printemps de l'Église, le cardinal Newman affirmait quant à lui : « Le monde vieillit ; l'Église est toujours jeune… »[25].

Si l'Église est « grisonnante », ce n'est pas lié à la présence en son sein de personnes âgées, mais au manque d'espérance. C'est lorsqu'elle cède au pessimisme qu'elle devient sénile. Le pessimisme est l'attitude de ces vieux – ou de ces moins vieux – qui ont peur qu'on les voie vieillir. C'est la crainte de ne pas réussir à forger l'avenir et de devoir sans cesse rallonger le temps.

Giuseppe De Rita disait que si le temps n'est pas habité par l'histoire, il devient vide, voire vieux. Si la vie est vécue

24. Jean Chrysostome, *Hom. de capto Eutropio*, 6.

25. J. H. Newman, *Sermon 10. The Second Spring*, 1852, in *Sermons Preached on Various Occasions*.

comme un pan de l'histoire, le temps n'est pas pesant[26]. Or l'histoire, qui donne le sens de l'avenir, est aussi un ensemble de rapports, de perspectives, d'objectifs à atteindre.

En élisant un pape âgé, l'Église a accompli un acte de jeunesse spirituelle : elle a montré comment un homme ayant dépassé l'âge de la retraite pouvait encore être très utile et la guider sur le chemin de l'avenir. On voit ici combien l'Église diffère de la société qui abandonne les personnes âgées ou les méprise. Il faudrait que, sur ce plan aussi, l'Église prenne davantage conscience de sa richesse. Il est très frappant de voir combien Bergoglio est sensible à la souffrance des personnes âgées. Il parle par exemple d'« euthanasie cachée » pour caractériser les « mauvais traitement infligés aux personnes âgées dans les hôpitaux et par les compagnies d'assurance-maladie qui leur refusent les médicaments ou les soins dont elles ont besoin »[27].

Pourquoi donc le mépris de la vie de la personne âgée s'est-il généralisé à ce point aujourd'hui ? Bergoglio avance une réponse lucide : « Quand on croit que l'histoire commence avec soi, on cesse d'honorer les personnes âgées »[28]. C'est le grand problème de notre temps : en réduisant l'histoire à moi, j'oublie ceux qui m'ont précédé dans la vie, mais aussi ceux qui m'accompagnent dans le présent, notamment les personnes âgées. Il s'agit d'un mélange d'égocentrisme et de « présentisme ». Finalement, plus que de réduction de

---

26. Intervention de G. De Rita à la présentation de *La forza degli anni*, a cura di G. Battaglia, Milano, Francesco Mondadori, 2013.

27. Jorge Bergoglio et Abraham Skorka, *Sur la terre comme au ciel*, Robert Laffont, 2013, p. 107.

28. *Ibid.*, p. 109.

l'histoire, il faudrait parler de mort de l'histoire dans sa dimension primordiale, à savoir sa dimension familiale.

Les premiers mois de l'année 2013 ont ainsi vu la jeunesse et la vieillesse se mêler dans la vie de l'Église. Benoît XVI a donné sa démission en raison de son âge, et un pape âgé est venu rajeunir l'Église. Voilà les étapes qui ont mûri la surprise de mars 2013 et généré un changement profond dans l'Église catholique.

Que s'est-il passé ?

Mais était-il possible qu'en quelques mois tous les problèmes de l'Église soient résolus ? Le nouveau pape a convoqué une commission de cardinaux pour discuter des réformes de la Curie. Il a donc admis d'emblée qu'il existait des problèmes réels. Voilà qui est indéniable. Mais il y a plus. Quelque chose a changé en profondeur. On l'a très bien perçu dès les premiers mois de 2013. Et cette perception n'est pas due seulement au jeu des médias qui, avec l'élection du pape François, ont commencé à voir l'Église d'un œil plus favorable. Comment est-il possible qu'une Église jugée déclinante à un point si dramatique ait été soudain regardée de manière positive ? Que s'est-il passé ?

On ne peut attribuer à Benoît XVI la responsabilité de la crise de l'Église, pas plus qu'on ne peut attribuer sa résolution au changement de pontificat. Ce serait un jeu de miroirs trop facile. Il faut, au contraire, prendre acte du grand courage avec lequel Ratzinger a affronté les problèmes puis s'est retiré, pressentant qu'il fallait un nouveau pape et des énergies nouvelles pour faire émerger une situation différente, conscient aussi que lui-même n'avait pas les forces physiques pour le faire. Naturellement, il restait beaucoup de problèmes non résolus et il ne fallait pas croire que le nouveau pape pourrait les résoudre en un clin d'œil. Mais le défi était bien plus grand que ces questions, certes importantes : ce qu'il fallait surtout, c'était une annonce renouvelée et passionnée de l'Évangile.

Pour mieux comprendre le pontificat du pape François, il faut retourner à celui de Jean XXIII, sans toutefois forcer la comparaison, car les deux hommes sont différents. Monseigneur Capovilla, le secrétaire du pape Jean, écrit à son sujet : « Lui, le vieil homme, sans traumatismes et sans forcer, sut au contraire prendre le rythme de notre époque et remettre davantage en circulation le langage du Christ »[29]. C'est ainsi que les catholiques, mais aussi les chrétiens et les non croyants, commencèrent à se demander : « Qu'est-ce que cet homme nous dit d'extraordinaire ? ». Et tout en s'interrogeant, ils se retrouvaient « presque à leur insu les yeux humides et remplis d'émotion… »[30]. Jean XXIII parlait de choses simples : l'amour, le pardon, la recherche de l'unité, l'observation de la loi de Dieu. Mais il s'était passé quelque chose : « le langage du Christ » était remis en circulation. Voilà le fait décisif. Il se produisit à l'intérieur de la communauté des croyants, mais aussi hors de ses larges et complexes frontières.

Que s'est-il passé avec le pape François ? Un rapport nouveau s'est établi entre le pape et le peuple chrétien. Ce n'est pas simplement un phénomène médiatique : il s'est créé une « sympathie » profonde. Cette sympathie n'est pas accessoire ou sentimentale. Eugenio Lecaldano, dans un

29. L. F. Capovilla, E. Bolis, *I miei anni con Papa Giovanni XXIII. Conversazione con Ezio Bolis*, Milano, Rizzoli, 2013, p. 90.

30. *Ibid.*

livre consacré à la sympathie, écrit ceci : « Ce n'est pas en soi une émotion ou un sentiment : en réalité, concevoir de la sympathie ne signifie pas ressentir un contenu émotif spécifique ; on éprouve de la sympathie seulement dans la mesure où l'on réussit à ressentir, en y participant, les contenus émotionnels et affectifs, négatifs ou positifs, de la personne avec laquelle on sympathise »[31]. Amartya Sen, le grand économiste indien, soutient que dans le monde globalisé, c'est seulement en élargissant ses sentiments de sympathie que l'on peut affronter les grandes et nouvelles difficultés qui se présentent, telles que les immenses distances qui s'établissent entre les personnes et les communautés[32]. La mondialisation doit être animée d'un supplément de sympathie.

La sympathie est décisive dans la vie de l'Église dans le monde. Dans le premier portrait que les *Actes des apôtres* donnent de la communauté chrétienne de Jérusalem, il est écrit que les chrétiens jouissaient de « la faveur de tout le peuple » (2,47). L'ancienne traduction italienne de la Bible, plus incisive, parlait de la « sympathie de tout le peuple ». Dans l'original grec du Nouveau Testament, on trouve le mot *káris*, qui signifie grâce : ces premiers chrétiens étaient dans les grâces de tout le peuple. Cette sympathie n'était pas le fruit de concessions faites au monde puisque les apôtres furent persécutés, le diacre Étienne fut tué et qu'« il éclata une violente persécution contre l'Église de Jérusalem » (*Actes* 8,1). La sympathie suscitée par cette communauté ressemble à celle des prophètes d'Israël. Abraham Heschel, qui a étudié le message des prophètes, en parle comme d'« une religion

31. E. Lecaldano, *Simpatia*, Milano, Raffaello Cortina Editore, 2013, p. 150.

32. *Ibid.*, pp. 183-184.

de la sympathie », dans le sens d'éprouver des sentiments, du *pathos* pour.

> « Quand le divin est perçu comme une perfection mystérieuse, la réponse est la crainte et le tremblement ; quand il est perçu comme une volonté absolue, la réponse est l'obéissance inconditionnelle ; quand il est perçu comme pathos, la réponse est la sympathie »[33].

Le prophète, pour Heschel, est un « *homo sympathetikos* »[34]. Il perçoit le *pathos*, les sentiments de Dieu. Il ne retient pas son message seulement, mais il se laisse émouvoir et il harmonise sa vie avec la Parole de Dieu, en y mettant ses propres sentiments et en sollicitant ceux des personnes qui l'écoutent. L'homme de Dieu ne se soumet pas à Dieu en silence : il s'identifie de tout son cœur et de tout son esprit au message de Dieu. « Être prophète signifie identifier sa propre sollicitude à celle de Dieu »[35]. La sympathie touche avant tout au rapport de l'homme avec Dieu, mais elle s'élargit à tous les hommes.

> « La sympathie est un état d'âme dans lequel la personne est ouverte à la présence d'un autre. C'est un sentiment qui perçoit le sentiment auquel il réagit : c'est l'opposé de la solitude émotionnelle. Dans la sympathie prophétique, l'homme est ouvert à la présence et aux émotions du Sujet transcendant. Il porte en lui-même la

33. A. Heschel, *The Prophets*, p. 307.
34. *Ibid.*, p. 308.
35. *Ibid.*, p. 309.

> conscience de ce qui arrive à Dieu. En ce sens, la sympathie a une structure dialogique »[36].

La sympathie pour Dieu (avant tout) devient chez les prophètes une attitude constante, et non un sentiment passager ou une extase. C'est un amour qui pénètre la vie du prophète et le conduit à Dieu. L'homme en sympathie avec Dieu s'intéresse au monde pour que le monde s'ouvre et entre dans les sentiments de Dieu pour l'humanité (dans tous ses degrés, de la colère à la tendresse). « La sympathie ouvre l'homme à Dieu », conclut Heschel, au point que « si nous ne partageons pas sa sollicitude [pour les hommes], nous ne savons rien du Dieu vivant »[37]. Le prophète, pour Heschel, ne se définit pas par le caractère raisonnable de son message, mais parce que le ressenti de Dieu l'a profondément rejoint, ou plutôt lui a touché le cœur – le cœur étant, pour la Bible, le centre de la personne.

Dès le début, le pape François s'est révélé être un homme sensible au ressenti de Dieu, capable de manifester cette réalité par une sympathie communicative, et même prophétique. Dans un livre qui rassemble des textes d'exercices spirituels, le pape écrit : « Une autre tentation consiste à privilégier les valeurs du cerveau sur celles du cœur. Ne l'oublions jamais : seul le cœur unit et intègre. Comprendre sans ressentir avec compassion tend à diviser. Le cœur associe l'idée avec la réalité, le temps avec l'espace, la vie avec la mort et l'éternité. »[38] Pour celui qui écoute, le message

36. *Ibid.*

37. *Ibid.*, p. 346.

38. J. M. Bergoglio-Papa Francesco, *Aprite la mente al vostro cuore*, Milano, Rizzoli, 2013, p. 33.

du pape François semble jaillir du cœur et parler au cœur, unir et intégrer en même temps. Sa façon de ressentir a créé une nouvelle communication avec les gens. C'est évident aux yeux de tous.

« *Acceptasne electionem de te canonice factam in Summum Pontificem ?* » À cette question rituelle, posée juste après son élection, le cardinal Bergoglio a répondu par ces mots : « Je suis pécheur et j'en ai conscience, mais j'ai une grande confiance dans la miséricorde de Dieu. Puisque vous m'avez élu, ou plutôt, parce que Dieu m'a choisi, j'accepte ». Puis, une autre question a suivi : « *Quo nomine vis vocari ?* De quel nom veux-tu être appelé ? » « *Vocabor Franciscus*. Je m'appellerai François », a répondu le cardinal Bergoglio, faisant référence au saint d'Assise. Le nom François ne figure pas sur la longue liste des papes de Rome ; ce n'est pas un nom traditionnel pour un pape. En outre, tous les papes du deuxième millénaire ont pris des noms déjà utilisés dans le passé par d'autres pontifes, à l'exception du pape Luciani qui a uni ceux de Jean et Paul, voulant ainsi souligner la continuité et la tradition. Bergoglio, lui, a exprimé quelque chose qui est à la fois nouveau et ancien.

François est un nom qui résonne comme un programme : celui de l'Évangile proclamé dans les rues, celui de l'ami des pauvres dans une Église pauvre, l'ami du Christ et des gens. François est le nom de la simplicité. Le pape a un nom d'homme ordinaire, un nom qui n'est ni celui d'un noble, ni celui d'un pape. François d'Assise, cet homme totalement immergé en Dieu, celui que l'on a appelé l'*alter Christus*, s'est distingué par sa radicalité évangélique et son identification à Jésus, le grand amour de sa vie. Mais François est aussi l'homme de la « courtoisie ». C'était un homme « généreux et courtois », dit de lui la *Légende des trois compagnons*[39]. La courtoisie dont il est ici question n'est pas cette vertu caractéristique de la haute société du Moyen-Âge, mais une identification à Dieu. François d'Assise disait en effet : « Sache, mon bien-aimé, que la courtoisie est un des attributs de Dieu. C'est par courtoisie qu'il fait luire son soleil sur les méchants comme sur les justes et qu'il fait tomber la pluie pour les uns comme pour les autres. La courtoisie est sœur de la charité, qui supprime la haine et entretient l'amour »[40].

Le Dieu de François est courtois et son disciple devient doux, accueillant, bon, compatissant, discret[41]. La révolution franciscaine, dans la vie de l'Église du treizième siècle, c'est un Évangile qui redevient ami des hommes, humain et proche, et qui emprunte les mêmes routes que lui. L'Évangile *sine glossa*, sans ajout, prêché avec simplicité, change en profondeur la vie des hommes et des femmes, et donc aussi la culture et les habitudes de la société. L'Évangile n'est pas une réforme politique, mais il est socialement incisif pour la raison précise qu'il est simple et personnel. Aujourd'hui encore, dans de nombreuses parties du monde catholique, le nom de François résonne comme un message qui rappelle la pureté de l'Évangile.

Que s'est-il passé après l'élection de François ? Le nouveau pape a immédiatement parlé de la miséricorde de Dieu. Il s'est adressé à des femmes et à des hommes inquiets et fragilisés par le poids de la crise économique. La miséricorde

39. *La Légende des trois compagnons. Vie de Saint François d'Assise par frère Léon, frère Ange et frère Rufin*, L'Artisan du Livre, Paris, 1926, pp. 53 et 55.

40. *Les fioretti de saint François*, Denoël, Paris, 1944, p. 115.

41. Cf. J. G. Jeusset, *Dio è cortesia. Francesco d'Assisi, il suo Ordine e l'Islam*, Padova, Ed. Messagero, 1988.

de Dieu est bien plus grande qu'on ne le croit. Le pape François a dit : « Le Seigneur ne se fatigue jamais de nous pardonner, jamais ! C'est nous qui nous fatiguons de lui demander pardon ! Demandons la grâce de ne pas nous lasser de demander pardon, parce que lui ne se lasse jamais de pardonner. Demandons cette grâce »[42]. Très sensible à l'humanité des gens, il a tout de suite donné un message d'espérance. Voici ce qu'il a dit, le jour de Pâques 2013 :

> « Ne sommes-nous pas souvent fatigués, déçus, tristes, ne sentons-nous pas le poids de nos péchés, ne pensons-nous pas que nous n'y arriverons pas ? Ne nous replions pas sur nous-mêmes, ne perdons pas confiance, ne nous résignons jamais : il n'y a pas de situations que Dieu ne puisse changer, il n'y a aucun péché qu'il ne puisse pardonner si nous nous ouvrons à Lui[43]. »

Les paroles et les sorties publiques du pape François ont créé une sympathie entre lui et la foule, sans grands gestes éclatants. La preuve en est l'incroyable afflux de personnes chaque fois que le pape parle à Saint-Pierre, qu'il se déplace dans Rome ou en Italie, ou qu'il voyage à l'étranger. Les gens aiment visiblement l'écouter parce qu'ils se sentent rejoints dans une dimension différente. C'est un homme qui ne parle pas de lui, mais de Dieu. Même en dehors de Rome ou de l'Italie, l'attention accordée à son message est immense. Avec son élection, l'Église semble être sortie de l'ambiance de déclin qui pesait sur elle. Quelque chose de

---

42. Pape François, Angélus du 17 mars 2013.

43. Pape François, Homélie de la vigile pascale dans la basilique Saint-Pierre, 30 mars 2013.

nouveau peut arriver, quelque chose peut changer dans la vie de celui qui croit. Ce n'est pas un programme réformiste, mais un message fondé sur un Évangile qui imprègne la vie de ce pape qui a justement choisi de s'appeler François. L'attente s'est de nouveau tournée vers l'espérance de l'avenir. Les médias eux-mêmes ont compris qu'il se passait quelque chose de profond dans la vie de l'Église. Le pape Bergoglio l'a affirmé lui-même : « Frères et sœurs, ne nous fermons pas à la nouveauté que Dieu veut apporter dans notre vie[44] ! »

Le Concile : une « sympathie immense »

Le pape Bergoglio ne cite pas beaucoup les textes du Concile, contrairement à certains discours ecclésiastiques des cinquante dernières années. Mais son message et son style sont imprégnés de Vatican II. Un jour, en commentant les lectures de la messe du matin pour un groupe de fidèles, le pape a parlé du Concile en ces termes :

> « Nous voulons que l'Esprit-Saint s'assoupisse… Nous voulons domestiquer l'Esprit-Saint… Cette tentation existe encore aujourd'hui. Un exemple : pensons au Concile. Le Concile a été une belle œuvre de l'Esprit-Saint. Pensez au pape Jean. C'était un bon curé et il a été obéissant à l'Esprit-Saint et voilà ce qu'il a fait. Mais cinquante ans plus tard, avons-nous fait tout ce que l'Esprit-Saint nous a dit dans le Concile ? Non. Nous fêtons cet anniversaire, nous faisons un monument, pourvu qu'il ne nous dérange

44. *Ibid.*

pas. Nous ne voulons pas changer. Pire : des voix s'élèvent pour retourner en arrière »[45].

Et il conclut ainsi, à propos de la résistance des chrétiens à l'Esprit-Saint :

> « Cela s'appelle être entêté, cela s'appelle vouloir domestiquer l'Esprit-Saint, cela s'appelle être sans intelligence et lents à croire. La même chose se produit dans notre vie personnelle. En effet, l'Esprit nous pousse à prendre une route plus évangélique »[46].

Avons-nous fait tout ce que l'Esprit-Saint nous a dit dans le Concile ? se demande le pape. La lecture de certains de ses textes donne l'impression que, pour lui, le Concile est un rendez-vous décisif pour la vie de l'Église et pour sa vie personnelle à lui. Pour lui, Vatican II n'est pas une bannière progressiste à agiter contre le conservatisme de l'Église, en arguant que les orientations du Concile n'ont pas toujours été mise en œuvre dans les décennies post-conciliaires. D'autre part, rien chez lui ne ressemble à une critique du Concile ; il n'accuse pas ce dernier d'être la cause de la crise de l'Église contemporaine.

Il faut réaliser que Jorge Bergoglio est entré au séminaire en 1958, au début du pontificat du pape Jean, et qu'il a été ordonné prêtre en 1969, quatre ans après la clôture de Vatican II. Dans les années difficiles de la dictature militaire, s'il n'a pas été un catholique conservateur, il n'a jamais non

---

45. Pape François, Méditation matinale dans la chapelle de la Maison Sainte-Marthe, 16 avril 2013 (en italien). Ces textes des homélies du matin sont tirés des enregistrements des paroles du pape.

46. *Ibid.*

plus identifié sa foi à la lutte politique, ni dans le sens révolutionnaire, moins encore dans celui de la sécurité nationale anticommuniste. À différentes occasions, il a clairement parlé du risque d'idéologisation de la foi.

Sa personne comme sa pastorale sont visiblement imprégnées de l'esprit du Concile. Pour lui, il ne s'agit pas d'opposer l'esprit à la lettre du Concile. Déjà, dans un discours important prononcé en 2005, Benoît XVI avait affirmé la nécessité de lire le Concile dans une logique de réforme et de continuité de la tradition, et non comme un événement de rupture[47]. Il avait aussi critiqué ceux qui considèrent que l'esprit du Concile n'a été qu'en partie exprimé, dans la mesure où ses textes étaient le fruit de compromis, et qu'il doit donc s'imposer encore par des idées novatrices et originales. La vision de Benoît XVI n'est pas différente de celle des papes du Concile et de Jean-Paul II. Il y a indéniablement un esprit du Concile qui se retrouve dans les textes élaborés et dans le climat vécu par les pères conciliaires et communiqué à l'Église pendant et après l'événement. Dans son discours de clôture de la dernière session conciliaire, Paul VI affirmait de façon très significative :

> « Nous voulons plutôt souligner que la règle de notre Concile a été avant tout la charité. Et qui pourrait accuser le Concile de manquer d'esprit religieux et de fidélité à l'Évangile pour avoir choisi cette orientation de base ?... L' Église du Concile, il est vrai, ne s'est pas contentée de réfléchir sur sa propre nature et sur les rapports qui l'unissent à Dieu : elle s'est aussi beaucoup occupée de

47. Cf. Benoît XVI, Discours à la curie romaine : « Lire le concile à la lumière de la Tradition », 22 décembre 2005.

> l'homme, de l'homme tel qu'en réalité il se présente à notre époque : l'homme vivant, l'homme tout entier occupé de soi... La vieille histoire du bon Samaritain a été le modèle et la règle de la spiritualité du Concile. Une sympathie sans bornes pour les hommes l'a envahi tout entier. La découverte et l'étude des besoins humains (et ils sont d'autant plus grands que le fils de la terre se fait plus grand), a absorbé l'attention de notre Synode[48]. »

Paul VI rappelait que le Concile, par-delà les diverses facettes de ses débats et de ses textes, avait exprimé une attitude de fond vis-à-vis de la réalité du monde contemporain : « Une sympathie immense l'a traversé tout entier ». Il est significatif que le pape ait fait de la parabole du bon Samaritain le paradigme de la spiritualité conciliaire, lui qui s'arrête auprès de l'homme à moitié mort sur la route, qui prend soin de lui avec compassion et réalisme, qui n'agit pas en fonction de ses obligations, comme le lévite ou le prêtre, mais en fonction des besoins de l'homme blessé[49].

Il ne s'agit pas d'identifier l'Église à une œuvre sociale ou à une lutte politique. L'Église a sa dimension propre. Paul VI l'avait déjà dit dans son encyclique programmatique *Ecclesiam suam*, où il montrait que, si l'Église ne s'identifie certes pas au monde, mais s'en distingue au contraire, cependant « cette distinction d'avec le monde n'est pas séparation. Bien plus, elle n'est pas indifférence, ni crainte, ni mépris. Quand l'Église se distingue de l'humanité, elle ne s'oppose pas à elle ; au contraire elle s'y unit[50] ». L'Église

48. Paul VI, Discours de clôture du concile Vatican II, 7 décembre 1965.
49. Cf. *ibid*.
50. Paul VI, encyclique *Ecclesiam suam*, n. 65.

rejoint avec beaucoup de sympathie l'humanité, même si elle s'en distingue par son message.

Telle est la mission de l'Église, mission que Paul VI, dans *Evangelii nuntiandi*, identifie précisément à l'évangélisation[51]. Cette ligne avait été initiée par Jean XXIII, qui l'avait exposée dans son discours d'ouverture de la première session conciliaire. Pensant aux nombreux conciles qui avaient condamné les erreurs et les hérésies, le pape Jean avait indiqué l'orientation prioritaire à donner à ce deuxième concile du Vatican, dans un esprit non pas de condamnation mais de miséricorde : « L'Eglise n'a jamais cessé de s'opposer à ces erreurs. Elle les a même souvent condamnées, et très sévèrement. Mais aujourd'hui, l'Épouse du Christ préfère recourir au remède de la miséricorde, plutôt que de brandir les armes de la sévérité[52] ».

Avec l'homme et la femme contemporains, l'Église du Concile utilise le remède de la miséricorde, comme le Samaritain de la parabole… La Constitution *Gaudium et spes* est entièrement consacrée aux rapports de l'Église avec le monde contemporain. Ce texte qui, pour certains, est marqué par l'optimisme des années soixante, mais conserve cependant sa validité, se conclut par cette affirmation : « Les chrétiens ne peuvent pas former de souhait plus vif que celui de rendre service aux hommes de leur temps, avec une générosité toujours plus grande et plus efficace[53] ».

Au-delà du débat sur Vatican II, sur les déformations de l'esprit du Concile à propos du rapport entre l'esprit

51. Cf. Paul VI, exhortation apostolique *Evangelii nuntiandi*.

52. Jean XXIII, *Discours d'ouverture de la première session du concile Vatican II*, n. 31.

53. Constitution pastorale *Gaudium et spes*, n. 93.

et la lettre, l'événement conciliaire a initié un courant de sympathie pour les femmes et les hommes d'aujourd'hui dans une Église nouvellement et plus radicalement centrée sur son Seigneur, une Église qui aime Dieu davantage, qui manifeste plus profondément le lien de sympathie qui l'unit aux gens. Le Concile a fait l'objet de méprises. Il a été réduit à une série de réformes, mises en œuvre ou non. Mais le Concile est plus que cela. C'est un pont par lequel les chrétiens d'aujourd'hui se relient à la grande Tradition, Tradition dans laquelle Vatican II constitue lui-même un moment incontournable. Mais c'est aussi un faisceau de lumière projeté vers le futur. Le Concile a préparé l'Église aux grands défis de la mondialisation, ou, pour le dire plus justement, à s'y engager en étant missionnaire.

Comme père conciliaire, Jean-Paul II a vécu l'intégralité du concile Vatican II et l'a appliqué à Cracovie de manière originale. Plus tard, il a été le pape de l'application du concile après Paul VI. Dans son testament, écrit à l'orée du vingt-et-unième siècle, il affirme l'actualité de Vatican II : « Je suis convaincu qu'il sera encore donné aux nouvelles générations de puiser pendant longtemps aux richesses que ce Concile du XXème siècle nous a offertes »[54]. Le pape Bergoglio est un évêque conciliaire : il a été nommé par Jean-Paul II au cœur de cette Amérique latine où la lutte a été forte entre la théologie de la libération et l'autorité de l'Église, mais aussi entre les conservateurs et les progressistes (même si ces deux termes peuvent sembler impropres)[55]. Son épiscopat

---

54. *Testament du Saint-Père Jean-Paul II,* 12-18 mars 2000, n. 4.

55. Sur les problèmes et les perspectives de l'Église en Amérique latine, une lecture importante : G. M. Carriquiry Lecour, *Una scommessa per l'America latina,* Florence, Le Lettere, 2003.

à Buenos Aires représente une synthèse créative qui dépasse ces fractures dramatiques de l'après-concile qui ont aussi touché l'Argentine. Il est l'homme non seulement des documents conciliaires, mais de cette sympathie évangélique qui incarne pour une grande part l'esprit du Concile. Tel est le pape qui, à la surprise de tous, a voulu prendre le nom de François.

Quand un pape vient d'être élu, il faut se mettre à son diapason. Il faut du temps et un esprit attentif pour saisir la route qu'il indique. Cela prend parfois du temps, et pas seulement pour comprendre. C'est un exercice important, car la vie chrétienne n'est pas centrée sur notre personne ; l'Église ne se limite pas à notre petit monde ou à nous-mêmes : elle porte le destin commun d'un peuple nombreux. Avec le pape François, cependant, beaucoup se sont immédiatement trouvés en harmonie avec la simplicité de sa personne, peut-être en raison de son nom populaire et de sa parole forte et claire.

Quelque chose de semblable s'est produit il y a plus d'un demi-siècle, lorsque, en 1958, un pape très aimé (on l'a trop oublié) fut élu sous le nom de Jean XXIII, suscitant une sympathie immédiate qui fit oublier son prédécesseur Pie XII. Jean XXIII, qui était âgé lui aussi, était le pape de la bonté. En ces années de guerre froide, il apportait l'espérance que ce climat lourd et gris finirait bientôt[56]. On parla alors de « printemps » de l'Église, et le terme revint parmi les images employées par le concile Vatican II. Athénagoras, le patriarche de Constantinople, avait déclaré à propos du

56. Dans son livre, touchant par certains aspects, *L'utopia di papa Giovanni*, Assisi, Cittadella, 1973, le journaliste et expert G. ZIZOLA a saisi cet état d'âme de façon percutante.

pape Jean : « Il vint un homme envoyé par Dieu, son nom était Jean »[57]. Que s'est-il passé en 2013, dans cette Église considérée comme déclinante ? Il vint un pape, son nom était François…

Libres d'espérer

Un certain pessimisme pesait donc lourdement sur l'avenir de l'Église. De son côté, l'Église portait sur la société un jugement assez négatif. Une lecture de la réalité contemporaine, que ni le Concile ni même Jean-Paul II n'avaient alimentée, était réapparue : nos sociétés européennes s'éloignaient profondément de la foi et des modèles de vie chrétienne, tandis que dans l'hémisphère sud les sectes, mais surtout l'islam, dominaient. Le christianisme était tenu en échec dans le monde. Il fallait résister. Mais cette résistance consistait généralement à ralentir un processus de sécularisation jugé inéluctable. Les questions de bioéthique, les manipulations sur l'être humain, une conception de la famille contraire à celle de l'Église étaient quelques-uns des sujets débattus. L'Église, qui peinait à être un pôle d'attraction dans la société, semblait se retrancher dans ces débats.

La critique progressiste – surtout la plus ancienne et autorisée, en Europe et ailleurs, celle de Hans Küng – martelait que l'Église était sur le déclin parce qu'elle avait manqué toutes les occasions de se mettre à jour par rapport à la modernité, refusant de changer ses structures, son éthique sexuelle et son système d'autorité[58]. Mais l'histoire du déclin

57. Cf. V. Martano, *Athenagoras il patriarca (1886-1972). Un cristiano tra crisi della coabitazione e utopia ecumenica*, Bologna, Il Mulino, 1996.

58. Cf. H. Küng, *Salviamo la Chiesa*, Milano, Rizzoli, 2011.

de plusieurs Églises évangéliques européennes et de l'Église anglicane montre qu'on ne sort pas de la spirale négative en s'adaptant[59]. À la critique progressiste, Jean-Paul II avait répondu que l'Église ne devenait pas actuelle en s'adaptant. En réalité, l'actualité de l'Église tient à sa fidélité à communiquer l'Évangile dans un rapport vivant avec les femmes et les hommes de notre temps.

Dans les premières années du XXIème siècle, avec, entre autres choses, l'affaiblissement de l'action du pape Wojtyła, l'Église dans son ensemble (certes avec des différences, des exceptions, et selon des mesures différentes) risquait de glisser dans une attitude défensive, teintée d'un pessimisme larvé sur son propre avenir, et surtout sur la réalité du monde. Le pontificat de Benoît XVI, à la vérité, invitait à des choix bien différents : se concentrer sur un approfondissement spirituel et tenter de dialoguer avec la raison occidentale[60]. La situation de l'Église était due à de nombreux facteurs convergents : l'air du temps, une nouvelle définition du monde contemporain, une façon européenne de sentir les choses…

Sur ce plan, le pape François a marqué une rupture avec les deux pessimismes qui caractérisent le début du siècle : pessimisme vis-à-vis de l'Église, pessimisme vis-à-vis de l'histoire humaine. Son attitude n'est pas naïveté. Bergoglio est conscient des ambiguïtés du présent. On l'a vu dans les positions qu'il a prises et dans ses interventions pour s'opposer à certains choix éthiques et législatifs faits par la

---

59. Cf. A. Riccardi, *Intransigenza e modernità. La Chiesa cattolica verso il terzo millennio*, Roma-Bari, Laterza, 1996.

60. Une évaluation critique de ce dialogue se trouve dans V. Ferrone, *Lo strano illuminismo di Joseph Ratzinger*, Roma-Bari, Laterza, 2013.

société argentine. Sur l'avortement, par exemple, il a affirmé: «Avorter, c'est tuer celui qui ne peut pas se défendre». Il s'agit d'«un génocide quotidien, silencieux et protégé»[61]. Il a ensuite parlé de l'avortement dans le contexte de la culture de mort, culture dans laquelle s'inscrit aussi l'euthanasie, notamment «l'euthanasie cachée» qui se pratique en refusant aux personnes âgées les soins nécessaires. Le combat contre l'avortement, a-t-il affirmé, «je le situe au sein du combat en faveur de la vie, depuis la conception jusqu'à la mort, digne et naturelle»[62]. L'Église, pour Bergoglio, a le droit de parler de la vie.

> «Le ministre religieux attire parfois l'attention sur certains points de la vie privée ou publique parce qu'il est le guide de la paroisse. Ce qu'il n'a pas le droit de faire, c'est exercer une contrainte sur la vie privée de qui que ce soit. Si Dieu, dans sa création, a pris le risque de nous rendre libres, de quel droit pourrais-je intervenir? Nous condamnons le harcèlement spirituel, qui survient quand un ministre impose des directives, des comportements, des exigences qui privent autrui de sa liberté. Dieu a été jusqu'à laisser entre nos mains la liberté de pécher»[63].

Sur les questions bioéthiques et familiales, sur le mariage homosexuel et sur l'adoption d'enfants par des couples homosexuels, Bergoglio est convaincu que l'Église «a le droit de donner son avis dans la mesure où elle est au service des

61. J. M. Bergoglio, A. Skorka, *Sur la terre comme au ciel,* cit., p. 115.

62. Pape François, *Je crois en l'homme. Conversation avec Jorge Bergoglio,* Paris, Flammarion, 2013, p. 96.

63. J. M. Bergoglio, A. Skorka, *op. cit.*, p. 122.

gens». «Si quelqu'un me demande conseil, je suis en droit de lui en donner», conclut-il[64].

On trouve chez le cardinal argentin une position un peu différente de celle de son confrère jésuite, le cardinal Carlo Maria Martini (qu'il reconnaît néanmoins comme l'un des plus grands écrivains spirituels du vingtième siècle), qui pensait que l'Église était «en retard» par rapport à la culture du monde et aux rendez-vous de l'histoire[65].

La vision de Bergoglio, tout en étant remplie d'espérance en l'avenir, perçoit la force du mal. Le mal et le péché existent. Les sous-estimer est la grande tentation de nos contemporains: «Je crois que le démon existe. Sa plus belle réussite, ces temps-ci, a peut-être été de nous faire croire qu'il n'existe pas, que tout s'arrange au niveau purement humain»[66]. Mais parler de la présence du seigneur du mal n'est pas diaboliser les hommes: «Le démon est une chose (...), c'en est une autre de diaboliser les choses ou les gens. L'homme subit la tentation mais il ne faut pas le diaboliser pour autant»[67].

Ce réalisme biblique est tout sauf un regard pessimiste porté sur le destin des personnes. La vie des hommes et des femmes n'est pas prisonnière du mal. L'Église n'est pas condamnée à voir, impuissante, les fidèles s'éloigner de son message. Il y a chez Bergoglio une rupture avec le pessimisme qui plane sur l'Église. Et pourtant, l'archevêque de Buenos Aires n'est pas naïf. Il suffit de se souvenir de son analyse sur

64. *Ibid.*.

65. Cf. C. M. MARTINI, *Conversazioni notturne a Gerusalemme*, intervista di G. Sporschill, Milano, Mondadori, 2008.

66. J. M. BERGOGLIO, A. SKORKA, *op. cit.*, p. 23.

67. *Ibid.*, p. 24.

les conséquences personnelles et sociales du processus de mondialisation. En tant que pasteur, le cardinal connaît les difficultés des paroisses, l'éloignement des fidèles, les conditions d'existence difficiles ou contradictoires de beaucoup.

Le péché existe, mais il est aussi un terrain sur lequel se développe l'espérance chrétienne, parce que le pardon et l'espérance d'une vie différente fleurissent sur le terrain du péché. Le péché de la personne cache la question de Dieu. Le péché reconnu devant Dieu est un lieu privilégié pour le rencontrer et grandir dans la conscience de sa présence. Même dans les situations les pires et les vies les plus éloignées, il y a toujours l'espérance de pouvoir s'approcher et trouver le pardon[68].

Il ne faut donc pas, par pessimisme, diaboliser les hommes et les femmes d'aujourd'hui, pas plus qu'il ne faut tomber dans une vision optimiste ou laxiste de la réalité. Le mal existe, mais, avec la miséricorde de Dieu, un changement est possible. Le message de Bergoglio témoigne d'une espérance forte et d'une maturité d'expert en humanité, libre de tout pessimisme, convaincu que l'Église peut ressusciter dans le cœur des personnes. S'il existe une forme de divorce entre le monde et le message de l'Église, ce n'est ni définitif, ni irrémédiable, ni si profond que cela.

L'espérance de Bergoglio reflète la maturité du concile Vatican II qui, dès le discours inaugural de Jean XXIII, a pris clairement ses distances avec le pessimisme anti-moderne. Par ses paroles, le pape Roncalli a choisi la médecine de la miséricorde comme instrument principal de Vatican II. Or, paradoxalement, le pessimisme semble rendre la miséricorde

68. Cf. *Ibid.*, p. 79.

inutile. Voici les mots par lesquels Jean XXIII, dans son discours d'ouverture, s'était adressé aux pères conciliaires du monde entier rassemblés à Saint-Pierre :

> « Il arrive souvent que dans l'exercice quotidien de Notre ministère apostolique, Nos oreilles soient offensées en apprenant ce que disent certains qui, bien qu'enflammés de zèle religieux, manquent de justesse de jugement et de pondération dans leur façon de voir les choses. Dans la situation actuelle de la société, ils ne voient que ruines et calamités ; ils ont coutume de dire que notre époque a profondément empiré par rapport aux siècles passés ; ils se conduisent comme si l'histoire, qui est maîtresse de vie, n'avait rien à leur apprendre et comme si du temps des Conciles d'autrefois tout était parfait en ce qui concerne la doctrine chrétienne, les mœurs et la juste liberté de l'Eglise »[69].

Ces paroles caractérisent le nouveau climat du Concile. Elles marquent une prise de distance vis-à-vis de la vision pessimiste du monde si caractéristique de vastes secteurs du catholicisme entre le dix-neuvième et le vingtième siècle. Mais il faut apprendre de l'histoire, affirmait le pape Jean (qui était, d'ailleurs, historien). À d'autres périodes de l'histoire chrétienne, de grandes difficultés avaient surgi, sans que cela ne condamne l'Église ou la société au déclin. Le pape Jean avait ensuite prononcé ces paroles fortes :

> « Il Nous semble nécessaire de dire Notre complet désaccord avec ces prophètes de malheur, qui annoncent

69. Jean XXIII, Discours d'ouverture de la 1ère session du concile Vatican II, 15-16.

> toujours des catastrophes, comme si le monde était près de sa fin. Dans le cours actuel des événements, alors que la société humaine semble à un tournant, il vaut mieux reconnaître les desseins mystérieux de la Providence divine qui, à travers la succession des temps et les travaux des hommes, la plupart du temps contre toute attente, atteignent leur fin et disposent tout avec sagesse pour le bien de l'Eglise, même les événements contraires.[70] »

Voilà un texte qui a fondé l'attitude juste de l'Église du Concile à l'égard du monde. Il met en lumière une espérance qui ne se résume pas à un optimisme facile, qui reconnaît les difficultés, mais qui regarde aussi vers l'avenir. Les prophètes de malheur – une catégorie de personnes sur laquelle on a peu réfléchi – ont peur du présent et des autres. Ils regardent en arrière avec nostalgie, parce qu'on embellit facilement le passé, ses institutions comme ses personnes. Jean XXIII, le père du Concile, n'a pas agi ainsi. Dans les années post-conciliaires, l'opinion catholique a souvent oscillé entre optimisme facile (« Si l'Église changeait, le monde s'ouvrirait à elle ») et pessimisme quant à l'avenir.

Bergoglio, qui a connu les difficultés de son Église et de son pays, insiste sur le fait que les hommes sont des pécheurs, mais qu'ils ne sont pas condamnés au mal. C'est l'élément décisif : rien ne peut nous condamner au mal, hormis notre propre choix. Le Jeudi Saint 2013, le pape François a rendu visite à la prison des mineurs de Casal del Marmo, à Rome, où il a rencontré des jeunes dont la vie est déjà marquée par le mal. Voici le message qu'il a adressé à cette humanité souffrante et condamnée dès son jeune âge : « Ne

70. *Ibid.*, 15-16.

vous laissez pas voler l'espérance ! Ne vous laissez pas voler l'espérance ! »[71]. Le pape avait aussi dit aux cardinaux : « Ne cédons jamais au pessimisme, à cette amertume que le diable nous offre chaque jour ; ne cédons pas au pessimisme et au découragement »[72]. Pour le pape François, le pessimisme qui pèse sur l'Église, pessimisme qu'il compare à une sorte de « pain » offert par le diable, est un des éléments d'un plan qui vise à diviser les chrétiens et à vider les églises.

71. Pape François, Homélie à la messe de la Cène du Seigneur, Institut pénal pour mineurs de « Casal del Marmo » à Rome, 28 mars 2013.

72. Pape François, Discours à tous les cardinaux, 15 mars 2013.

III
La culture de la rencontre

Espérer, c'est rencontrer

Dans le fond, les hommes et les femmes sont tous ouverts à l'espérance. Si l'on considère qu'ils sont perdus, on finit par les éviter. À l'inverse, les rencontrer signifie que l'on a une espérance pour eux. Cela dit, la rencontre n'est pas toujours facile ; elle demande, au minimum, que l'on change quelque chose en soi. Au cours des années de grisaille, les communautés ecclésiales ont été tentées par l'autoréférentialité, conséquence d'une vision pessimiste du monde et de leur propre avenir qui les poussait à une certaine inertie. On ne peut toutefois pas généraliser. Dans bien des parties du monde, les communautés ecclésiales effectuent un grand travail. En Afrique, par exemple, les églises sont combles. Mais on oublie parfois ceux qui sont dehors. On pourrait en dire autant des mouvements chrétiens, absorbés par leur vie interne. Pour le pape François, l'autoréférentialité est une tentation ancienne qui rend incapable de s'intéresser au vaste monde, peuplé de femmes et d'hommes d'une immense diversité.

Avant d'être nommé évêque, le ministère pastoral de Bergoglio était déjà orienté vers la rencontre. Par la suite, l'archevêque de Buenos Aires, qui se déplaçait en métro, fut beaucoup plus qu'un prélat anticonformiste ; il fut avant tout quelqu'un qui veut rencontrer les autres et se laisser rencontrer par eux. Quand on lui a demandé, en 2011, ce qu'il aimait le plus à Buenos Aires, il a répondu : « Flâner. N'importe quel coin de Buenos Aires a quelque chose à nous dire »[1]. Si le pape mène une vie simple, comme tout le monde, ce n'est pas d'abord par souci de donner l'exemple, encore moins par démagogie, mais parce qu'il veut rencontrer les gens et se laisser rencontrer par eux. Le cardinal Bergoglio s'était déjà exprimé très clairement sur ce point :

> « Une Église qui se contente d'administrer, qui vit repliée sur elle-même, est dans la même situation qu'une personne enfermée : elle s'atrophie au physique et au mental. Elle se détériore, comme une pièce close envahie par la moisissure et l'humidité. Une Église qui ne parle que d'elle vit la même chose qu'une personne qui ne pense qu'à elle, elle devient paranoïaque, autiste. Il est vrai qu'en descendant dans la rue, on risque, comme n'importe qui, d'avoir un accident. Mais je préfère mille fois une Église accidentée plutôt qu'une Église malade »[2].

Bergoglio a repris cette idée plusieurs fois depuis son élection pontificale. Analysant la situation difficile de l'Église, il en discerne la cause non pas dans l'absence de

1. E. Himitian, *Francesco. Il papa della gente*, Milano, Rizzoli, 2013, p. 14.

2. J. Bergoglio, *Je crois en l'homme. Conversations avec J. Bergoglio, op. cit.*, p.78. Cf. aussi Pape François, Veillée de Pentecôte avec les mouvements ecclésiaux, 18 mai 2013.

réformes ou la nécessité de nouvelles structures, mais dans la posture autoréférentielle et fermée que l'Église a adoptée dans la société. « Une Église qui se contente d'administrer, de conserver son petit troupeau, est une Église qui, à la longue, devient malade. Le berger qui s'enferme n'est pas un véritable pasteur, mais un "peigneur" qui passe son temps à faire des frisettes au lieu d'aller chercher de nouvelles brebis »[3].

Lors des réunions de cardinaux préparatoires au conclave, Bergoglio avait insisté sur l'autoréférentialité. Au cours d'une séance où il avait été question des réformes de la Curie romaine, le futur pape avait indiqué que pour lui le principal enjeu concernait le positionnement de l'Église dans le monde, autrement dit son rapport avec les gens et leur vie quotidienne. Le texte de son intervention – qui, semble-t-il, avait fait une forte impression aux cardinaux – a été publié peu après son élection pontificale[4]. Le cardinal Bergoglio y affirmait notamment :

> « Quand l'Église ne sort pas pour évangéliser, elle devient autoréférentielle et tombe malade (cf. La femme toute courbée repliée sur elle-même dont parle Luc dans l'Évangile (13,10-17). Les maux qui, au fil des temps, frappent les institutions ecclésiastiques sont l'autoréférentialité et une sorte de narcissisme théologique. Dans l'Apocalypse, Jésus dit qu'Il est à la porte, qu'il frappe à la porte. Bien entendu, le texte se réfère au fait qu'il frappe à la porte de l'extérieur pour entrer… Mais je pense aux moments où Jésus frappe de l'intérieur pour

3. J. Bergoglio, *Je crois en l'homme, op. cit.*, pp. 78-79.

4. Le discours a été publié en espagnol dans la revue de l'archidiocèse de Cuba, *Palabra Nueva*. Les sites zenit. org et aleteia. org l'ont publié en italien.

le laisser sortir. L'Église autoréférentielle prétend retenir le Christ à l'intérieur d'elle-même et ne le fait pas sortir. Quand l'Église est une Église autoréférentielle, elle croit involontairement avoir la lumière, une lumière qui lui est propre… L'Église vit pour donner la gloire des uns aux autres. Bref, il y a deux images de l'Église : l'Église évangélisatrice qui sème, *Dei Verbum religiose audiens et fidenter proclamans*, et l'Église mondaine qui vit repliée sur elle-même et pour elle-même »[5].

Une Église qui vit à l'intérieur d'elle-même et pour elle-même est souvent une communauté cléricalisée. Dans ce contexte, les ecclésiastiques se rendent mutuellement gloire. Les laïcs aussi, soutient Bergoglio, sont cléricalisés dans des fonctions et des aspirations purement internes[6]. À l'inverse, une Église non cléricale et non autoréférentielle sait sortir d'elle-même. Il ne s'agit pas d'appliquer une recette, mais de faire un choix existentiel : sortir et rencontrer les gens. Dans la vision du pape, la rencontre avec les gens est essentielle. Cela se voit dans sa façon d'exercer son ministère. Lors des audiences, il consacre une partie importante de son temps à rencontrer les gens, à personnaliser d'une certaine manière le contact avec la foule. C'était déjà la voie choisie par Jean-Paul II : rencontrer et se laisser rencontrer. Le pape polonais disait que les gens ne veulent pas simplement entendre des paroles, mais aussi « toucher ». Le pape François le répète : « Il est essentiel que nous, les catholiques – les

5. http://www.zenit.org/fr/articles/l-intervention-du-card-bergoglio-avant-le-conclave.

6. Cf. J. Bergoglio, *Je crois en l'homme, op. cit.*, p. 80.

prêtres comme les laïcs – allions à la rencontre des gens »[7]. Il y a désormais quatre-vingt dix-neuf brebis en dehors de l'enclos, et une seule à l'intérieur. Voilà la vision du pape.

En cette période de l'histoire, les chrétiens doivent sortir de leur enclos. Les prêtres doivent sortir des paroisses et des cercles ecclésiastiques (mais aussi du langage interne propre à ces milieux). Lors de sa rencontre avec les évêques brésiliens, le pape François a critiqué les « pastorales “éloignées”, ces pastorales disciplinaires qui privilégient les principes, les conduites, les procédures d'organisation… évidemment sans proximité, sans tendresse, sans caresse. On ignore [ce faisant] la “révolution de la tendresse” que provoqua l'incarnation du Verbe »[8]. Il faut emprunter la voie de la sympathie à l'égard des femmes et des hommes d'aujourd'hui, et vivre cette sympathie sur les routes, et non derrière les murs de la citadelle ecclésiastique ou du haut des gradins. Cette invitation émane du Concile, du choix prioritaire de l'évangélisation fait par Paul VI après Vatican II, puis par Jean-Paul II. Elle émane aussi de la vie de Bergoglio, de cet homme qui a fait l'expérience de l'humanité parce qu'il a le goût de la rencontre.

Sortir de l'enclos. C'est ce mouvement qui a caractérisé les périodes les plus heureuses du christianisme, le XIIIème siècle, par exemple, quand le mouvement franciscain porta l'Évangile en dehors des grandes cathédrales et des abbayes, qui étaient alors des forteresses de la foi. L'Évangile s'est mis à cheminer sur les routes, pour ainsi dire, et dans

7. *Ibid.*, p. 78.

8. Pape François, Discours lors de la rencontre avec les évêques responsables du Conseil épiscopal latino-américain (C. E. L. A. M.), Rio de Janeiro, 28 juillet 2013.

la vie quotidienne des gens. Pour le pape, le devoir actuel de l'Église n'est pas de s'adapter aux façons de faire de la société, comme le voudraient certains progressistes, mais de vivre un art de la rencontre sur les routes des hommes et des femmes de notre temps. Une Église plus attrayante n'est pas une communauté laxiste : c'est une communauté de la rencontre. Cet engagement à rencontrer les autres vaut avant tout pour les pasteurs. Pour Bergoglio, le pasteur est quelqu'un qui va « à la rencontre des gens »[9]. Rencontrer l'autre est aussi une condition du bien-être de l'Église elle-même :

> « Je crois sincèrement que le rôle essentiel de l'Église, aujourd'hui, n'est pas de diminuer le nombre de préceptes, de faciliter telle ou telle mesure, mais de sortir et d'aller vers les gens, de connaître chacun par son nom. Non seulement parce que c'est sa mission, sortir pour annoncer l'Évangile, mais parce que ne pas le faire lui est dommageable »[10].

Le pape promeut ici une vision de l'Église comme peuple de Dieu, extravertie, missionnaire, capable de la rencontre. Cette vision n'est pas facile à réaliser dans les grandes villes anonymes, où l'on vit isolé et ignoré ; mais le fait d'aller à la recherche des personnes et de les connaître par leur nom, de faire en sorte que les femmes et les hommes de la ville ne soient plus anonymes, acquiert justement là une valeur toute particulière. L'Église apprend à connaître le nom des gens, c'est-à-dire leur histoire. Voilà la proposition que le pape Bergoglio fait à l'Église du XXIème siècle : sortir pour aller à la rencontre des femmes et des hommes, les connaître, les

9. J. Bergoglio, *Je crois en l'homme*, *op. cit.*, p. 78.
10. *Ibid.*

appeler par leur nom, leur communiquer l'espérance que donne la foi. C'est une conviction que le pape a mûrie au long de son ministère pastoral à Buenos Aires : sortir et rencontrer sont l'expression de la fidélité à l'Évangile. L'archevêque Bergoglio disait à ses prêtres : « Faites tout ce que vous devez faire, vous savez quels sont vos devoirs ministériels. Assumez vos responsabilités. Et ensuite, laissez la porte ouverte »[11].

La proposition du pape François est simple. Elle ne s'encombre pas de recettes pastorales, méthodologiques ou autres. N'affirmait-il pas, au cours de la semaine sainte de 2013 :

> « La Semaine sainte est un temps de grâce que le Seigneur nous donne pour ouvrir les portes de notre cœur, de notre vie, de nos paroisses – quelle peine toutes ces paroisses fermées ! –, des mouvements, des associations, et « sortir » à la rencontre des autres, nous faire proches pour apporter la lumière et la joie de notre foi. Sortir toujours ! Et cela avec amour et avec la tendresse de Dieu, dans le respect et dans la patience, en sachant que c'est nous qui mettons nos mains, nos pieds, notre cœur, mais c'est ensuite Dieu qui les guide et rend fécondes chacune de nos actions »[12].

Celui qui sort à la rencontre de l'autre fait une expérience imprévisible et incontrôlable, parce que la rencontre permet à l'autre de s'exprimer. Dans la rencontre, l'autre trouve un ami. Peut-être même trouvera-t-il un témoin qui l'aidera à se tourner vers l'amour miséricordieux du Père et,

---

11. G. Valente, *Francesco. Un papa della fine del mondo*, Bologna, Emi, 2013, p. 38.

12. Pape François, Audience générale, 27 mars 2013.

éventuellement, à demander pardon. Peut-être naîtra-t-il un dialogue qui brisera une solitude profonde et resserrera les liens d'une solidarité de destin. Ainsi, en sortant à la rencontre, l'Église recommence à espérer et se libère de son pessimisme. Il faut s'approcher vraiment des autres. Ce n'est pas facile en raison de la culture de celui qui essaie de s'approcher et de la réalité que vit celui qui se trouve en face de lui. Sur les routes de la vie, on mesure les distances que l'on a prises au fil des ans, distances existentielles, culturelles, produites par un monde fragmenté. Le poète brésilien Vinícius de Moraes affirme : « La vie, mon ami, est l'art de la rencontre, en dépit de tous les désaccords »[13].

Parlant des personnes qui sont loin de l'Église, le pape a dit aux évêques brésiliens : « Il faut une Église qui n'a pas peur d'entrer dans leur nuit »[14]. On s'imagine parfois que le monde de l'« autre » est négatif, fermé, hostile. Ce préjugé négatif conduit l'Église à l'affrontement, il la pousse à se heurter à un mur, et cela, pour des chrétiens, c'est toujours un échec parce qu'en s'affrontant aux autres, même s'ils ont raison, ils perdent leur attrait. En fait, le monde n'est pas négatif ; il est complexe, organisé, fait de beaucoup d'ouvertures, plus ou moins évidentes, et aussi de fermetures. Or l'espérance mûrit quand la foi se mesure à la réalité, aux personnes et aux peuples. Bergoglio dit encore :

> « Cette espérance est différente de l'optimisme. Elle ne perturbe pas, elle ne craint pas le silence, elle

13. C'est le titre d'un album qu'il a publié avec Sergio Endrigo et le poète Ungaretti.

14. Pape François, Discours lors de la rencontre avec l'épiscopat brésilien, Rio de Janeiro, 27 juillet 2013.

s'enracine comme les racines en hiver. L'espérance est sûre : c'est le Père de toute vérité qui nous la donne. Elle discerne le bon du mauvais. Elle ne voue pas de culte au meilleur (elle ne tombe pas dans l'optimisme) et ne se sent pas en sécurité dans le pire (elle n'est pas pessimiste). Parce qu'elle distingue le bien du mal, l'espérance est combative ; elle lutte sans anxiété ni aveuglement... La proposition qui est faite est justement celle d'une espérance combattive »[15].

Heureux les doux

Le pape Bergoglio n'est pas un béni-oui-oui qui présente un Évangile à bon marché, aménagé. Il ne pratique pas je ne sais quelle vague politique d'ouverture. Baigné dans les *Exercices spirituels* d'Ignace de Loyola, le cardinal Bergoglio propose au contraire une lecture militaire et militante de la vie chrétienne : « Nous demanderons au Seigneur la grâce d'entrer dans la dimension belligérante de la vie apostolique ; une grâce qui nous libère de l'attitude infantile et inefficace qui nous porte à "jouer avec la paix" comme avec la guerre »[16]. Cette dimension « belligérante » implique de servir Dieu de manière radicale et de lutter à la recherche de la croix, « le seul lieu théologique de la victoire ». La croix est le cœur de la vie chrétienne, elle est le signe du caractère « belligérant » de la vie chrétienne : « On ne peut pas négocier avec la croix, on ne peut pas dialoguer : ou on l'embrasse, ou on la refuse »[17].

---

15. J. M. Bergoglio, *Papa Francesco. Aprite la mente al vostro cuore,* Milano, Rizzoli, 2013, p. 87.

16. *Ibid.,* p. 64.

17. *Ibid.,* p. 70.

Dans l'esprit des *Exercices spirituels*, en particulier de la « Méditation des deux étendards », Bergoglio affirme que « le Seigneur nous voit comme son peuple qui mène le bon combat contre l'ennemi ». Et, au cœur de ce combat, il nous soutient et nous console : « Le Seigneur est le général en chef qui encourage les siens… parce qu'il sait que la lutte est dure et que le Malin est sans foi ni loi »[18]. La rencontre et la miséricorde sont choses très sérieuses ; elles s'inscrivent dans une vision belligérante et militante de la vie chrétienne, qui tient compte des peurs de chacun. Bergoglio parle de « tendresse combattive ». Il ajoute que personne ne peut s'engager sur le chemin du service chrétien s'il n'a pas l'espoir de vaincre. Ce terme de « victoire » peut laisser perplexe. Il faut lire les paroles de Bergoglio :

> « Personne ne peut se lancer dans une lutte sans être intimement convaincu au départ qu'il sera vainqueur. Celui qui part vaincu a perdu la première moitié de la bataille. Le triomphe chrétien est toujours une croix, mais une croix élevée comme le drapeau de la victoire. Cette foi invincible se trouve parmi les humbles et nous allons l'acquérir et l'alimenter… Le visage de l'humble, le visage de celui qui a une foi simple, est toujours un visage triomphal, toujours accompagné d'une croix. Au contraire, le visage de l'orgueilleux est toujours un visage de défaite. Il n'accepte pas la croix et veut une résurrection sans en payer le prix. Il sépare ce que Dieu a uni »[19].

Sortir des enclos habituels pour rencontrer les autres : une telle démarche se nourrit de ce désir de « victoire »

18. *Ibid.*, p. 64 *sq.*

19. *Ibid.*

chrétienne dont parle le cardinal de Buenos Aires. Le rêve du chrétien est de voir changer le monde et les hommes. C'est pour cela qu'il cherche la «victoire», même si le chemin est difficile. Et Bergoglio conclut: «Nous serons jugés sur la mesure avec laquelle nous aurons su nous approcher de "tous les hommes", reconnaissant dans leur chair le Verbe de Dieu»[20]. C'est précisément sur la rencontre, dit-il, que nous serons jugés par Dieu.

Paradigme de la spiritualité conciliaire si présent dans la pensée de Bergoglio, la réflexion sur la parabole du bon Samaritain revient souvent. Comme le lévite et le prêtre, «beaucoup de personnes ont dédaigné de s'approcher de la chair de leurs frères». D'autres, selon le pape, se sont approchés, mais pas de la bonne manière, ou bien ils ont choisi de ne rencontrer que quelques personnes sélectionnées. Trop nombreux, enfin, sont ceux qui se sont précipités dans un monde de frivolité «pour oublier la souffrance»; ceux-là n'ont ni cherché ni rencontré personne car, dans une vie égoïstement centrée sur soi, les autres deviennent transparents, invisibles. La rencontre avec l'autre n'a rien d'intellectuel ou d'abstrait: elle est un contact avec sa chair et sa souffrance. La «chair» de l'autre est une réalité souvent évoquée par le pape. S'inspirant de la parabole du bon Samaritain, il affirme:

> «S'approcher de la chair souffrante signifie ouvrir son cœur, se laisser émouvoir, mettre son doigt dans la plaie, porter le blessé sur ses épaules, payer deux deniers et

20. *Ibid.*, p. 183.

enfin prendre en charge toutes les dépenses. Nous serons jugés en fonction de notre capacité à suivre ce modèle »[21].

La culture de la rencontre de l'autre, quel que soit cet autre et quel que soit le lieu de cette rencontre, conduit à mener sa vie chrétienne de manière engagée. On se sent responsable de celui qu'on a rencontré, parfois on le charge sur ses épaules. Le Samaritain devient responsable du blessé, il se donne du mal et dépense ses biens pour lui. Et pourtant, ce blessé est quelqu'un avec qui il n'avait aucun lien, rencontré par hasard au bord de la route. La rencontre nous lie l'un à l'autre. Pour un chrétien, elle n'est pas simplement le fait du hasard. La relation qui naît n'est pas liée à un statut spécifique de parenté, par exemple. On ne devient pas responsable de l'autre uniquement parce que des liens reconnus nous lient à lui. Jésus dit dans l'Évangile : « En effet, si vous aimez ceux qui vous aiment, quelle récompense méritez-vous ?... Et si vous ne saluez que vos frères, que faites-vous d'extraordinaire ? » (*Matthieu* 5,46-47).

Tout homme devient « naturellement » le gardien, le responsable de son frère, du simple fait qu'il l'a rencontré, qu'il l'a connu par son nom. Au début de son pontificat, le pape a dit :

« La vocation de garder ne nous concerne pas seulement nous les chrétiens, elle a une dimension qui nous précède et qui est simplement humaine, elle concerne tout le monde. C'est le fait de garder la création tout entière, la beauté de la création, comme il nous est dit dans le livre de la *Genèse* et comme nous l'a montré saint François

21. *Ibid.,* p. 184.

> d'Assise : c'est le fait d'avoir du respect pour toute créature de Dieu et pour l'environnement dans lequel nous vivons. C'est le fait de garder les gens, d'avoir soin de tous, de chaque personne, avec amour, spécialement des enfants, des personnes âgées, de celles qui sont plus fragiles et qui souvent sont dans la périphérie de notre cœur. C'est d'avoir soin l'un de l'autre dans la famille : les époux se gardent réciproquement, puis comme parents ils prennent soin des enfants et avec le temps aussi les enfants deviennent gardiens des parents. C'est le fait de vivre avec sincérité les amitiés, qui sont une garde réciproque dans la confiance, dans le respect et dans le bien. Au fond, tout est confié à la garde de l'homme »[22].

Être « gardien », c'est prendre conscience que l'on a une responsabilité envers la création, envers les personnes avec lesquelles on est lié d'une façon ou d'une autre. Être « gardien », c'est se reconnaître responsable de la personne que l'on rencontre. Dans la rencontre avec l'autre, on découvre qu'aux yeux du croyant, nul n'est un étranger. Les chrétiens doivent se remettre à rencontrer les autres, ceux qui sont loin, différents, ceux qui sont indifférents, hostiles, étrangers, en les regardant avec sympathie et sincérité.

L'Église ne peut rester repliée sur elle-même et autocentrée, distraite parce qu'elle est préoccupée d'elle-même et ne s'intéresse pas à ceux qui sont extérieurs à son monde. En réalité, le domaine de l'Église n'est pas son monde à elle, ecclésial ou ecclésiastique : son domaine, c'est le monde entier. C'est cela, le véritable espace de l'Église. Paul VI, un pape cher à

---

22. Pape François, Homélie lors de la messe solennelle d'inauguration de son pontificat, 19 mars 2013.

Bergoglio, dans un passage de l'encyclique *Ecclesiam suam*, dit au sujet de l'Église : « Personne n'est étranger au cœur de l'Eglise. Personne n'est indifférent pour son ministère. Pour elle, personne n'est un ennemi, à moins de vouloir l'être de son côté. Ce n'est pas en vain qu'elle se dit catholique ; ce n'est pas en vain qu'elle est chargée de promouvoir dans le monde l'unité, l'amour et la paix »[23]. Il ne faut pas avoir peur de l'autre, le diaboliser, le juger a priori, l'exclure de notre horizon.

Au contraire, l'ennemi doit être aimé. Il n'est donc pas un étranger. Le saint moine du Mont Athos, Silouane, mort dans les années 1930, résumait par ces mots l'enseignement chrétien sur l'amour des ennemis : « L'amour des ennemis est le seul critère infaillible de notre progrès spirituel »[24]. Mais alors, quelles sont les limites de l'activité de l'Église ? Quelle est le territoire qui échoit au chrétien, l'espace de sa responsabilité ? Ce ne peut pas être le monde entier, protestent certains ! Ce serait un champ sans frontières, presque utopique... Certes, l'Église trace les frontières géographiques d'une paroisse ou d'un diocèse, délimitant l'engagement de ses associations sur tel ou tel terrain. L'homme et la femme sont limités. Leurs responsabilités sont circonscrites à une situation ou à un état particulier.

Mais ces responsabilités ne sont qu'une affaire de priorités. La parabole du bon Samaritain révèle en effet que l'homme au cœur ouvert ne s'enferme pas dans un itinéraire exclusif ou dans un espace prédéfini. Il faut revenir à la figure biblique d'Abraham, cet homme de foi qui quitta sa terre pour aller

---

23. Paul VI, *Ecclesiam suam*, n. 98.

24. O. Clément, *Questions sur l'homme*, Stock, 1972, p. 49.

vers celle que le Seigneur lui avait promise. Il devint nomade et vécut longtemps en exil. Mais un jour, après sa séparation d'avec Lot, Dieu s'adressa à Abraham pour répondre à la question que le patriarche portait en lui depuis longtemps : celle de son avenir et de la terre qui devait lui être donnée après cette longue errance. Quelle était cette terre qui lui avait été promise ? Où commençait-elle et où finissait-elle ?

Dieu dit à Abraham : « Lève les yeux et regarde, de l'endroit où tu es, vers le nord et le midi, vers l'orient et l'occident. Tout le pays que tu vois, je te le donnerai, à toi et à ta descendance, pour toujours » (*Genèse* 13, 14-15). La terre d'Abraham allait être aussi vaste que ce que son regard pouvait couvrir du Nord au Sud, de l'Est à l'Ouest. Il n'y avait pas de limites prédéterminées. Tout ce qu'Abraham pouvait voir était à lui. Rien de ce qu'il voit n'est étranger à l'homme de Dieu. Aucune des personnes qu'il voit, s'il lève les yeux, ne lui est étrangère. Il n'y a pas de limites à la terre d'Abraham, à celle des croyants, sinon celles qui s'imposent à leur regard. Ils n'ont pas un rapport de propriété ou de souveraineté sur la terre qui s'étend à perte de vue devant eux, mais un rapport de responsabilité. Aucun des gens qu'ils voient n'est étranger à leur responsabilité. « Tout ce que tu vois sera à toi » : telle est la « souveraineté de l'amour simple et profond », pour reprendre les mots de Bergoglio. Le croyant ne peut dire de personne, comme Caïn : Suis-je le gardien de mon frère ? Le croyant ne peut dire d'aucune terre : Cette terre m'est étrangère, cela ne me concerne pas…

Tout ce qui est humain concerne le disciple de Jésus. Il faut voir l'autre. C'est pourquoi il est nécessaire de sortir à la rencontre des autres, mais aussi de lever des yeux que souvent nous gardons baissés, repliés que nous sommes sur nous-mêmes. Dans *Deus caritas est*, Benoît XVI a écrit avec clairvoyance : « Le programme du chrétien – le programme du bon Samaritain, le programme de Jésus – est “un cœur qui voit”. Ce cœur voit où l’amour est nécessaire et il agit en conséquence »[25]. Sortir est un impératif inhérent à la croissance de la foi : « Si l’on demeure dans le Seigneur, on sort de soi. Paradoxalement, c’est justement en demeurant en lui, en étant fidèle, que l’on change », dit le pape Bergoglio. La fidélité n’est ni le traditionalisme, ni le fondamentalisme bloqué sur la lettre. Celui qui prie lève les yeux pour rencontrer l’autre avec plus d’ouverture et de perspicacité, en sortant de lui-même. Jorge Bergoglio a écrit un jour : « Emprunter le chemin de la prière signifie savoir sortir de soi »[26]. Oui, celui qui prie sort plus naturellement de lui-même, il lève les yeux, il voit l’autre et il le voit avec son cœur. La foi soutient le regard du chrétien.

> « On peut dire que le regard de foi nous pousse à sortir tous les jours et toujours davantage à la rencontre de notre prochain qui habite dans la ville. Il nous pousse à sortir à la rencontre de l’autre parce qu’il se nourrit de la proximité. Il ne tolère pas la distance, puisqu’il perçoit qu’elle rend confus ce qu’il veut voir ; et la foi veut voir pour servir et aimer, non pour constater ou dominer. En sortant dans les rues, la foi limite l’avidité du regard de domination et aide le prochain – ce prochain concret, qu’elle regarde avec le désir de le servir… Celui qui dit croire en Dieu et qui “ne voit pas” son frère, se trompe lui-même »[27].

25. Benoît XVI, *Deus caritas est*, n. 31.

26. J. M. Bergoglio-Papa Francesco, *Aprite la mente al vostro cuore*, p. 187.

27. J. M. Bergoglio-Papa Francesco, *Dio nella città*, Cinisello Balsamo, San Paolo, 2013, pp. 35-36.

Jésus enseigne à voir l'autre. C'est lui qui a montré à ses disciples distraits qu'une veuve avait jeté sa petite obole dans le trésor du temple. « Le seul qui s'en soit aperçu fut Jésus »[28], dit le cardinal Bergoglio. C'est ce regard que Jésus demande à ses disciples. Le chrétien devient alors responsable de ceux qu'il voit et rencontre. Sa « domination » sur la terre s'exerce à travers une responsabilité pleine d'amour. L'exercice de la responsabilité est celui de l'amour qui fait tomber tout préjugé sur ce qui semble étranger. C'est une « domination » très particulière. En réalité, la possession de la terre par les chrétiens s'obtient non par la conquête ou l'acquisition des espaces, mais par un doux sens de leur responsabilité.

C'est le paradoxe des Béatitudes : « Heureux les doux, car ils recevront la terre en héritage » (*Matthieu* 5,5). La possession de la terre n'est pas l'apanage des riches (qui peuvent l'acheter), des violents et des agressifs (qui peuvent la conquérir), de ceux qui ont de la chance (qui la reçoivent en héritage de leurs pères). Non, la possession de la terre revient aux doux. En effet, ceux-ci lèvent leur regard miséricordieux et voient l'autre, ils se lient à lui, ils se sentent affectueusement responsables de lui. Le « doux » de l'Évangile n'est pas celui qui devient insignifiant, mais celui qui assume la responsabilité de l'autre avec attention et sans esprit de domination.

Les chrétiens doux ne reculent pas devant les difficultés, les conflits, la complexité des histoires humaines. Bergoglio aime employer le mot « mansuétude » – « qui n'est pas synonyme de faiblesse », précise-t-il. Les doux ne sont pas des

28. J. M. Bergoglio, *Così pensa papa Francesco*, Milano, Francesco Mondadori, 2013, p. 73.

gens peureux ou des spectateurs insignifiants. Ils affrontent la vie quotidienne avec la mansuétude de leur maître. Ils écoutent et ils prient celui qui a dit: «Devenez mes disciples, car je suis doux et humble de cœur» (*Matthieu* 11,29). C'est pour cela que l'écoute de la Parole de Jésus nous enracine en lui et forme des hommes et des femmes doux qui possèdent la terre. La possession et la douceur peuvent aller ensemble: c'est un paradoxe chrétien.

Paul l'explique très clairement dans la *Première lettre aux Corinthiens*, ces chrétiens préoccupés de leur position dans la ville de Corinthe, mais aussi des problèmes internes à leur communauté: «Car tout vous appartient, que ce soit Paul, Apollos, Pierre, le monde, la vie, la mort, le présent, l'avenir: tout est à vous, mais vous, vous êtes au Christ, et le Christ est à Dieu» (*1 Corinthiens* 3,22-23). Dans ce cri «tout est à vous», il y a la dimension belligérante de la vie chrétienne, faite d'ardeur et de douceur. «Tout est à vous» veut dire que les chrétiens possèdent tout. Les chrétiens ne sont étrangers à rien ni à personne, ils s'intéressent à ceux qu'ils rencontrent: tout leur appartient. Mais l'exercice de leur domination se réalise de manière vraiment particulière, sans titre de propriété, dans une grande liberté, à travers un engagement respectueux et responsable.

Un «horizon utopique»

Le cardinal Bergoglio a beaucoup insisté sur le fait que nous devons renouveler notre regard sur la ville.

> «Si nous partons du constat que l'anti-ville grandit avec le regard que l'on pose et que la plus grande exclusion consiste à ne même pas parvenir à "voir" l'exclu – celui

> qui dort dans la rue n'est pas vu comme une personne, mais comme faisant partie de la saleté et de l'abandon de l'environnement urbain, de la culture du déchet, des ordures –, la ville humaine grandit avec un regard qui "voit" l'autre comme un concitoyen »[29].

La pratique d'un « regard de foi » sur la ville devient le « ferment d'un regard civique ». C'est la proposition faite par le cardinal Bergoglio dans ce qu'il appelle la culture de la rencontre ; c'est ainsi que l'Église contribue à la vie en société. Il affirme : « La culture de la rencontre est le seul moyen de faire progresser la famille et les peuples… ». Pour lui, en effet, l'Argentine vit malheureusement « dans un climat permanent de rencontre manquée », à travers des fractures, des affrontements ou des processus de fragmentation, jusqu'à la pratique d'un individualisme quotidien : « ... les Argentins ont beaucoup de mal à se rencontrer. Nous sommes très individualistes, nous pensons tout de suite à nos propres affaires… La rencontre n'est pas dans nos cordes ; nous préférons remarquer ce qui nous sépare, plutôt que ce qui nous unit ; nous avons tendance à valoriser le conflit plutôt que l'entente. Je dirais même que nous aimons nous faire la guerre ».

Pour Bergoglio, l'histoire, avec ses inventions totalitaires (et à côté du fascisme, du nazisme et du communisme, il vise aussi un certain libéralisme), a eu tendance à atomiser la société. En effet, ce que Mosse a appelé la « nationalisation des masses » ne fait pas grandir le lien communautaire entre

29. J. M. Bergoglio-Papa Francesco, *Dio nella città*, *op. cit.*, pp. 37-38.

les personnes[30]. En Argentine, les occasions manquées de se rencontrer sont devenues une pathologie sociale qui génère des inimitiés et dresse un mur de préjugés[31]. Il faut s'ouvrir dans le pays à une réflexion sur la culture de la rencontre : la diversité des positions doit faire découvrir qu'un échange est possible dans la rencontre. C'est la proposition que le cardinal Bergoglio a avancée en 2001 dans ce que l'on a appelé le « dialogue argentin », ouvert aux forces sociales et aux religions[32]. Il l'a relancée pour le bicentenaire de l'Indépendance. La situation argentine est difficile parce que la société perd son identité collective. « On ne dit jamais "je suis" mais "je ne suis pas". Nous en venons à rabaisser l'autre pour paraître plus grands. Nous devons reconnaître que le manque d'identité est un manque d'appartenance »[33].

La situation est rendue plus difficile par le jeu des médias, de la désinformation et de la calomnie. Même la politique est devenue esthétique, presque théâtrale. Un chercheur italien, Mario Perniola, a fait observer qu'après 1968 surtout, et avec le développement de la télévision, la politique a pris ses distances avec le monde de la culture, ou au moins avec celui des idées, pour se lier étroitement, et même s'asservir à une esthétique de l'image, au point de devenir une politique esthétique[34]. Dans un livre d'entretiens avec Bergoglio, *Sur la terre comme au ciel*, le rabbin Abraham Skorka affirme que trop souvent, en Argentine, les grandes questions nationales

30. Cf. G. L. Mosse, *La nazionalizzazione delle masse*, Bologna, Il Mulino, 1975.

31. Cf. J. Bergoglio, *Je crois en l'homme, op. cit*.

32. Cf. E. Himitian, *Francesco. Il papa della gente*, pp. 137 sq.

33. J. Bergoglio, *Je crois en l'homme, op. cit.*, p. 126.

34. Cf. M. Perniola, *Berlusconi o il '68 realizzato*, Milano, Mimesis, 2011.

sont gérées par les médias comme s'il s'agissait d'un match de football, « avec fanatisme, à grand renfort d'arguments fallacieux ou de descriptions superficielles ». « Cela ne sert qu'à exacerber les sentiments, on agit dans l'instantané, sans profondeur »[35]. La société et la politique vivent dans un conflit permanent, et pas seulement en Argentine. En parlant aux représentants de la classe dirigeante brésilienne, le pape François a insisté sur le dialogue, ayant à l'esprit les tensions sociales qui s'étaient manifestées juste avant son voyage dans le pays :

> « Entre l'indifférence égoïste et la protestation violente il y a une option toujours possible : le dialogue. Le dialogue entre les générations, le dialogue dans le peuple, car tous nous sommes le peuple… Un pays grandit quand dialoguent de façon constructive ses diverses richesses culturelles : la culture populaire, la culture universitaire, la culture des jeunes, la culture artistique et technologique, la culture économique et la culture de la famille, et la culture des médias, quand ils dialoguent. Il est impossible d'imaginer un avenir pour la société sans une forte contribution d'énergies morales dans une démocratie qui reste fermée dans la pure logique ou dans un simple équilibre de représentation des intérêts constitués. Je considère aussi fondamentale dans ce dialogue la contribution des grandes traditions religieuses, qui exercent un rôle fécond de levain de la vie sociale et d'animation de la démocratie, est fondamentale. La laïcité de l'État, qui, sans assumer comme propre aucune position confessionnelle, mais respecte et valorise la présence de la dimension religieuse dans la société, en en favorisant ses expressions les plus

35. J. Bergoglio, A. Skorka, *Sur la terre comme au ciel, op. cit.*, p. 217.

concrètes, est favorable à la cohabitation entre les diverses religions »[36].

Nous abordons ici une page importante de la proposition que fait Bergoglio auu monde contemporain : la culture de la rencontre par la pratique du dialogue. Et la rencontre est aussi la clé véritable pour affronter les conflits. Dans un pays comme l'Argentine, la démocratie est le lieu où la diversité et les conflits se créent et se résolvent. À l'occasion du deuxième centenaire de l'indépendance nationale, le cardinal Bergoglio a consacré un ample essai, *Nous comme citoyens, nous comme peuple,* à la renaissance politique et démocratique de l'Argentine. Après les douloureux événements des régimes autoritaires, le cardinal y affirmait le choix par l'Église de la démocratie : « En nous réappropriant la démocratie, nous avons caressé l'espoir que notre pays pourrait finalement instaurer un projet commun et réussir à le définir. Nous avons cru pouvoir résoudre nos divergences et les tensions internes avec les instruments que nous offre la politique… ».[37]

Il faut construire une unité supérieure. Quand on est pris en otage par les différentes positions conflictuelles, la paix est la découverte d'une unité supérieure. Bergoglio reprend ici la thèse du théologien protestant Oscar Cullmann d'une différence réconciliée, ni abolie ni irrémédiablement clivante. Pour construire l'unité, la clé est de se rencontrer et de cheminer ensemble : « Il ne faut plus jeter de pierres, il

---

36. Pape François, Discours lors de la rencontre avec la classe dirigeante du Brésil, Voyage apostolique à Rio de Janeiro, 27 juillet 2013.

37. J. M. Bergoglio, *Noi come cittadini, noi come popolo*, Milano-Città del Vaticano, Jaa Book-Libreria Editrice Vaticana, 2013, p. 29.

faut marcher côte à côte. Cela permet de progresser vers la résolution du conflit sans annuler les différentes traditions ni tomber dans le syncrétisme »[38]. Il faut affronter les conflits sans en rester prisonniers. Les chrétiens sont vraiment capables de rencontre et c'est en cela qu'ils sont des bâtisseurs d'unité. Leur tâche est de « s'immerger dans le conflit, de compatir avec le conflit, de le résoudre et de le transformer en un maillon d'une chaîne, en un développement »[39]. Pour Bergoglio, les chrétiens ont à jouer un rôle de « médiateurs » et d'artisans de paix.

Pour l'Argentine, la grande question est de « consolider une culture de la rencontre et un horizon utopique partagé »[40]. C'est seulement ainsi que l'on peut dépasser une société fragmentée ou conflictuelle à l'extrême. Certes, l'histoire argentine est complexe et les racines du pays sont multiples. Mais à travers la culture de la rencontre, il est possible de bâtir une unité supérieure. Pour cela, note Bergoglio, il faut non seulement s'entendre entre compatriotes, mais regarder ensemble vers l'avenir du pays. Le cardinal parle d'un projet national commun à partager. Mais surtout, il n'a pas peur d'employer l'expression d'« horizon utopique »[41], là où la pensée catholique européenne est gênée par ces mots qui lui rappellent, entre autres choses, mai 1968. Or, pour Bergoglio, l'utopie est une fenêtre sur l'avenir. « Les utopies sont le fruit de l'imagination, la projection vers l'avenir d'une constellation de désirs et d'aspirations. L'utopie tire sa force

38. J. M. Bergoglio, A. Skorka, *Sur la terre comme au ciel*, *op. cit.*, p. 220.
39. *Ibid.*
40. *Ibid.*
41. J. M. Bergoglio, *Noi come cittadini, noi come popolo*, cit, p. 39.

de deux éléments : d'un côté (…) le mal-être que génère la réalité actuelle ; de l'autre, la conviction inébranlable qu'un autre monde est possible. D'où sa force de mobilisation »[42]. Et Bergoglio de conclure par ces mots :

> « Tout patrimoine doit être investi d'une dimension utopique ; ses racines doivent être préservées, mais il faut aussi permettre à ses enfants de continuer de rêver à son essor. N'oublions pas que les utopies font grandir. Évidemment, se fermer à la réflexion n'est pas le seul piège dans lequel on risque de tomber, ce repli patriotique qui, comme je le disais, consiste à se contenter de ce qu'on a reçu sans aller plus loin. Il faut également se méfier de l'utopie coupée de l'Histoire, sans racines, de la folle utopie, de la pure utopie »[43].

Cultiver l'histoire d'une communauté, l'ouvrir « utopiquement » à l'avenir dans l'espérance, telle est la responsabilité de chacun. La culture de la rencontre est une proposition chrétienne et humaine : c'est ce que l'Église a à dire au peuple, fruit de sa longue expérience d'humanité et d'amour mûrie au cours des siècles et au contact des hommes. L'Église rappelle qu'il n'y a ni communauté ni nation sans histoire : « Nous, les Argentins, nous avons une dangereuse tendance à penser que tout commence aujourd'hui, à oublier que rien ne tombe du ciel comme une météorite »[44]. La suppression du sens de l'histoire ne concerne pas tant le monde des érudits ; c'est quelque chose de plus profond. Pour se rencontrer,

---

42. J. M. Bergoglio, *Educar, elegir la vida*, Buenos Aires, Editorial Claretiana, 2005, p. 13.

43. pape François, *Je crois en l'homme, op. cit.*, p. 120.

44. *Ibid.*, p. 193.

les hommes et les femmes ont besoin d'être conscients de l'histoire qui est derrière eux et, en même temps, d'avoir une espérance, une vision utopique commune de l'avenir. Histoire et espérance sont liées.

Colorer la vie d'amour et d'espérance

Pour Bergoglio, chercher ce qui unit et laisser de côté ce qui divise, comme l'enseignait Jean XXIII, est la voie principale qu'il faut emprunter si l'on veut réaliser une véritable rencontre. Jean-Paul II a approfondi cette méthode – pastorale et diplomatique – proposée par le pape Roncalli, méthode qui n'est à ses yeux ni indulgence ni irénisme facile. Pour Bergoglio, le pape Wojtyła est un grand témoin de la valeur du dialogue. Dans un ouvrage qu'il a dirigé sur la rencontre entre Jean-Paul II et Fidel Castro, le cardinal observe comment le pape polonais s'est fait « pèlerin du dialogue, dans l'intention d'ouvrir l'Église à l'humanité, d'inviter l'humanité à s'ouvrir à la vérité ». Pour Bergoglio, le pape Wojtyła a comme modelé le ministère pétrinien sur le dialogue : « Le rôle de l'Église, et spécialement celui du vicaire du Christ, est de libérer, dialoguer et participer, pour construire la communion entre les hommes et l'Église. De cette façon, le dialogue, vu comme un canal de communication entre l'Église et les peuples, s'érige comme un instrument fondamental pour construire la paix, promouvoir la conversion et créer la fraternité »[45].

L'Église de Bergoglio vit « une culture de la rencontre qui privilégie le dialogue comme méthode, la recherche

45. *Diálogos entre Juan Pablo II y Fidel Castro*, Buenos Aires, Ciudad Argentina, 1998, pp. 10-13.

partagée d'un consensus, d'un accord, de ce qui unit plutôt que ce qui divise et oppose»[46]. Se rencontrer et dialoguer, c'est reconstruire un tissu culturel commun. Le dialogue naît authentiquement quand on croit que l'autre a quelque chose de significatif à dire, en d'autres termes, quand on croit que l'on peut apprendre de lui. Une des racines profondes de l'indifférence qui grève les relations humaines est le manque d'intérêt pour l'autre, le préjugé que l'autre ne signifie rien pour moi et qu'il n'a rien à me dire. La mentalité utilitariste accentue ce déficit d'intérêt pour l'autre: si on ne voit aucun profit à se mettre en rapport avec lui, on ne s'intéressera pas à lui. Avant qu'il ne devienne le pape François, on trouve déjà chez Bergoglio cette ferme conviction: «Il faut être cohérent avec le message que nous recevons de la Bible: tous les hommes sont à l'image de Dieu, qu'ils soient croyants ou pas. Cela suffit à leur conférer toute une gamme de vertus, de qualités»[47].

Dire que tous les hommes sont à l'image de Dieu n'est pas une affirmation théorique: c'est une sagesse à vivre, une sagesse qui nous fait découvrir la valeur des autres, nous enrichit dans les contacts, se montre respectueuse du sens que revêt l'existence des autres. Rechercher la valeur de l'autre est un art difficile si l'on reste extérieur à son monde ou indifférent à sa personne. La valeur de l'autre se découvre dans ma propre expérience existentielle. Ce n'est pas un principe à proclamer. Un évêque historien, Mgr Cataldo Naro, a écrit à ce sujet: «Pour aimer, il est nécessaire d'admirer. On aime ce qu'on admire, parce que cela nous attire et qu'on

46. J. M. Bergoglio, *Noi come cittadini, noi come popolo*, *op. cit.*, pp. 73-74.
47. J. Bergoglio, A. Skorka, *Sur la terre comme au ciel*, *op. cit.*, p. 28.

le trouve beau »[48]. Chacun a quelque chose d'admirable, même si cela n'apparaît pas à première vue. Voilà l'art de la rencontre et du dialogue. « L'autre a beaucoup à me donner », telle est la conviction de Bergoglio.

Mais il existe aussi un refus du dialogue. Si l'on regarde la vie de l'Église, on constate qu'une large part des enthousiasmes œcuméniques et « dialoguistes » qui ont fait suite à Vatican II a disparu. Après toutes ces années, se demande-t-on, quels sont les résultats de l'engagement de l'Église dans le dialogue ? On finit par s'accommoder d'un horizon restreint où les « autres » (quelle que soit leur altérité) pâlissent et perdent leur signification. On se focalise sur son monde à soi. Les autres deviennent trop nombreux, envahissants et de peu d'utilité, sans intérêt pour moi. Sans la pratique du dialogue, le sens de l'autre s'estompe. Cela est vrai pour les personnes comme pour les communautés. Dans notre monde global, dans la ville globale, devant la perte de sens et le désarroi culturel, il faut beaucoup investir dans le dialogue et la rencontre.

Un aspect très négligé du dialogue entre les chrétiens a été précisément la question des « pauvres ». On pourrait se demander ce que les pauvres ont à voir avec le dialogue – la pauvreté n'est-elle pas d'abord une question sociale ? L'amour des pauvres unit les chrétiens, mais aussi les hommes de bonne volonté entre eux. Il existe indubitablement un œcuménisme de la charité qui rapproche les chrétiens de différentes confessions et dénominations dans le service qu'ils rendent ensemble aux plus faibles. Le pape François a évoqué explicitement ces non catholiques et ces non chrétiens qui font le bien, suscitant une réaction négative de la part de

48. C. Naro, *Amiamo la nostra Chiesa*, Palermo, s. e., 2005, p. 31.

certains catholiques, au prétexte que ces gens-là ne sont pas « des nôtres ». Le pape a ajouté : « Faire le bien, tous, je crois que c'est une belle route vers la paix. Si, chacun pour sa part, nous faisons du bien aux autres, c'est là que nous nous rencontrons, en faisant le bien, nous faisons lentement, *adagio adagio, piano piano,* cette culture de la rencontre : nous en avons tellement besoin… »[49]. Faire du bien ensemble construit l'unité. Découvrir la valeur du bien réalisé par celui qui n'est pas des nôtres nous fait grandir dans l'estime et l'intérêt pour lui, pour l'autre.

Le dialogue n'est pas une stratégie qui vise à obtenir quelque chose ou à exercer une domination morale : il est la reconnaissance que l'autre a quelque chose à donner, que nous sommes destinés à vivre ensemble, et donc avant tout à nous parler. À travers le dialogue, sans agenda préétabli, se reconstruit au quotidien ou sur des horizons plus vastes le sens d'une destinée commune. Le dialogue se manifeste à travers les nombreuses rencontres, les histoires de sympathie, les liens, tout un faisceau d'expériences diverses qui ne peuvent être programmées ni dirigées. Mais quelle est l'efficacité de tout cela ? Parfois, même dans l'Église, on s'interroge sur les résultats et l'efficacité du dialogue. La rencontre et le dialogue ont toujours été nécessaires parce que la présence de l'autre disparaît de notre horizon. Dans un monde vaste et anonyme, les hostilités éclatent en un éclair, les préjugés grandissent. Aujourd'hui, devant la mondialisation et l'abolition des distances géographiques – mais non des distances culturelles et humaines –, le besoin de rencontre et de dialogue est encore plus grand. Les hommes, les groupes humains et les communautés sont

49. Pape François, Homélie à Sainte-Marthe, mercredi 22 mai 2013.

parfois séparés par des distances sidérales créées par l'ignorance ou la méfiance, et ce, même si l'on ne vit pas très loin de l'autre. C'est dans le grand espace de la distance, qu'elle soit culturelle, humaine ou géographique, que grandissent l'étrangeté de l'autre et les inimitiés dangereuses.

Marc Chagall, ce peintre russe d'origine juive, auteur d'une œuvre à forte teneur religieuse, a fait connaître les images du monde juif d'Europe de l'Est disparu avec la Seconde Guerre mondiale – un peu comme Martin Buber l'a fait avec la littérature des *hassidim*. Lors de l'inauguration du musée qui lui était dédié, en 1973, il a affirmé : « Si toute la vie va inévitablement vers sa fin, nous devons, durant la nôtre, la colorier avec nos couleurs d'amour et d'espoir »[50]. En exerçant l'art de la rencontre, chacun de nous, même les personnes les plus simples, « colore » la grisaille de la vie et franchit les distances parfois immenses qui se créent entre les milieux, les gens et les mondes. Tous ces parcours individuels qui semblent déconnectés, différents, voire divergents répondent en réalité au même dessein intime : intensifier la couleur de l'amour et de l'espérance, faire monter la température de l'humanité ; en somme rendre le monde plus familier et plus humain.

Nul besoin d'un projet ou d'une coordination pour faire converger ces nombreuses et diverses initiatives de rencontre. Ce qu'il faut, c'est qu'elles soient les plus nombreuses possible, car ce sont elles qui font grandir l'unité entre les mondes et entre les hommes. Dans *Le milieu divin*, avec une perspective certes un peu différente, Teilhard de Chardin évoque un élément important de la mission du chrétien :

50. « Discours d'inauguration prononcé par Marc Chagall, le 7 juillet 1973 », *in Chagall, Musée National Marc Chagall*, Nice, Paris, Éditions Arlys, 2011, p. 9.

« Relier son œuvre individuelle à celle de tous les ouvriers qui l'entourent. À côté de lui, se pressent d'innombrables mondes partiaux… Il doit faire grandir sa propre chaleur grâce à celle de tous ces foyers ». La charité, « principe et effet de tout lien spirituel », fait exploser « les niches dans lesquelles nos microcosmes individuels jaloux tendent à s'isoler et à végéter »[51]. Aucune rencontre avec l'autre, aucun dialogue, même petit et épisodique, ne doit être perdu.

Amitié et judaïsme

La rencontre entre les religions est particulièrement propice à éveiller la conscience d'un destin commun de l'humanité. Elle se concrétise dans de nombreux parcours de vie différents. Le livre-dialogue du cardinal Bergoglio avec le rabbin argentin Abraham Skorka en est un. Dans cet échange interpersonnel, on sent vibrer l'amitié entre les deux hommes, chacun avec son histoire et sa tradition religieuse propre, mais aussi des itinéraires humains et religieux qui se croisent. Une des grandes limites des initiatives de dialogue instaurées après le Concile (mais pas toutes, bien sûr) est qu'on les a réduites à leur dimension théorique et académique aux dépens de leur dimension personnelle. L'amitié entre croyants de différentes religions existe et s'épanouit dans le dialogue spirituel. À l'inverse, sans l'amitié il est difficile de faire progresser le dialogue, à quelque niveau que ce soit. Fort de son expérience de dialogue interreligieux, Amadou Hampâté Bâ, penseur musulman africain et figure éminente de l'africanisme, disparu en 1990, écrivait : « Parfois des

51. P. Teilhard de Chardin, *Le milieu divin*, Essai de vie intérieure, Paris, Seuil, 1957, pp. 182-183.

hommes de croyances différentes sont parcourus, sans le savoir, par une même vibration, même si, ensuite, chacun emploie ses propres mots pour l'exprimer : mystérieuse identité de sentiments, destinée à rester pour toujours cachée aux intolérants et aux bigots de toutes les religions. C'est au fond de nous-mêmes que Dieu a déposé ce qui nous unit à notre prochain »[52]. Cherchons donc à découvrir cette commune « identité intérieure »[53].

Dans son testament, Jean-Paul II n'a mentionné qu'un seul nom en plus de celui de son secrétaire particulier : celui du grand-rabbin de Rome, Elio Toaff. Pourtant, bien d'autres personnes ont été proches de lui. Cette évocation du rabbin de sa ville a une valeur exemplaire parce qu'elle souligne à la fois la signification de l'amitié et l'importance du dialogue entre juifs et chrétiens. Toaff est le rabbin qui, en 1986, a accueilli le pape lors de sa visite à la Grande synagogue de Rome, la première effectuée par un pape dans une synagogue[54]. Bergoglio, lui, est l'ami du rabbin Skorka. Il a chez lui une photo d'eux deux, comme pour illustrer « une expérience de dialogue, une expérience fertile qui a consolidé notre amitié et témoigne du fait que, malgré nos identités religieuses différentes, nous cheminons ensemble »[55].

L'amitié ne consiste pas à composer avec les différentes identités religieuses pour en faire une synthèse, mais à marcher côte à côte en présence de Dieu, « avec respect et affection ». C'est pour cela que Bergoglio peut parler de

52. A. Hampâté Bâ, *Jésus vu par un musulman*, Paris, Stock, 2000 (1994), p. 89.
53. *Ibid.*
54. Cf. E. Toaff, *Perfidi Giudei, fratelli maggiori*, Milano, Mondadori, 1987.
55. J. Bergoglio, A. Skorka, *Sur la terre comme au ciel, op. cit.*, p. 15.

Skorka comme d'« un frère et un ami ». Ce n'est pas de la rhétorique. Dans leur dialogue, les thèmes religieux, les différences entre leurs traditions de foi, les questions existentielles, les problèmes sociaux et politiques se recoupent. Car le dialogue ne peut se réduire aux questions théologiques ou religieuses uniquement ; dialoguer veut dire regarder ensemble la société, l'avenir, les problèmes. Pour deux interlocuteurs, le dialogue consiste aussi à regarder ensemble le monde, et non pas simplement à se regarder l'un l'autre avec bienveillance.

L'amitié entre deux responsables religieux fait émerger, en dépit des différences, une compréhension commune de la réalité humaine. L'amitié est une dimension vitale de la pratique du dialogue dès lors qu'on y voit autre chose qu'une négociation idéologique ou une opportunité académique. « La parole établit entre nous une communication et un lien en nous faisant partager idées et sentiments, pourvu que nous parlions en vérité, toujours, sans exception »[56], affirme le cardinal Bergoglio, qui insiste sur le fait que la parole crée l'amitié. Il ne s'agit pas d'un vague sentiment philanthropique ; être amis, c'est imiter Jésus qui « n'a pas fait bande à part (...), qui est devenu notre ami »[57].

Notre époque ne se passionne plus beaucoup pour l'œcuménisme ou le dialogue judéo-chrétien. Tous les grands processus « unitifs » (pour employer un terme cher à Giorgio La Pira), œcuméniques entre autres, sont en difficulté et surtout ne suscitent plus beaucoup d'intérêt. Olivier Clément observait que l'œcuménisme institutionnel était devenu

56. Pape François, *Je crois en l'homme,* cit., p. 217.
57. *Ibid.*, pp. 217-218.

opaque et se trouvait en difficulté : « Face à une situation aussi difficile, il faut se demander : que reste-t-il ? L'amitié. Tel est bien le dialogue de l'amour, un amour qui est aussi connaissance, vraie connaissance »[58].

Après des décennies de cheminement dans l'esprit d'Assise, je peux dire que le but du dialogue est la construction d'une véritable amitié entre croyants. Cela change la culture et les mentalités, tout en créant des liens, y compris des liens qui semblaient parfois impossibles. Toutes ces rencontres, toutes ces amitiés font monter la « chaleur » humaine et religieuse du milieu dans lequel on vit et du monde lui-même. Le sentiment d'une appartenance commune à l'humanité, la participation aux vibrations spirituelles et à la profondeur de la foi d'autrui font grandir l'amitié entre ceux qui dialoguent. Cette amitié devient un réseau précieux quand surviennent des situations de tension. J'ai en mémoire l'expérience dramatique d'un quartier d'Abidjan, en Côte d'Ivoire, pendant la guerre civile, lorsque, une mosquée ayant été brûlée, la foule musulmane menaçait d'incendier des églises en représailles. Dans ce contexte très tendu, l'amitié de la Communauté locale de Sant'Egidio avec les imams et les responsables chrétiens leur permit de calmer ensemble les esprits et d'éviter de tomber dans une spirale de haine religieuse.

Naturellement, le dialogue entre le cardinal Bergoglio et le rabbin Skorka, ou plutôt leur amitié, a la valeur particulière des rapports entre juifs et chrétiens. Bergoglio connaît l'histoire de l'antisémitisme catholique en Argentine (qui perdure aujourd'hui). Dans le même temps, ce pays a été une terre

58. O. Clément, *Petite boussole spirituelle pour notre temps*, Paris, Desclée de Brouwer, 2008, p. 59.

de refuge pour de nombreux juifs européens fuyant la persécution (le célèbre journaliste italien Arrigo Levi a rappelé le rôle qu'a joué le cardinal Copello, archevêque de Buenos Aires, pour sauver sa famille de la persécution antisémite)[59]. Mais c'est aussi la terre où se sont réfugiés et ont vécu sans être inquiétés un certain nombre de criminels nazis. Bergoglio connaît bien la grande douleur qui a marqué l'histoire juive, la prédication du mépris, la haine, et ultimement le drame de l'antisémitisme nazi. Il observe :

> « La Shoah occupe une place à part dans les génocides du XXème siècle. Je ne voudrais pas dire qu'il est plus important que les autres, mais il existe une singularité de la machine de guerre contre le peuple juif : la race, les surhommes, voilà les idoles sur lesquelles le nazisme a pris appui. Il n'y a pas de géopolitique là-dedans, c'est purement religieux et culturel. Chaque juif assassiné était un camouflet à la face du Dieu vivant »[60].

Bergoglio souligne ici le caractère idolâtrique du nazisme. Il n'y eut pas de raisons politiques ou militaires à l'extermination des juifs, observe Skorka à son tour ; ce fut un défi lancé au Dieu d'Israël, à la foi en lui et à l'identité de son peuple qu'il fallait effacer. « Les nazis se sont efforcés d'effacer la conception judéo-chrétienne de la vie »[61].

Dans son introduction à un livre de souvenirs sur le massacre nazi de Monte Sole, Giuseppe Dossetti avait observé avec justesse, il y a une vingtaine d'années : « Il faut méditer

---

59. Cf. A. Levi, *Un paese non basta*, Bologna, Il Mulino, 2009.
60. J. Bergoglio et A. Skorka, *Sur la terre comme au ciel, op. cit.*, pp. 182-183.
61. *Ibid.*, p. 184.

à nouveau toute la doctrine sur les idoles dans les livres de l'Exode et du Deutéronome, dans les Psaumes, dans le livre de la Sagesse et dans les Prophètes (...). La prostitution idolâtre est en soi toujours inévitablement sanguinaire »[62]. Le thème de l'idolâtrie, dans le cas de la Shoah mais aussi lors d'autres épisodes de l'histoire, est très cher au pape François.

Auschwitz, où l'on mesure l'abîme du mal, n'a pas simplement été le point le plus terrible de l'histoire européenne, voire du monde, mais un tournant décisif de l'histoire humaine : à Auschwitz, l'homme a révélé sa capacité (y compris industrielle) à tuer sans aucun motif. On ne peut réduire Auschwitz à une leçon de morale pour l'humanité ; ce serait une manière d'en effacer le caractère dramatiquement unique. Auschwitz place la conscience humaine et chrétienne face à la puissance du mal, à la responsabilité de l'indifférence, à la banalité du mal, selon l'expression d'Hannah Arendt[63], et au rôle de la prédication du mépris dans la préparation de la tragédie. Après cette terrible page de l'histoire, les communautés religieuses ne peuvent plus vivre comme avant, autocentrées, préoccupées d'elles-mêmes, fermées. Le tournant d'Auschwitz a fait naître une responsabilité : on ne peut plus être indifférent ou autoréférentiel on ne peut pas oublier et on ne peut plus permettre que la distance et l'incompréhension s'insinuent dans les rapports entre les chrétiens et les juifs.

On comprend alors mieux la valeur de tous ces parcours d'amitié entre chrétiens et juifs, si personnels et profonds

---

62. G. Dossetti, *Introduzione a L. Gherardi, Le querce di Monte Sole*, Bologna, Il Mulino, 1994, p. XXIII.

63. Cf. H. Arendt, *Eichmann à Jérusalem. Rapport sur la banalité du mal*, Paris, Gallimard, 1966.

pour certains, comme celui qui lie Skorka et Bergoglio. C'est d'ailleurs une amitié qui ne craint pas de se confronter à la douloureuse histoire des juifs au cours du vingtième siècle. Bergoglio n'a pas une attitude défensive quand il s'agit d'évoquer les positions prises par l'Église pendant la Seconde Guerre mondiale. Il explique certains motifs des « silences » de Pie XII, il rappelle l'engagement des chrétiens pour cacher les juifs, mais il souhaite aussi que les Archives du Vatican soient ouvertes, de sorte que l'on puisse mieux connaître la position du Saint-Siège à l'époque de la chasse faite aux juifs par les nazis, à Rome et en Europe. La comparaison avec les temps de la dictature en Argentine est valable : « Peut-être, au début, certains évêques ont-ils fait preuve de naïveté, pensant que la situation n'était pas si grave. La même chose s'est passée dans notre pays : certains ont tout de suite pris la parole, d'autres plus tard. Ils n'avaient pas une perception claire de la situation »[64]. L'histoire de Bergoglio n'est pas aussi dramatique que celle de Karol Wojtyła, compagnon de classe de nombreux juifs, la plupart exterminés par la suite, et témoin direct de la Shoah. Cela n'empêche que le pape François participe profondément à la mémoire de la Shoah et a un goût personnel pour l'amitié judéo-chrétienne.

L'Argentine est un pays pluriel. Elle l'était déjà bien avant la mondialisation. Outre l'importante immigration italienne et espagnole, on trouve dans le pays des immigrés venus de nombreuses nations européennes, non seulement de l'Ouest, mais aussi de l'Est (les Russes et les Ukrainiens n'y manquent pas). Les Amérindiens ne représentent que 0,6 % de la population. Il y a même une immigration arabe (3,8 %).

64. Pape François, *Sur la terre comme au ciel*, *op. cit.*, p. 185.

Aujourd'hui, les immigrés ne viennent plus d'Europe, mais de pays voisins comme le Paraguay et la Bolivie (ce sont les plus pauvres et les moins insérés). Après les États-Unis, l'Argentine est le pays américain qui a accueilli le plus grand nombre d'immigrés. Cette caractéristique a marqué son histoire.

Le cardinal Bergoglio connaît la douloureuse histoire de tous ces peuples, pas seulement des juifs. Par ses contacts avec la communauté arménienne en Argentine, par exemple, il sait ce qu'a été *metz yeghérn,* le Grand Mal, le génocide d'environ un million et demi d'Arméniens de l'Empire ottoman pendant la Première Guerre mondiale, le premier génocide du vingtième siècle. Ce génocide concerna principalement les Arméniens ottomans, mais pas uniquement ; les communautés chrétiennes orientales pauvres y perdirent des dizaines de milliers de fidèles[65]. La communauté européenne n'a pas su faire face à la mémoire de ce martyre. Bergoglio connaît aussi le drame du génocide ukrainien, *holodomor,* ce « massacre » causé par les politiques économiques staliniennes du début des années trente et qui fit un million et demi de morts en Ukraine. L'immigration en Argentine d'Arméniens, d'autres peuples de l'empire ottoman (appelés paradoxalement « Turcos », alors que justement ils fuyaient les Turcs), d'Ukrainiens et d'autres populations de l'Europe de l'Est, a précédé la mondialisation. Ces peuples ont conservé la douloureuse mémoire de leur terre et l'ont emportée avec eux en Argentine.

65. Cf. A. Riccardi, *Mediterraneo. Cristianesimo e Islam tra coabitazione e conflitto,* Milano, Guerini e Associati, 1997.

L'identité argentine d'aujourd'hui résulte du métissage de différentes vagues migratoires. « L'une des caractéristiques de notre histoire nationale, c'est le rôle du métissage. Le métissage mêle universalité et respect de l'identité d'autrui »[66]. Ce métissage a été une véritable « rencontre des cultures ». Toutefois – le cardinal l'a redit lors des festivités pour le Bicentenaire de l'indépendance –, il existe une identité argentine qui intègre ces différentes cultures. Sans identité, il n'y a ni harmonie ni dialogue. Bergoglio est très critique sur la mondialisation qui nivelle : « Dans la sphère mondiale qui annule, on est tous égaux, tous les points sont équidistants du centre de la sphère. Il n'y a pas de différence entre les différents points de la sphère. Cette mondialisation, nous ne la voulons pas ; elle annule. Cette mondialisation ne fait pas grandir »[67].

Tout en étant une nation majoritairement catholique, l'Argentine comprend diverses communautés non catholiques. On y trouve la plus grande communauté juive d'Amérique du Sud[68]. Mais il y a aussi des communautés chrétiennes orthodoxes, russes, ukrainiennes, arabes, la communauté arménienne déjà mentionnée et des catholiques orientaux. La complexité argentine vient de la stratification des vagues migratoires, mais aussi des différentes identités ethniques et religieuses. Le cardinal Bergoglio a été un homme de la rencontre, notamment entre les communautés religieuses, dans une métropole aux caractéristiques

66. J. Bergoglio, A. Skorka, *Sur la terre comme au ciel*, *op. cit.*, p. 164.

67. J. M. Bergoglio, *Noi come cittadini, noi come popolo*, *op. cit.*, p. 67.

68. La communauté juive d'Argentine a été victime d'un attentat terroriste sanglant en 1994, après l'attentat qui avait pris pour cible l'ambassade israélienne de Buenos Aires.

multiples et complexes. Il est significatif qu'il ait transformé la traditionnelle cérémonie du *Te Deum* national, typique de la « nation catholique » qu'est l'Argentine, en une manifestation où s'expriment aussi les représentants des autres religions et confessions.

Un jour, l'archevêque a été invité à un grand rassemblement de chrétiens évangéliques au cours duquel le pasteur lui a proposé de prier pour lui. Bergoglio s'est alors agenouillé pour « recevoir » la prière, en un geste très catholique. Il a fait quelque chose de semblable lors de sa première apparition comme pape, quand, depuis la loggia de Saint-Pierre, il a demandé au peuple de prier pour que descende sur lui la bénédiction de Dieu. Mais avec ce rassemblement de chrétiens évangéliques, le contexte était différent et l'attitude de Bergoglio a suscité des polémiques, au point qu'une revue traditionaliste l'a même accusé d'apostasie. Voici ce que l'intéressé a répondu : « Pour cette revue [les traditionnalistes], prier avec d'autres, c'était de l'apostasie. Même avec un agnostique, je peux lever les yeux au ciel, lui avec ses doutes, moi avec ma foi, et interroger la transcendance. Chacun prie selon sa tradition : où est le problème ? »[69].

Après la prière pour la paix à Assise, en 1986, de vives polémiques avaient été lancées contre Jean-Paul II par des catholiques traditionalistes. Pour eux, en organisant cette journée, le pape avait mis le catholicisme au même niveau que les autres religions, noyant l'identité chrétienne et légitimant les autres. Quel sens aura désormais l'évangélisation, disaient-ils, puisque les religions avaient toutes été reconnues égales ? En fait, si l'identité chrétienne s'essouffle,

69. J. Bergoglio, A. Skorka, *Sur la terre comme au ciel*, *op. cit.*, pp. 222-223.

c'est en raison de la fragilité d'une foi mise à rude épreuve par le contact avec une société dont le sens religieux s'évanouit. Dans ces conditions, être croyant au milieu des autres n'expose pas ma foi à la crise ; au contraire, une telle coexistence renforce ma foi. Or c'est une caractéristique du monde d'aujourd'hui que des gens de différentes religions vivent dans les mêmes quartiers et fréquentent les mêmes milieux.

Le pape Wojtyła était convaincu que la présence à Assise de l'Église catholique, qui avait suscité cette rencontre et invité les autres religions, rendait plus explicite la vocation qu'elle avait reçue du Seigneur : se mettre au service de l'humanité en recherchant la paix de l'unité. La déclaration conciliaire *Nostra aetate* situe le dialogue entre les religions dans la perspective de l'unité des nations : « Dans sa tâche de promouvoir l'unité et la charité entre les hommes, et aussi entre les peuples, elle [l'Église] examine ici d'abord ce que les hommes ont en commun et qui les pousse à vivre ensemble leur destinée. Tous les peuples forment, en effet, une seule communauté »[70]. L'idée d'une destinée commune des peuples, chère à la tradition chrétienne et relancée par le Concile, doit être remise sur le devant de la scène de notre monde globalisé et urbanisé. Dans cette perspective, le dialogue entre les religions est un rendez-vous important. La prière d'Assise fut la mise en œuvre créative de *Nostra aetate* par le pape Wojtyła.

Son intention était que d'Assise jaillisse quelque chose comme un mouvement de dialogue et de recherche de la paix qui impliquerait les religions de façon permanente. Il l'a

70. Déclaration *Nostra Aetate* sur les relations de l'Église avec les religions non chrétiennes, n. 1.

dit dans un de ses discours publics. C'est pour cette raison que Jean-Paul II voulut que la prière d'Assise soit poursuivie et qu'il confia cette tâche à la Communauté de Sant'Egidio qui, chaque année, convoque les responsables religieux dans différents villes du monde. Progressivement, des laïcs et des humanistes se sont joints aux responsables religieux, dans un esprit de méditation et de silence intérieur, au-delà du dialogue. Les rassemblements dans l'esprit d'Assise sont un moment de « fête » et de rencontre où les chefs religieux se présentent les uns aux côtés des autres, dans la paix[71].

Dans ses rapports avec les autres religions, le cardinal Bergoglio n'a jamais été irénique. Son action s'est toujours fondée sur une foi bien enracinée. Pour lui, l'irénisme a le tort de ne pas accepter le caractère combatif de la vocation chrétienne ; or une telle position ne saurait créer une paix véritable. On ne plaisante pas avec les traditions religieuses de l'humanité, qui ont des racines profondes. On ne peut pas les manipuler à sa convenance, même avec les meilleures intentions. Pour lui, la « religion » est l'expression de l'inquiétude profonde du cœur humain dans sa quête de transcendance. « Tant que cette inquiétude existera, la religion existera, ainsi que des manières d'entrer en contact avec Dieu »[72]. Ces paroles font écho à la déclaration conciliaire *Nostra aetate* sur les religions non chrétiennes : « Les hommes attendent des diverses religions la réponse aux énigmes cachées de la condition humaine, qui, hier comme aujourd'hui, agitent profondément le cœur humain »[73].

---

71. Cf. J. D. Durand, *L'esprit d'Assise. Discours et messages de Jean-Paul II à la Communauté de Sant'Egidio*, Paris, Cerf, 2005.

72. J. Bergoglio, A. Skorka, *Sur la terre comme au ciel, op. cit.*, p. 225.

73. Déclaration *Nostra Aetate*, n. 1.

Dans sa préface au livre de Marco Gallo, *El espíritu de Asís (1986-2007),* le cardinal Bergoglio écrit à ce sujet: «Non pas les uns contre les autres, mais les uns proches des autres pour prier pour la paix. Une image précieuse qui doit être approfondie dans le cœur et dans la conscience de beaucoup d'hommes et de femmes… »[74]. La prière pour la paix voulue par Jean-Paul II à Assise, en 1986, se déroulait dans le contexte de la guerre froide. Aujourd'hui, avec la mondialisation, l'esprit d'Assise a toujours un rôle décisif, peut-être plus encore qu'hier. En 2007, le futur pape François écrivait:

> « L'impératif d'Assise est, aujourd'hui encore, vingt ans plus tard, profondément actuel ; c'est le défi de la coexistence entre cultures et religions différentes, qui requiert des hommes de foi profonde, capables de scruter et d'interpréter les signes des temps… En temps de crise, de fragmentation des sociétés contemporaines, où semble prévaloir la culture du conflit, le défi d'une coexistence renouvelée et fraternelle s'impose. »[75]

L'Argentine a besoin elle aussi de l'« esprit d'Assise ». Dans cette perspective, il est important de repenser « la construction d'une société multiculturelle et multireligieuse », écrit Bergoglio[76]. En réalité, le pays est une « mosaïque de religions » où les différentes communautés s'ouvrent au dialogue. L'esprit d'Assise est défini par le cardinal comme un « esprit de paix, esprit de réconciliation,

74. M. Gallo, *El Espíritu de Asis (1986-2007). Aporte de las religiones al diàlogo y la paz del mundo*, Buenos Aires, Guadalupe, 2007, p. 7.

75. J. M. Bergoglio, *Così pensa papa Francesco, op. cit.*, p. 125.

76. *Ibid.,* p. 126.

esprit de discernement qui sait accueillir l'autre dans la recherche d'une synthèse féconde ». Cet esprit pousse les hommes, les femmes et les peuples, dans leur diversité même, à se reconnaître enfants d'un même Père.

Dans un monde marqué par les conflits et les cultures du conflit, tisser des liens par le dialogue importe au plus haut point. Le monde global, en effet, n'est pas une « cosmopole » pacifique : il est traversé par des conflits interculturels, des affrontements et des actes terroristes que l'on justifie au nom de la religion et de la civilisation. Le 11 septembre 2001 a semblé apporter la preuve concrète que le conflit de civilisations et de religions avait atteint un niveau dramatique. Telle était certainement l'intention de ceux qui ont provoqué ce terrible attentat. Religions et civilisations ne sont-elles pas condamnées à s'affronter en raison de leur vocation ou de leur histoire, se demande-t-on ? Huntington, reprenant un courant de pensée du XXème siècle, soutient que le conflit est pour ainsi dire inscrit dans les chromosomes de certaines civilisations, que, pour elles, il est un destin. C'est la théorie du choc des civilisations (et des religions), théorie que l'on a trop souvent utilisée pour expliquer le monde du XXème et du XXIème siècle, en l'appliquant particulièrement aux rapports entre l'islam et le monde occidental.

Mais le monde globalisé ne peut s'expliquer par cette thèse simpliste de l'affrontement des civilisations. Trop souvent, nous manquons de vision et d'interprétations devant des horizons mondiaux difficiles à déchiffrer. Forte de son sens de l'histoire et de son expérience de l'humanité, l'Église n'a pas accepté la logique du choc des civilisations qui s'est diffusé suite au 11 septembre ; elle a réaffirmé, au contraire, la nécessité du dialogue et de la compréhension. C'est sur cette base qu'il faut comprendre l'opposition du pape Wojtyła à la guerre en Irak. Après le 11 septembre, Jean-Paul II voulut justement que les religions retournent à Assise pour prier pour la paix et s'engager contre la violence. En 2002, pour la seconde fois, il est venu « présider » la prière d'Assise.

Le concile Vatican II a préparé l'Église à vivre dans le monde complexe qui est le nôtre en lui offrant une perspective qui prend en compte l'identité de l'autre, qu'il soit chrétien d'une autre confession, juif, fidèle d'une religion non chrétienne, mais aussi l'humaniste et le non croyant. Avec le Concile, l'autre entre dans l'horizon de l'Église. Être avec l'autre, et non pas contre l'autre ou à côté de lui, devient un art, celui du dialogue et de la rencontre. L'Église du Concile a approfondi ces parcours. Certains sont devenus créateurs d'amitié, de proximité, d'affinités spirituelles, de liens de paix. Mais il reste encore tellement à explorer et à construire… Cette tâche nécessite une nouvelle ferveur.

L'Église de Bergoglio ne craint pas de vivre dans les mégalopoles, au milieu de gens différents, ni d'habiter dans un monde sans frontière. Elle ne se protège pas de toutes ces différences. À elle-même et à un monde distrait, elle rappelle une série de principes. Elle n'ignore pas les autres. Mgr Mulla, un Turc converti au christianisme, mort en 1959 après un chemin difficile entre deux mondes différents, disait ceci : « Les chrétiens ne sont jamais contre les autres ; éventuellement, ils sont tout autres ! » L'Église de Bergoglio est dans la rue, où elle rencontre des hommes et des femmes qui ont chacun leur histoire. Elle n'est pas enfermée dans le ghetto de ses sécurités et de ses peurs, même si Bergoglio lui-même ne craint pas de définir Buenos Aires comme une ville païenne. Ce n'est pas non plus une Église qui veut dominer: « Lorsque la communauté chrétienne s'agrandit et se transforme en pouvoir temporel, elle court le risque de perdre son essence religieuse », affirmait le futur pape François[77].

La diplomatie d'un pape qui n'est pas un diplomate

Dans la capitale argentine, l'archevêque de Buenos Aires a symbolisé l'homme de la rencontre. Le rabbin Skorka disait de Bergoglio que c'était un homme d'unité[78], une unité qui n'est ni l'uniformité ni l'absorption de l'autre, mais la construction d'une harmonie et d'une amitié entre des personnes différentes. Cette construction, cet art de la paix, les chrétiens en ont la compétence.

Le pape François n'a pas d'expérience directe de la diplomatie vaticane, sauf par les contacts qu'il a eus avec certains nonces. À ce sujet, il est temps de comprendre et de relancer une diplomatie du Saint-Siège qui, après le grand travail réalisé à l'époque de la guerre froide, tente de trouver son rôle dans ce monde globalisé. Le pape François peut s'appuyer sur un repère clair dans ce domaine : le cardinal Agostino Casaroli, collaborateur de Jean XXIII et de Paul VI, secrétaire d'État de Jean-Paul II, et grand diplomate. On peut interpréter dans cette perspective le choix du pape de confier la secrétairerie d'État à Pietro Parolin, un expert de la diplomatie qui a débuté au Vatican avec le cardinal Casaroli et Achille Silvestrini, deux représentants de la grande tradition diplomatique du Saint-Siège.

---

77. J. Bergoglio, A. Skorka, *Sur la terre comme au ciel*, *op. cit.*, p. 235.
78. Cf. *Ibid.*, p. 7.

Le pape a lu les mémoires de Casaroli, publiées sous un titre significatif : *Le martyre de la patience*[79]. Pour Bergoglio, Casaroli, en vrai chrétien, s'est révélé capable de construire patiemment la paix, et ce sans jamais abandonner son travail auprès des jeunes de la prison pour mineurs de Rome, malgré l'intensité de son engagement dans la vie diplomatique. En s'adressant à la Communauté de Sant'Egidio, à Buenos Aires, Bergoglio a évoqué la figure de Casaroli. Il a ajouté ces paroles importantes sur l'art de construire la paix :

> « Il faut un labeur artisanal. Instaurer l'amour est un travail d'artisans, de personnes patientes, qui dépensent tout ce qu'elles ont pour persuader, pour écouter, pour s'approcher. Et ce travail artisanal passe par des créateurs d'amour pacifiques et magiques… Ce sont les médiateurs. Nous confondons le médiateur avec l'intermédiaire, ce n'est pas la même chose. Le médiateur est celui qui, pour unir les parties, paie de son salaire, paie de sa personne, se consume. L'intermédiaire est ce détaillant qui se fait payer par les deux parties pour obtenir son gain. L'amour nous met dans le rôle de médiateur et non d'intermédiaire. Le médiateur perd toujours parce que la logique de la charité est d'arriver à tout perdre pour que l'unité gagne, pour que l'amour soit vainqueur… »[80]

Être médiateur est un choix personnel qui exige une véritable orientation de toute la vie : « Pour un chrétien, progresser ne signifie pas gagner des places, avoir une bonne réputation, être considéré ; pour un chrétien, progresser, c'est

79. A. Casaroli, *Il martirio della pazienza. La Santa Sede e i paesi comunisti*, Torino, Einaudi, 2000.

80. J. M. Bergoglio, *Così pensa papa Francesco*, *op. cit.*, p. 145.

« s'abaisser » dans cette tâche de médiateur. S'abaisser. Et ce faisant, imiter l'abaissement et l'humiliation qu'a vécue Jésus. À partir de là, tout change ».[81] Dans notre monde globalisé, ce grand marché, on multiplie les intermédiaires qui œuvrent par intérêt économique ou personnel. On manque de véritables médiateurs qui s'abaissent par amour et qui, de là, transforment tout, comme des artisans d'un grand dessein de paix. Le monde globalisé, avec sa complexité, a davantage encore besoin de médiateurs et d'artisans de paix. L'homme est de fait un être conflictuel, mais il n'est pas condamné pour autant à rester prisonnier de la haine ou de l'agressivité. La diplomatie des « médiateurs », ces « véritables artisans de paix », est à la recherche de ce qui unit et libère de la spirale de la haine. C'est ce que dit aussi Bergoglio à propos de la situation au Moyen-Orient, en insistant sur le fait que la guerre ne résout rien :

> « Je crois que la résolution ne doit jamais emprunter la voie de la guerre, car cela implique que l'une des deux parties absorbera l'autre. La résolution ne peut prendre non plus la forme d'une synthèse, qui est un mélange des extrêmes, un hybride, sans avenir. Les deux pôles de la tension doivent s'entendre à un niveau supérieur, le regard tourné vers l'horizon, non pas à travers une synthèse mais une nouvelle unité… Une véritable philosophie du conflit serait d'avoir le courage et l'audace de chercher à le résoudre, tant le conflit personnel que le conflit social, de chercher une unité qui rassemblerait la virtualité des deux parties »[82].

81. *Ibid*.

82. J. Bergoglio, A. Skorka, *Sur la terre comme au ciel, op. cit.*, p. 219.

Lorsqu'il s'est adressé à la Communauté de Sant'Egidio, dans la cathédrale de Buenos Aires, le futur pape a insisté sur la valeur de la « diplomatie » des chrétiens, cet art de la rencontre :

> « Dans ce passage d'Évangile (qui n'a pas été choisi exprès mais c'est le passage qui correspond à aujourd'hui, le XXIIIème dimanche A), dans ce labeur artisanal qu'est l'instauration de l'amour, je vois le reflet du travail et de la vocation de la Communauté de Sant'Egidio : ils sont patients, ils écoutent et font des petits pas. On pourrait leur appliquer les paroles de ce grand cardinal qui a servi l'Église, le cardinal Casaroli : "Ils empruntent la route de la patience, ils passent par le martyre de la patience" »[83].

La patience est la force des médiateurs, qui n'ont pas d'autre intérêt que celui de la paix. Le cardinal Casaroli, pour sa part, soulignait les vertus du diplomate Roncalli, futur Jean XXIII, qui n'avait pourtant reçu aucune formation professionnelle dans ce domaine : « Une plus grande promptitude à la compréhension de l'"autre", un mouvement de "sympathie" quand il s'efforçait d'apprécier la mentalité et les attitudes, y compris de ceux qui étaient les plus éloignés, une capacité à se rendre compte de leurs difficultés objectives et l'art de savoir créer un climat de confiance, malgré la distance, ou carrément l'opposition frontale (...) ainsi que le souci de ne pas offenser les personnes tout en disant la vérité »[84]. L'art du dialogue « diplomatique » des chrétiens se forge aussi dans la prière et dans l'amitié avec les personnes

83. J. M. Bergoglio, *Così pensa papa Francesco*, *op. cit.*, p. 146.

84. A. Casaroli, *Il martirio della pazienza*, *op. cit.*, p. 11.

les plus faibles. Cet art n'est pas le produit d'une éducation élitiste. Et le pape François de conclure :

> « La grande diplomatie qui a porté tant de fruits dans l'Église se nourrit de la charité et de la pénitence. Un des traits de cette Communauté [de Sant'Egidio] qui se réunit pour les célébrations est sa proximité avec les périphéries de l'existence, avec les plus pauvres, les plus marginalisés, les plus abandonnés. C'est peut-être en raison même de cette proximité, comme l'a fait Jésus, qu'elle trouve la force de s'abaisser et de mener à bien la tâche artisanale de la pacification, du rapprochement et de l'instauration de l'amour. Rendons grâce à Dieu pour cette Communauté qui se rassemble pour chanter les prières dans la basilique Sainte-Marie-du-Trastévère. Demandons à ce Christ qui, avec son regard plein de passion, préside dans cette basilique, uni à tous les hommes et toutes les femmes de la Communauté de Sant'Egidio, qu'ils continuent à porter du fruit parmi la société, en apportant un amour de compassion, avec le désir de s'abaisser et avec une charité artisanale qui les entraîne jusqu'à la périphérie de l'existence »[85].

Il est significatif que, dans l'homélie citée plus haut, l'archevêque parle d'« artisanat », de « la tâche artisanale de la pacification, du rapprochement et de l'instauration de l'amour ». L'Église n'est pas une industrie, une grande organisation internationale, mais une confrérie grandiose qui regroupe des artisans nombreux. L'Église travaille artisanalement parce que son œuvre est celle d'hommes qui vivent la rencontre avec d'autres hommes. L'artisanat donne

85. J. M. Bergoglio, *Così pensa papa Francesco, op. cit.*, p. 147.

la mesure de la valeur de l'humanité dans la vie chrétienne. L'image de l'Église qui va à la rencontre des hommes, ou plutôt, qui se plonge au milieu d'eux, se retrouve dans ces paroles du cardinal Bergoglio, où il souligne combien la responsabilité humaine des chrétiens part de l'expérience spirituelle :

> « La relation religieuse est un engagement, non une fuite. À une époque, la spiritualité catholique était imprégnée de quelque chose qu'on appelait la *fuga mundi* (*i. e.* fuir le monde). Notre conception actuelle est totalement différente : il faut s'impliquer dans le monde, mais toujours à partir de l'expérience religieuse. (...) Le problème, c'est lorsque le spirituel se réduit à de l'idéologie, l'expérience religieuse se vide de sa substance et l'espace qu'elle laisse est comblé en faisant appel au monde des idées. Il y a un autre risque, celui de la bienfaisance pour la bienfaisance, comme si nous étions une ONG, alors que l'expérience religieuse doit faire partie intégrante de notre action. Certaines communautés religieuses deviennent progressivement, sans s'en apercevoir, des sortes d'ONG. Il ne s'agit pas de faire ceci ou cela simplement pour porter secours à son prochain. Comment pries-tu ? Comment aides-tu ta communauté pour qu'elle s'intègre à l'expérience de Dieu ? Telles sont les questions fondamentales »[86].

86. J. Bergoglio, A. Skorka, *Sur la terre comme au ciel*, *op. cit.*, pp. 229-230.

Le pape de la rencontre

Au cœur d'une vie très occupée, le pape François reste un homme de prière. On le sent dans les homélies qu'il donne tous les matins dans la chapelle de sa résidence, à Sainte-Marthe, ce foyer pour prêtres où il a choisi de vivre aussitôt après son élection. On perçoit bien que ses homélies (non écrites) naissent d'une confrontation constante et profonde avec la Bible, qu'il consacre beaucoup de temps à méditer, tôt le matin. En homme de la Bible, il aide ceux qui l'écoutent à faire l'expérience de Dieu par sa prédication savoureuse, vive, brève, pleine d'interrogations. On s'interroge beaucoup sur le choix des dirigeants du Vatican par François, ou encore sur les réformes de son pontificat. Cette grille de lecture, même si elle pertinente, n'explique pas entièrement la personnalité et les choix du pape. Il faut l'écouter attentivement lorsqu'il parle de Dieu et qu'il prêche.

François s'est présenté d'emblée comme un pape qui voulait rencontrer les autres. Son choix d'habiter à Sainte-Marthe a été motivé par la volonté de ne pas être isolé, de vivre avec d'autres et d'habiter une maison où l'on peut croiser des gens différents. Lors des audiences, il prend toujours le temps de rencontrer les gens, y compris dans la foule, et ce malgré la recrudescence du nombre de demandes d'audience. Le rabbin Skorka dit de lui : « L'obsession de Bergoglio (…) peut se résumer en ces mots : rencontre et unité »[87]. Le pape va donc à la rencontre des gens et se laisse rencontrer par eux. Il répond là à une aspiration qui habite depuis longtemps le peuple catholique : avoir un pape proche des gens et des douleurs de l'existence.

87. Pape François, *Je crois en l'homme*, *op. cit*.

Dans son roman intitulé *Le Saint* (publié en 1905 et condamné par la Congrégation de l'Index, un an plus tard, pour modernisme), Antonio Fogazzaro imagine la rencontre du pape (désormais âgé) avec un religieux qui porte l'habit bénédictin et le nom de Benoît. Ce dernier exprime son attente d'un renouveau de l'Église, qu'il juge malade en raison de l'esprit de domination et de l'immobilisme du clergé. Benoît dit, entre autres : « Ce sont des idolâtres du passé, jusqu'aux formes du langage pontifical, jusqu'aux fouets (...), jusqu'aux traditions stupides selon lesquelles il n'est pas permis à un cardinal de sortir à pied et il serait scandaleux qu'il rende visite aux pauvres dans leurs maisons »[88]. Puis il lance cet appel au pape :

> « Je conjure Votre Sainteté de sortir du Vatican. Sortez, Saint-Père, mais la première fois, au moins la première fois, sortez pour accomplir une œuvre de votre ministère ! Lazare souffre et meurt tous les jours, allez voir Lazare ! Le Christ appelle au secours dans toutes les pauvres créatures humaines qui souffrent »[89].

Cet appel exprime l'attente du peuple catholique vis-à-vis du pape, une attente qui a traversé le vingtième siècle.

Dans le roman de Fogazzaro, le pape confesse avoir pensé à faire ce que lui suggère Benoît, mais il lui répond : « Toi, tu traites uniquement avec le Seigneur ; moi, je dois traiter aussi avec les hommes que le Seigneur a placés autour de moi pour que je gouverne avec eux selon la charité et la prudence, et je dois surtout mesurer mes conseils, mes

---

88. A. Fogazzaro, *Il Santo,* Cinisello Balsamo, San Paolo, 2012, p. 243.
89. *Ibid.,* pp. 243-244.

ordres aux capacités différentes, aux mentalités différentes de tant de millions d'hommes. Je suis un pauvre maître d'école qui, sur soixante-dix élèves, en a vingt plus que médiocres, quarante médiocres et seulement dix bons. Il ne peut pas faire l'école seulement pour les dix qui sont bons… »[90]. Telle est la réponse que le pape donne au religieux qui s'est fait l'interprète de l'attente d'un pontife proche du peuple et des pauvres.

Ce roman se situe à l'époque du pontificat de Pie X, pape sévère à l'égard des modernistes, enfermé au Vatican à cause de la question romaine encore non résolue. Le moine Benoît invite le pape à sortir et à aller rencontrer les pauvres (« Lazare »). La sensibilité des catholiques – et pas seulement la leur, du reste – a toujours été très frappée par les sorties du pape, comme celle de Pie XII, en juillet 1943, lorsqu'après le bombardement, sans escorte ni personne pour l'accompagner, il s'est immédiatement rendu dans le quartier romain de Saint-Laurent à la rencontre des survivants. Jean XXIII frappa lui aussi les esprits en se déplaçant dans Rome, et surtout en commençant à faire des voyages hors de la Ville éternelle. François s'est présenté dès son élection comme un pape qui voulait sortir du cadre protocolaire et rejoindre les personnes. Il ne veut pas vivre séparé des gens. Lors de son voyage au Brésil, il s'est exprimé au sujet de l'allégement des mesures de sécurité qu'il avait décidé :

> « Avec moins de sécurité, j'ai pu être avec les gens, les embrasser, les saluer, sans voiture blindée (…). C'est la sécurité de faire confiance à un peuple. C'est vrai qu'il y a toujours le danger qu'il y ait un fou… eh, oui, qu'il y ait un

90. *Ibid.*, p. 246.

> fou qui fasse quelque chose. Mais il y a aussi le Seigneur ! Mais, mettre un blindage entre l'Évêque et le peuple, c'est une folie. Et je préfère cette folie : être dehors et courir le risque de l'autre folie. Je préfère cette folie : être dehors. La proximité fait du bien à tous »[91].

Cette attitude, le pape ne l'a pas seulement adoptée lors de son important voyage au Brésil, où il a célébré la Journée mondiale de la jeunesse et visité le plus grand pays catholique du monde ; c'est son attitude quotidienne, c'est chacun de ses pas qui se distingue par cette volonté de rencontre. On se rappelle la visite de François sur la petite île méditerranéenne de Lampedusa, en juillet 2013. Entre 1999 et 2012, plus de 200 000 réfugiés, venus d'Afrique pour la plupart, y ont accosté. Même s'il était toujours sur le sol italien, le pape a regardé depuis Lampedusa, comme par une fenêtre, tout le grand Sud et la Méditerranée, devenue une mer meurtrière pour trop de migrants. Par un geste à la fois réel et symbolique, il est allé à la rencontre de tout un monde. François est le pape de la rencontre. Et le monde semble voir en lui un pape qui répond à une de ses attentes profondes.

---

91. Conférence de presse du Saint-Père durant le vol de retour de son voyage apostolique à Rio de Janeiro, à l'occasion de la XXVIIIème Journée mondiale de la jeunesse, 28 juillet 2013.

IV
L'Église des pauvres

« Comme je voudrais une Église pauvre et pour les pauvres ! »

Le nom du pape et son origine latino-américaine ont tout de suite signé l'originalité de son pontificat. Pourquoi François ? Le pape a expliqué la raison pour laquelle il avait choisi ce nom qui ne figure pas sur la liste des pontifes romains.

> « À l'élection, j'avais à côté de moi l'Archevêque émérite de Sao Paulo et aussi le Préfet émérite de la Congrégation pour le Clergé, le Cardinal Claudio Hummes : un grand ami, un grand ami ! Quand la chose devenait un peu dangereuse, lui me réconfortait. Et quand les votes sont montés aux deux tiers, les applaudissements habituels ont eu lieu, parce que le Pape était élu. Et lui m'a serré dans ses bras, il m'a embrassé et m'a dit : « N'oublie pas les pauvres ! » Et cette parole est entrée en moi : les pauvres, les pauvres... Ensuite, aussitôt, en relation aux pauvres j'ai pensé à François d'Assise. Ensuite j'ai pensé aux guerres, alors que le scrutin se poursuivait, jusqu'à la fin des votes. Et François est l'homme de la paix. Et ainsi est venu le nom,

> dans mon cœur : François d'Assise. C'est pour moi l'homme de la pauvreté, l'homme de la paix, l'homme qui aime et préserve la création – en ce moment nous avons aussi avec la création une relation qui n'est pas très bonne, non ? C'est l'homme qui nous donne cet esprit de paix, l'homme pauvre... Ah, comme je voudrais une Église pauvre et pour les pauvres ! »[1]

Cette explication éclaire la vision du pape Bergoglio. Le choix de son nom d'évêque de Rome a retenu l'attention de tous. Il l'a choisi pour marquer le lien avec les pauvres, le combat contre la guerre et pour la paix, et enfin la protection de la création. L'accent principal, il l'a mis sur les pauvres : « Ah, comme je voudrais une Église pauvre et pour les pauvres ! ». L'opinion publique, peu attentive aux affaires de l'Église, a tendance à associer la question des pauvres à la théologie de la libération ou au volontariat social. Mais il s'agit d'autre chose. Le cardinal Hummes, un de ces évêques qui se sont positionnés par-delà la polémique sur la théologie de la libération qui a divisé l'Église au Brésil, faisait observer : « La théologie de la libération a été une phase historique qui [a privilégié] la nécessité d'être solidaires dans le but de construire une justice sociale (...). [Il ne faut pas] transposer le passé, qui n'est plus une réponse pour aujourd'hui. Le monde a changé et les réponses ne sont plus les mêmes »[2].

Les paroles du pape François sur l'Église des pauvres renvoient immédiatement au Concile, ou plutôt à l'expression

1. Pape François, Discours aux représentants du monde des médias, 16 mars 2013.

2. F. Maisonnave, Card. C. Hummes, « *La Chiesa non funziona più* », interview en italien sur www.aleteia.org, 19 mars 2013.

employée par Jean XXIII le 11 septembre 1962, dans son message radiodiffusé qui a précédé l'ouverture de Vatican II : « L'Église se présente telle qu'elle est et telle qu'elle veut être, comme l'Église de tous et particulièrement l'Église des pauvres »[3]. Devant le vaste monde de la pauvreté (à cette époque, on parlait de tiers-monde et de sous-développement), l'Église du Concile se présente comme l'Église des pauvres. Le Concile parle de l'Église des pauvres. Ce thème fut aussi un thème important dans la réception et la mise en œuvre de Vatican II. Dès la première session du concile, le cardinal Lercaro, archevêque de Bologne, avait dit : « Nous ne ferons pas notre devoir si nous ne faisons pas du mystère du Christ dans les pauvres et de l'évangélisation des pauvres le centre, l'âme du travail doctrinal et législatif de ce concile. Cela ne peut pas être un thème parmi d'autres dans le concile : cela doit devenir la question centrale. Le thème de ce concile est l'Église en tant qu'Église des pauvres »[4].

La constitution *Lumen gentium* sur l'Église a des paroles importantes sur l'« option préférentielle pour les pauvres », ainsi qu'on l'a appelé par la suite : « l'Église enveloppe de son amour ceux que l'infirmité humaine afflige ; bien plus, dans les pauvres et les souffrants, elle reconnaît l'image de son fondateur pauvre et souffrant, elle s'efforce de soulager leur misère et en eux c'est le Christ qu'elle veut servir »[5]. L'attention pour les pauvres a un fondement christologique. Les thèmes de l'Église amie des pauvres, de la pauvreté de

3. Jean XXIII, Message radio à tous les fidèles chrétiens à un mois du Concile œcuménique Vatican II, 11 septembre 1962 (en italien). Notre traduction.

4. G. Lercaro, *Per la forza dello Spirito. Discorsi conciliari del card. Giacomo Lercaro*, Bologna, EDB, 1984, p.119.

5. *Lumen gentium,* n. 8.

l'Église et de la pauvreté de ses moyens pour accomplir sa mission traversent les travaux du Concile et se sont répercutés dans l'après-Concile sous des formes multiples et complexes.

Dans une conférence adressée aux pères conciliaires à Rome, en 1964, le théologien français Yves Congar a fait le lien entre le mystère des pauvres dans l'Église et l'incarnation de Jésus : « Dieu se révèle dans la pauvreté. Jésus, qui s'est humilié jusqu'à l'extrême, pousse ses disciples à l'amitié avec les pauvres et à porter sur la pauvreté un regard différent de celui de la société. Cela n'implique pas de condamner les miséreux à rester comme cela pour toujours ou, au mieux, de leur faire l'aumône ». Le père Congar est convaincu de la signification évangélique de la rencontre avec les pauvres : « Les pauvres peuvent être des révélateurs de Dieu. Ils peuvent être un moyen ou une voie pour trouver le Christ »[6]. Cette conviction était partagée par beaucoup de pères conciliaires. Mais comment la mettre en œuvre, une fois le Concile achevé, dans les différentes réalités sociales du monde ?

Avec le pauvre, qui n'a que peu ou rien à donner, et parfois pas grand-chose à dire, le chrétien fait une expérience particulière, certainement humaine, mais aussi religieuse. L'expérience humaine et l'expérience spirituelle se confondent. Dans le pauvre, on reconnaît le Seigneur Jésus présent. L'Évangile selon saint Matthieu rapporte en effet cette parole de Jésus : « Chaque fois que vous l'avez fait à l'un de ces plus petits de mes frères, c'est à moi que vous l'avez fait » (*Matthieu* 25,40). Jésus dit encore : « Car j'avais

---

6. Y. M.-J. Congar et alii, *Église et pauvreté*, « Unam Sanctam » 57, Cerf, 1965.

faim, et vous m’avez donné à manger ; j’avais soif, et vous m’avez donné à boire » (25,35). Dans un petit ouvrage écrit il y a longtemps, *La fraternité chrétienne,* Joseph Ratzinger observait que Jésus ne s’identifie à personne, sinon aux affamés, aux assoiffés, aux prisonniers, aux étrangers… et aux chrétiens persécutés (au point de demander à Paul : « Saul, Saul, pourquoi me persécuter ? » (*Actes* 9,4))[7]. La relation avec le pauvre a un fond spirituel et religieux indéniable ; elle ne diminue pas l’épaisseur dramatique de sa situation, mais elle lui donne un éclairage particulier.

C’est l’enseignement de Jean Chrysostome, un père de l’Église qui a consacré une grande part de sa prédication aux pauvres et au rapport des chrétiens avec eux. Avec beaucoup de réalisme, il affirme qu’aider les pauvres, c’est aider Jésus lui-même ; à l’inverse, refuser de secourir ceux qui sont dans le besoin, c’est repousser la personne même de Jésus. Son réalisme se fonde sur les paroles du chapitre 25 de l’Évangile de Matthieu, dont les chrétiens n’ont pas fini de tirer toutes les conséquences dans leur vie. Olivier Clément, dans le sillage du réalisme christologique de Chrysostome, parle d’un véritable « sacrement du pauvre », à rapprocher du « sacrement de l’autel ». Il va jusqu’à interpréter l’histoire du christianisme du XIXème et du XXème siècle comme le divorce dramatique entre le sacrement de l’autel et le sacrement du pauvre[8].

Celui qui rencontre le pauvre trouve le Christ. Voilà la racine de l’humanisme spirituel, qui grandit dans la

7. Cf. J. Ratzinger, *Frères dans le Christ. L’esprit de la fraternité chrétienne*, Paris, Cerf, 2005.

8. O. Clément, *Questions sur l’homme*, Stock, 1972, p. 132. Cf. aussi Id., *Petite boussole spirituelle pour notre temps*, Paris, Desclée de Brouwer, 2008.

prière et, en même temps, dans l'amour des pauvres. Pour Chrysostome, l'amour des pauvres est bien le seuil de l'humanisme, au point que celui qui n'aime pas les pauvres n'est pas vraiment un homme : « S'il a de la compassion pour les pauvres, c'est un homme ; s'il s'enrichit par le commerce, c'est un chêne orgueilleux ; s'il a le cœur féroce, c'est un lion ; s'il vit de rapines, c'est un loup... »[9]. La miséricorde humanise l'homme. Jean Chrysostome poursuit : « Si l'on élimine l'éloquence, la vie n'en pâtira pas. En revanche, si l'on supprime la miséricorde, tout périra et partira en ruine ». L'amitié avec les pauvres « divinise » l'homme, elle le rend semblable au Seigneur ; « en effet, rien ne nous fait tant ressembler à Dieu que de faire le bien ».

La voie de l'humanisme spirituel a été explorée dans les décennies qui ont suivi Vatican II. Mais l'engagement pour les pauvres y a souvent été idéologisé ou politisé, laissant de côté ses racines religieuses. En Amérique latine, l'idéologisation et la politisation du christianisme ont été fortes, et le jésuite Bergoglio y a été confronté. En suivant des routes différentes, l'engagement pour les pauvres a parfois perdu sa consistance religieuse, devenant quelque chose d'exclusivement social et professionnel. Or il ne suffit pas de construire des institutions ou des organisations qui soutiennent les pauvres ou qui se battent contre la pauvreté. Il ne suffit pas de mettre ensemble des compétences et une organisation. Le pape François insiste sur le fait que l'Église n'est pas une ONG et que son engagement envers les pauvres ne peut pas se réduire aux propositions des ONG. Ces dernières années,

---

9. Jean Chrysostome, *Homélie sur l'Évangile de Matthieu*, Sixième homélie, homélie sur Lazare.

on a pu constater un effacement de la dimension religieuse et prophétique des organisations chrétiennes qui œuvrent au service des pauvres. À l'évidence, elles ont peu médité sur le mystère des pauvres. Elles sont plus efficaces et professionnelles que les anciennes organisations de bienfaisance, mais elles n'ont pas poussé le message de l'Église des pauvres jusqu'à ses ultimes conséquences. Parfois, elles se sont sécularisées. Quand elle n'a pas été ignorée, voire tout bonnement supprimée du débat public et marginalisée dans la vie de l'Église, la réalité des pauvres n'a pas eu de résonnance profonde et prophétique dans la vie chrétienne. Et l'idéologie, la politique, la sociologie et la professionnalisation ont tout embrouillé.

En se détachant des pauvres, l'Église s'est affadie. La crise de l'Église vient aussi de sa distance d'avec le monde des pauvres, de la distance personnelle des hommes et des femmes qui la composent d'avec la « chair » des pauvres, comme dirait Bergoglio. Si elle s'éloigne des pauvres, l'Église se retrouve confinée dans ses institutions. Dans un livre fondamental intitulé *Église et pauvreté*, publié après Vatican II, le père Congar évoque l'esprit qui a accompagné cette découverte de l'Église des pauvres :

> « Les pauvres appartiennent à l'Église. Ils ne sont pas seulement sa clientèle ou les bénéficiaires de ses biens : l'Église ne vit pas pleinement son mystère si les pauvres en sont absents (...). Le souci des pauvres, des déracinés, des faibles, des humbles, des opprimés, est une obligation qui plonge ses racines dans le cœur même du christianisme, compris comme communion. Il ne peut plus exister de communauté chrétienne sans « diaconie », c'est-à-dire sans le service de la charité qui, à son tour, ne peut exister

> sans la célébration de l'Eucharistie. Ces trois réalités sont liées entre elles : communauté, Eucharistie et diaconie des pauvres et des humbles. L'expérience prouve qu'elles vivent ou dépérissent ensemble ; mais ce qui fait souvent défaut, c'est l'imagination qui rend inventive la charité, et l'audace, le courage pour dépasser toute hésitation et prendre l'initiative »[10].

Cet extrait du grand théologien français, qui a tellement réfléchi et écrit sur les dimensions historique et spirituelle du christianisme, esquisse une image de l'Église du futur : rassemblée autour de l'Eucharistie, amie des pauvres et des humbles. Ces trois réalités – l'Eucharistie, la communauté et le service des pauvres – vont ensemble ; elles se soutiennent ou au contraire dépérissent quand l'une d'elles se détériore ou se détache des deux autres. Si l'on n'aime pas les pauvres, la foi eucharistique est affaiblie. L'amour des pauvres donne davantage de cohérence à la communauté chrétienne et la remplit d'amour. Sans l'Eucharistie et sans le sens communautaire, l'amour des pauvres devient lui aussi épisodique : c'est une bonne action ponctuelle, ou une profession.

Nous avons ici une autre clé pour comprendre les difficultés et les crises du temps présent. Et l'expérience de Bergoglio confirme la pertinence de cette clé de lecture. Il reprend les paroles du diacre Laurent à propos des pauvres :

> « Les pauvres sont le trésor de l'Église et il faut en prendre soin ; sans cette vision, notre Église sera tiède, médiocre, faible. Notre véritable pouvoir réside dans le service. Notre esprit ne peut adorer Dieu s'il ne fait pas

10. Y. M. J. Congar *et alii*, *Église et pauvreté*.

une place aux nécessiteux n'accueille pas celui qui est démuni »[11].

C'est pour cela que le pape François s'est exclamé, au début de son ministère : « Ah, comme je voudrais une Église pauvre et pour les pauvres ! ».

Libérer les pauvres

« L'Église des pauvres » n'est pas simplement une thématique chère à la théologie de la libération. Dans ce courant théologique, il faut d'ailleurs savoir distinguer les questions, les attentes, les résultats, les amalgames avec le marxisme et les différents courants de pensée et de vie. Dans un entretien qu'il m'avait accordé, Benoît XVI m'avait dit ceci au sujet de la théologie de la libération :

> « Jean-Paul II insistait sur le fait qu'il fallait aussi penser à une théologie de la libération de manière positive, après avoir clarifié les aspects négatifs et les confusions. Je ne sais pas à quel point nous sommes parvenus ensuite à le formuler dans un sens positif. Toutefois, la seconde instruction sur la théologie de la libération veut s'orienter vraiment dans cette ligne, en touchant un problème et une perspective qui sont réels et que Jean-Paul II percevait très nettement »[12].

Dans une interview, le cardinal Bergoglio offre une vision équilibrée de la théologie de la libération. Il dit : « Il y a eu des déviations, mais ils ont été des milliers d'agents

11. J. Bergoglio, A. Skorka, *Sur la terre comme au ciel*, *op. cit.*, p. 178.
12. A. Riccardi, *Giovanni Paolo II. La biografia*, *op. cit.*, p. 382.

pastoraux (…) à s'engager comme le veut l'Église. Ils ont été à l'honneur et ils ont fait notre bonheur »[13]. Bergoglio a vécu l'aventure post-conciliaire de la recherche d'une Église proche des pauvres, dans ses aspects concrets comme dans ses idéologisations. Il est intéressant de se confronter à sa réflexion sur la théologie de la libération :

> « C'était la conséquence d'une interprétation du concile Vatican II. Et, comme tout mouvement effectué par l'Église, elle a eu du bon et du mauvais, de bonnes mesures et des excès. Comme vous vous le savez, à l'époque, Jean-Paul II avait chargé celui qui était encore le cardinal Ratzinger d'étudier la "théologie de la libération", ce qui a débouché sur deux petits opuscules qui l'analysent, qui signalent ses limites (dont l'appel à l'herméneutique marxiste de la réalité) mais qui montrent également ses aspects positifs. En d'autres termes, la position de l'Église en la matière est un vaste champ »[14].

Depuis Vatican II, l'histoire du rapport de l'Église avec les pauvres est variée et complexe. Elle demande une nouvelle synthèse. Le parcours de Jorge Bergoglio est très intéressant précisément parce qu'il a traversé les phases les plus mouvementées de la théologie de la libération et de l'engagement chrétien envers les pauvres, en Argentine et en Amérique latine. Il répète que « l'attention particulière à l'égard des pauvres est un message très fort de l'après-Concile ». La polémique sur la théologie de la libération ne peut occulter ce message parce que c'est une orientation de fond de Vatican II :

---

13. Pape François, *Je crois en l'homme, op. cit.*, p. 86.

14. *Ibid.*, p. 85.

> « La préoccupation vis-à-vis des pauvres, telle qu'elle a fait irruption au sein du catholicisme dans les années soixante, était un bouillon de culture qui permettait d'y introduire n'importe quelle idéologie. Cela pouvait aller jusqu'à dénaturer un principe que l'Église avait mis en valeur au concile Vatican II et qu'elle répète depuis : emprunter le chemin juste pour répondre à une exigence évangélique absolument incontournable, centrale : le souci des plus pauvres... »[15].

Le climat électrique des années 1960-1980 est passé. Le risque actuel est de tomber à nouveau dans une vision minimaliste de l'engagement au service des pauvres, en le réduisant à une œuvre de bienfaisance ou à un système d'assistanat. Mais surtout, avec la crise économique mondiale, nous sommes entrés dans une époque où l'intérêt pour les pauvres a diminué, où ce n'est plus le moment de penser à eux. Cela vient, à n'en pas douter, d'une mentalité égocentrique et victimiste trop répandue. On rencontre cette attitude chez les gens, mais aussi dans les politiques des grandes institutions ou des États qui réduisent le budget alloué à la coopération au développement et à l'engagement social. La crise économique pousse à démanteler l'État providence et, ce faisant, à ébranler notre conscience de la responsabilité sociale qui nous incombe. Un élément important de la crise est le déclin de la gauche, socialiste ou communiste, engagée pendant des décennies dans les luttes sociales, et dont l'action fut aussi un stimulant pour les chrétiens, un appel à ce qu'ils n'abandonnent pas le champ social. Or la gauche a aujourd'hui tendance à concentrer son

15. *Ibid.*, p. 86.

action sur la lutte pour les droits civiques plutôt que contre la pauvreté.

D'autre part, la conscience sociale s'indigne sensiblement moins que par le passé devant le drame de la pauvreté. La mort d'une personne sans domicile fixe, dans le froid, ne scandalise plus ; elle se réduit presque à un problème de décorum urbain. C'est la dilapidation des ressources de l'État et le gaspillage, plus que le drame et la douleur des pauvres, qui suscitent l'indignation morale. Le pape Bergoglio s'exclame :

> « Si une nuit d'hiver, tout près d'ici, via Ottaviano, par exemple, une personne meurt, ce n'est pas une nouvelle. Si dans tant de parties du monde, il y a des enfants qui n'ont rien à manger, ce n'est pas une nouvelle, cela semble normal. Il ne peut pas en être ainsi !.... En revanche, une baisse de dix points dans les bourses de certaines villes représente une tragédie. Quelqu'un qui meurt, ce n'est pas une nouvelle, mais si les bourses chutent de dix points, c'est une tragédie ! Ainsi, les personnes sont mises au rebut, comme si elles étaient des déchets »[16].

Il s'est produit ce que Luigi Zoja appelle « la mort du prochain » (c'est le titre d'un de ses livres). « En ce début de XXIème siècle, observe-t-il, il semble que la satisfaction des besoins individuels soit une aspiration universelle et que la solidarité soit l'exception »[17]. Et il poursuit par ces mots percutants : « La solidarité s'est endormie, le désir ne dort jamais. Dionysos est un dieu insomniaque »[18]. Pour Zoja, si

16. PAPE FRANÇOIS, Audience générale, 5 juin 2013.
17. L. ZOJA, *La morte del prossimo*, Torino, Einaudi, 2009, p. 84.
18. *Ibid.*, p. 99.

le phénomène des églises qui se vident signe physiquement la mort métaphysique de Dieu, la désertion du champ social signe, elle, la mort du prochain.

Or n'est-ce pas le devoir des chrétiens d'aider à refonder une conscience de la solidarité et du lien social ? C'est le sentiment de la dette envers les pauvres, précisément en ces temps difficiles, qui doit être à l'origine de cette prise de conscience. Bergoglio insiste sur le concept de « dette sociale ». « Dans tous les cas de profit économique, déclare-t-il, il faut considérer la dimension de la dette sociale ». Sont ici visées les relations entre individus à l'intérieur de la ville ou de la société nationale, mais aussi les relations entre pays du Nord et pays du Sud (même si aujourd'hui, dans l'hémisphère Nord, la géographie de la pauvreté a beaucoup changé et l'on voit des zones de très grande misère côtoyer des zones d'extrême richesse). À la différence des années qui ont immédiatement suivi le Concile, la misère d'un grand nombre ne fait plus tellement scandale. Lors de la vigile de Pentecôte, le pape a déclaré : « Aujourd'hui – cela fait mal au cœur de dire cela –, aujourd'hui, ce qui est une nouvelle c'est, peut-être, un scandale. Un scandale : ah, ça c'est une nouvelle ! »[19]

L'homme, la femme et leurs souffrances ne sont pas au centre de l'intérêt général. On passe outre, comme le lévite et le prêtre de la parabole du bon Samaritain, peut-être parce que l'on croit avoir de bons motifs de penser à soi et de poursuivre sa route, ou bien parce que la force de provocation de la pauvreté ne nous atteint plus. Une enquête sur

19. Pape François, Veillée de Pentecôte avec les mouvements ecclésiaux, 18 mai 2013.

les Italiens et la charité, parue en mai 2013, montre que le nombre des donateurs réguliers a chuté, passant de 33 % en 2005 à 20 % aujourd'hui, et que la proportion de ceux qui donnent une pièce à l'occasion a baissé elle aussi, passant de 41 % en 2005 à 20 % aujourd'hui. Et 54,9 % des Italiens sont hostiles ou indifférents au thème de la charité[20]. On peut penser que les difficultés économiques sont à l'origine de cette attitude, mais il y a certainement aussi une perte profonde du sens de la solidarité.

Il faut refonder une conscience sociale. Le pape a affirmé : « Si les investissements des banques baissent un peu… tragédie !…. comment fait-on ? Mais si les personnes meurent de faim, si elles n'ont rien à manger, si elles ont des problèmes de santé, cela ne fait rien ! »[21]. Pour Bergoglio, il ne s'agit en aucun cas de revenir aux vieux schémas de la lutte des classes. Mais on ne peut pas non plus laisser croire que le marché apportera providentiellement la justice pour tous. Lorsqu'il était cardinal, dans la droite ligne de la doctrine sociale de l'Église, il a jugé sévèrement le communisme, mais il n'a pas épargné non plus le capitalisme mondialisé.

Aujourd'hui, le drame du monde contemporain est l'écart qui risque de s'élargir de plus en plus entre les inclus et les exclus, faisant augmenter le nombre de ces derniers. La vieillesse, par exemple, exclut souvent ceux qui avaient été inclus pendant une partie de leur vie. C'est à propos de la situation des personnes âgées que Bergoglio a parlé de « civilisation du rebut ». En mai 2013, le pape François disait aux diplomates :

---

20. Enquête de Astraricerche effectuée en mai 2013, à la demande de la Casa della Carità de Milan (voir www.casadellacarita.org/italiani-carita).

21. Pape François, Vigile de Pentecôte, 18 mai 2013.

« Il y a lieu de reconnaître aussi que la plupart des hommes et des femmes de notre temps continuent de vivre dans une précarité quotidienne aux conséquences funestes. Certaines pathologies augmentent, avec leurs conséquences psychiques ; la peur et la désespérance saisissent les cœurs de nombreuses personnes, même dans les pays dits riches ; la joie de vivre s'amenuise ; l'indécence et la violence prennent de l'ampleur ; et la pauvreté devient plus criante. Il faut lutter pour vivre, et pour vivre souvent indignement. L'une des causes de cette situation, à mon avis, se trouve dans le rapport que nous entretenons avec l'argent, et dans notre acceptation de son empire sur nos êtres et nos sociétés. Ainsi, la crise financière que nous traversons nous fait oublier son origine première située dans une profonde crise anthropologique. Dans la négation du primat de l'homme ! On s'est créé des idoles nouvelles. L'adoration de l'antique veau d'or (cf. Ex 32, 15-34) a trouvé un visage nouveau et impitoyable dans le fétichisme de l'argent, et dans la dictature de l'économie sans visage ni but vraiment humain »[22].

Pour le pape, la dictature de l'économie doit être remise en question, parce qu'elle « réduit l'homme à une seule de ses exigences : la consommation ». Dans ce contexte, le pape François fait lui aussi le constat d'une crise de la solidarité :

« L'être humain est considéré aujourd'hui comme étant lui-même un bien de consommation qu'on peut utiliser, puis jeter. Nous avons initié cette culture de l'élimination. Cette dérive se situe au niveau individuel et sociétal. Et

22. Pape François, Discours aux nouveaux ambassadeurs du Kirghizstan, d'Antigua-et-Barbuda, du Grand-Duché de Luxembourg et du Botswana accrédités près le Saint-Siège, 16 mai 2013.

elle est promue ! Dans un tel contexte, la solidarité qui est le trésor du pauvre, est souvent considérée comme contre-productive, contraire à la rationalité financière et économique. Alors que le revenu d'une minorité s'accroît de manière exponentielle, celui de la majorité s'affaiblit. Ce déséquilibre provient d'idéologies promotrices de l'autonomie absolue des marchés et de la spéculation financière, niant ainsi le droit de contrôle aux États chargés pourtant de pourvoir au bien commun. S'installe une nouvelle tyrannie invisible, parfois virtuelle, qui impose unilatéralement, et sans recours possible, ses lois et ses règles. En outre, l'endettement et le crédit éloignent les pays de leur économie réelle, et les citoyens de leur pouvoir d'achat réel. À cela s'ajoute, si besoin en est, une corruption tentaculaire et une évasion fiscale égoïste qui ont pris des dimensions mondiales. La volonté de puissance et de possession est devenue sans limite »[23].

D'où vient cette situation ? Le refus de Dieu est à la source du refus de l'éthique et de la solidarité. « Tout comme la solidarité, l'éthique dérange ! Elle est considérée comme contre-productive ; comme trop humaine, car elle relativise l'argent et le pouvoir ; comme une menace, car elle refuse la manipulation et l'assujettissement de la personne ». Le pape poursuit avec des paroles sévères : « Dieu est considéré par ces financiers, économistes et politiques, comme étant incontrôlable – Dieu incontrôlable ! –, dangereux même, puisqu'il appelle l'homme à sa réalisation plénière et à l'indépendance des esclavages de tout genre ». Et il conclut en invitant les responsables politiques et le monde de la finance

23. *Ibid.*

« à considérer les paroles de saint Jean Chrysostome : "Ne pas faire participer les pauvres à ses propres biens, c'est les voler et leur enlever la vie. Ce ne sont pas nos biens que nous détenons, mais les leurs" ». Ce système doit être modifié : « Il serait souhaitable de réaliser une réforme financière qui soit éthique et qui entraînerait à son tour une réforme économique salutaire pour tous ».

Les hommes politiques doivent reprendre en main leur responsabilité face à l'économie, face à une « tyrannie invisible ». Le pape Bergoglio s'exclame :

> « L'argent doit servir et non pas gouverner ! Le Pape aime tout le monde : les riches comme les pauvres. Mais le Pape a le devoir, au nom du Christ, de rappeler au riche qu'il doit aider le pauvre, le respecter, le promouvoir. Le Pape appelle à la solidarité désintéressée, et à un retour de l'éthique de la dimension humaine dans la réalité financière et économique... Il se créera alors une nouvelle mentalité politique et économique qui contribuera à transformer l'absolue dichotomie entre les sphères économique et sociale en une saine cohabitation »[24].

Dans la vision que le pape François nourrit depuis longtemps, une telle situation est intolérable. Le document des évêques argentins pour le Bicentenaire, en 2010, déclarait : « [L'Argentine] a trop de pauvres et d'exclus que nous avons su créer ces dernières années. Derrière les chiffres, il y a des personnes, des hommes, des femmes, des personnes âgées, des jeunes, des enfants »[25]. Ce sont eux, les pauvres

---

24. *Ibid.*

25. J. M. Bergoglio, *Noi come cittadini, noi come popolo*, Milano-Città del Vaticano, Jaca Book-Libreria Editrice Vaticana, 2013, p.81.

qu'il faut aider et libérer. Bergoglio est presque « utopique » dans ses intentions : « Il ne doit pas y avoir de déshérités, et rien n'est pire – j'insiste sur ce point – que le fait de ne pas pouvoir gagner sa vie, de ne pas avoir un travail digne de ce nom »[26]. L'égalité demeure toujours un idéal qui doit être poursuivi avec réalisme. Bergoglio se livre là à une réflexion d'une grande importance, dans le sillage de Jean-Paul II qui affirmait à l'UNESCO que si la foi ne devient pas culture, elle est insignifiante. Cette idée a beaucoup frappé François, et il la reprend souvent. Sa proposition est que la foi authentique engendre une culture commune de la justice. Si la foi ne devient pas culture de la justice, elle est insignifiante. C'est le défi de la formation d'une nouvelle conscience sociale partagée – fraîche et vitale, et non doctrinale – de la justice et de la solidarité :

> « ... C'est pour cela qu'on désigne l'homme religieux intègre sous le nom d'homme juste : il porte la justice vers les autres. À cet égard, la justice du religieux ou de la religieuse est créatrice de culture. La culture d'un idolâtre n'est pas la même que celle que créent une femme ou un homme qui adorent le Dieu vivant. Jean-Paul II disait une chose très audacieuse : une foi qui ne se fait pas culture n'est pas une foi véritable. Il insistait là-dessus : la création de culture »[27].

La foi vécue génère une culture (avec ses limites historiques), mais elle est aussi créatrice d'un sens partagé de la justice. C'est la grande différence avec les « cultures

26. J. Bergoglio, A. Skorka, *Sur la terre comme au ciel*, *op. cit.*, p. 177.
27. *Ibid.*, pp. 37-38.

idolâtres », centrées sur le culte de soi et de son propre intérêt, telles que le libéralisme effréné, le consumérisme, l'hédonisme et toutes les formes de relativisme. La culture de la justice place l'homme au centre et elle a même un rapport privilégié avec les pauvres. Le sens de la justice pousse à libérer les pauvres de leur prériphéricité et de leur exclusion sociale. Il faut créer une nouvelle mentalité parce que – le fait est important – la pratique de la culture du déchet a rendu insensible au gaspillage des déchets alimentaires dans une partie du monde, tandis que dans l'autre, beaucoup souffrent de la faim. Le consumérisme a créé une accoutumance à cette pratique immorale : « Rappelons-nous bien que lorsque l'on jette de la nourriture, c'est comme si l'on volait la nourriture à la table du pauvre, à celui qui a faim ! »[28].

Pour le pape François, il faut lutter contre la pauvreté en trouvant des voies pour inclure les personnes dans la société et les libérer du poids de la misère. En ce sens, sa parole réveille et stimule une pensée qui s'est résignée à ne pas remettre en question l'économie et ses lois. Un chrétien, quelqu'un qui voit Jésus présent dans les pauvres, ne peut se résigner à les laisser sans soutien concret, pas plus qu'il ne peut renoncer à les libérer d'une condition injuste.

Une Église amie des pauvres

Les pauvres ne sont pas les usagers des services sociaux de l'Église, mais ces « petits frères » de Jésus qui font partie, de manière toute particulière, de la famille qu'est la communauté chrétienne. Comment ne pas considérer

---

28. Pape François, *Audience générale*, 5 juin 2013.

comme nos frères ceux en qui Jésus lui-même se reconnaît ? Cette conscience modèle le rapport entre les chrétiens et les pauvres. L'attention aux pauvres devient semblable à celle que l'on accorderait à quelqu'un de sa propre famille : non seulement une aide matérielle, mais de l'affection, une parole, un intérêt, une famille. En parlant des membres de la Communauté de Sant'Egidio, à Buenos Aires, qui s'approchent familièrement des pauvres, le cardinal Bergoglio avait dit : ils se préoccupent « continuellement d'ouvrir des voies à ceux qui se sentent indignes, parce qu'ils croient qu'il y a de la place pour eux et qu'ils sont les préférés »[29]. Le pape a une vision claire de la présence des pauvres dans la vie du chrétien et de l'Église. Dans sa conversation avec le rabbin Skorka, une page importante est consacrée à ce sujet. En voici un extrait marquant :

> « Dans le christianisme, l'attitude face la pauvreté et au pauvre est – essentiellement – une attitude de véritable engagement. Et j'ajouterais : cet engagement doit être physique. Il ne suffit pas qu'il soit médiatisé par des institutions ; même si c'est très utile, cela ne vous exonère pas d'établir le contact avec les pauvres. Il faut soigner le malade – même lorsqu'il suscite rejet et dégoût –, il faut rendre visite aux détenus en prison... Cela m'est très pénible d'aller en prison, en raison des choses très dures qu'on y voit. Mais je le fais, car le Seigneur veut que je sois engagé corporellement auprès de ceux qui sont dans le besoin, des pauvres »[30].

29. J. M. Bergoglio, *Così pensa Papa Francesco*, *op. cit.*, p. 79.

30. J. Bergoglio, A. Skorka, *Sur la terre comme au ciel*, *op. cit.*, p. 173.

L'amour des pauvres est une affaire de contact personnel – un « corps à corps », dit Bergoglio –, et pas seulement un engagement institutionnel ou une organisation. Ce contact personnel devient un lien et une amitié, « la compassion se convertit en communion »[31], affirmait le cardinal dans une homélie en 2003. Tout chrétien doit être l'ami des pauvres, et des pauvres en tant que personnes concrètes. Cette familiarité engage les croyants à libérer le pauvre de l'exclusion causée par le chômage et l'absence de logement : « la personne aimée me demande de me mettre à son service », affirme Bergoglio. Le chrétien est tout sauf résigné devant la pauvreté. Évoquant les mendiants, le pape demande aux chrétiens s'ils parlent personnellement avec eux, s'ils les touchent ou s'ils leur font simplement l'aumône. « Très souvent la pièce est jetée sans l'ombre d'un regard »[32], remarque-t-il. Les pauvres demandent de l'amitié et peuvent donner de l'amitié.

Dans le discours qu'il a prononcé au repas pour les pauvres de la Communauté de Sant'Egidio, le pape Benoît XVI a employé une belle expression sur le rapport entre celui qui est accueilli et celui qui accueille : « Ici, aujourd'hui, se réalise ce qui se passe à la maison : celui qui sert et qui aide se confond avec celui qui est aidé et servi et, à la première place, se trouve celui qui a davantage besoin »[33]. Après sa visite à la maison de retraite de cette même Communauté, le pape Benoît a eu une expression analogue : « Ceci est important dans toutes les phases de la vie : personne ne peut vivre seul

31. J. M. Bergoglio, *Così pensa Papa Francesco, op. cit.*, p. 79.

32. J. Bergoglio, A. Skorka, *Sur la terre comme au ciel, op. cit.*, p. 167.

33. Communauté de Sant'Egidio, *Benvenuto alle Mensa della Comunità di Sant'Egidio. Benedetto XVI alla Mensa per i poveri*, Milano, Leonardo International, 2010, p. 26.

et sans aide. L'être humain est un être de relation. Et dans cette maison, je vois avec plaisir que ceux qui aident et ceux qui sont aidés forment une unique famille dont l'amour est la sève vitale »[34]. L'Église des pauvres est une communauté qui inclut les pauvres comme des membres de sa famille, autrement dit, une communauté qui non seulement parle des pauvres, mais qui est leur amie.

Une Église amie des pauvres, qui les considère comme ses frères, choisit de réaliser sa mission avec des moyens pauvres. Il ne s'agit pas de ce paupérisme utopique ou esthétique qui a connu quelques expressions vigoureuses après le concile (en opposition à un certain triomphalisme baroque). Choisir d'avoir peu de moyens ne veut pas dire renoncer. Privilégier les moyens modestes ne signifie pas s'interdire de grandes entreprises de libération ou de service. C'est comprendre quelle est la force humble et faible du christianisme : la parole, la miséricorde, l'enseignement, le conseil, l'amour, le contact, la fidélité, la présence personnelle, les idées… C'est la « force faible » de l'Évangile, qui transforme les cœurs et le monde, mais qui ne s'impose ni ne domine. Bergoglio affirme que « la force de l'Église est la communion, sa faiblesse est la division »[35].

Le monde change quand le cœur des femmes et des hommes s'ouvre à l'Évangile. C'est pourquoi le premier engagement du pape François est la prédication, la « folie » de la prédication, pour parler comme l'apôtre Paul. Une Église pauvre est une Église de la Parole. Mais une Église pauvre

34. Visite du pape Benoît XVI à la maison « Vive les Aînés » de la communauté de Sant'Egidio, Rome, 12 novembre 2012.

35. E. Himitian, *Francesco. Il papa della gente*, *op. cit.*, p. 130.

est surtout une Église amie des pauvres. Dans son rapport au synode de 2001, le cardinal Bergoglio avait parlé de la figure de l'évêque :

> « Sa fidélité à l'Évangile et son amour de l'esprit de pauvreté conduisent l'évêque à avoir une prédilection particulière pour les pauvres qui sont le noyau central de la Bonne Nouvelle de Jésus, et à marcher avec eux. Il n'oublie pas que le jour de sa consécration épiscopale, il a été interrogé sur son intention de guider les pauvres. Il apprend à regarder les gens comme les regardait Jésus. Il est le père et le frère des pauvres de son diocèse. Son être contemplatif et sa charité pastorale le portent à découvrir les nouveaux visages qui incarnent, aujourd'hui, dans la vie moderne, "la veuve, l'orphelin et l'étranger" de l'Écriture »[36].

Dans le contact avec les personnes – on le voit bien sur les images des audiences –, le pape François témoigne d'une attention particulière pour les pauvres, surtout les personnes handicapées. L'Église amie des pauvres est une communauté d'hommes et de femmes qui n'a pas peur d'exprimer sa tendresse envers les pauvres. Le visage de ce pape, son aspect, ses gestes, deviennent une proposition pastorale pour l'Église, en particulier pour les évêques. C'est un exemple qui se propose, ce n'est pas une directive. L'évêque d'une Église amie des pauvres, un évêque proche des pauvres, qui marche avec chacun : telle est le vrai remède à la mondanité ecclésiastique. Bergoglio rappelle les paroles de Grégoire le Grand à propos des pasteurs qui vivent une vie mondaine,

36. J. M. Bergoglio, «Synthèse de l'intervention au Synode», in *L'Osservatore Romano*, 4 octobre 2001. Notre traduction.

en recherchant les honneurs et le prestige[37]. Le pape a particulièrement à l'esprit une des dernières pages d'un livre d'Henri de Lubac qui lui est cher, *Méditation sur l'Église*, où on lit ceci :

> « Le plus grand péril pour l'Église que nous sommes, la tentation la plus perfide, celle qui renaît toujours, insidieusement, lorsque toutes les autres sont vaincues et que ces victoires mêmes s'alimentent, c'est ce que Dom Vonier appelait « la mondanité spirituelle »[38].

Le pape François fustige souvent la « mondanité spirituelle », cette attitude qui consiste à « se mettre au centre »[39]. La mondanité spirituelle, dans la vie ecclésiastique, devient du carriérisme. Le mot carrière donne une idée d'avancement, comme si l'Église était une entreprise, alors qu'en vérité tout naît d'un appel reçu par un individu qui est convoqué, touché par Dieu[40]. Plusieurs fois le pape a évoqué le thème du carriérisme, du ministère ecclésiastique conçu comme une carrière, affirmant que cette mentalité doit changer. Face à la mondanité spirituelle, il s'autorise une expression qui peut paraître excessive : « Si cela se généralisait à toute l'Église, la situation serait bien pire qu'à l'époque honteuse des curés libertins. Le pire qui puisse nous arriver dans la

37. J. M. Bergoglio, Discours aux évêques argentins (9 novembre 2009), in J. M. Bergoglio, *Enviados a hacer el bien*, Buenos Aires, Agape, 2013, p. 58.

38. H. de Lubac, *Méditations sur l'Église*, Paris, Aubier Montaigne, 1968, p. 321.

39. A. Tornielli, *Francesco insieme*, Milano, Piemme, 2013, p. 173.

40. J. Bergoglio, A. Skorka, *Sur la terre comme au ciel*, *op. cit.*, p. 55.

vie sacerdotale, conclut-il, c'est d'être mondains, [c'est d'être] des évêques ou des curés *light* »[41].

Une Église amie des pauvres se garde loin de la mondanité spirituelle. Les pauvres aident l'Église, les prêtres et les évêques à être meilleurs et à mieux vivre leur ministère. Ils aident ceux qui s'approchent d'eux pour les aider. Les pauvres rapprochent de la douleur de la croix : « Quand nous marchons sans la croix, a dit le pape aux cardinaux, quand nous édifions sans la croix et quand nous confessons un Christ sans croix, nous ne sommes pas disciples du Seigneur : nous sommes mondains, nous sommes des évêques, des prêtres, des cardinaux, des papes, mais pas des disciples du Seigneur ».[42] La proximité avec les pauvres entraîne un changement profond dans la vie ecclésiale et personnelle.

En 1946, la revue catholique française *Esprit* interrogeait plusieurs croyants sur le rapport entre le monde moderne et les chrétiens. Le philosophe Étienne Gilson répondait en invitant à ne pas avoir la nostalgie de la chrétienté du passé. Il expliquait, entre autres, pourquoi l'Église « s'entend » mieux avec les pauvres qu'avec les autres catégories de personnes :

> « L'Église a toujours évangélisé les riches comme les pauvres, mais elle s'est toujours fait plus facilement entendre des pauvres que des riches, la béatitude qu'elle promet aux pauvres étant la même que celle qu'elle promet aux riches, mais plus accessible aux pauvres, et la misère qui menace les riches la même que celle dont

41. *Ibid.*, p. 59.

42. Pape François, *Homélie de la messe avec les cardinaux*, 14 mars 2013.

elle veut sauver tous les hommes, sauf que les pauvres s'en gardent mieux... »[43].

Pour Gilson, les pauvres rappellent aux riches et à l'Église que ce monde est inaccompli. Ils rappellent la fragilité de la vie humaine, fragilité qu'il est impossible de fuir malgré les efforts de la cosmétique pour éterniser le présent. Une Église qui fréquente les pauvres et parle avec eux ne sera pas tentée par la mondanité spirituelle, par l'admiration et l'imitation des riches, par la recherche d'influence sur la société ou sur ses dirigeants. Ce ne sera pas une Église antipathique. Ce sera une Église qui fera de la miséricorde le ferment de ses rapports avec les personnes.

La culture du « déchet »

L'Église, devenue grisonnante avec les années, n'a pas su affronter le thème de la vieillesse et de l'augmentation du nombre des personnes âgées. C'est le grand drame humain de l'Europe, et désormais de toutes les sociétés où le développement et la médecine ont permis de prolonger la durée moyenne de vie. Ce progrès est paradoxal : en Occident, on ne comprend pas si l'augmentation de la population âgée est une valeur ou un poids social. La vie des personnes âgées devient difficile avec les années. De plus, elles souffrent d'un sentiment d'inutilité. Souvent, elles ne peuvent pas rester chez elles parce qu'elles n'y trouvent pas le soutien nécessaire et concret pour le faire. On crée ainsi ce peuple de vieux qui, tristement, remplissent les maisons de retraite pour

43. É. GILSON, « Pas d'illusion rétrospectives », in *Esprit*, n° 125, août-septembre 1946, p. 193.

y attendre la mort. La famille, de plus en plus réduite, ne peut pas porter le nombre croissant des personnes âgées. La société ne parvient pas à gérer de manière adéquate leur grand nombre et à les aider à rester chez elles. Ce qui manque, avant même une stratégie sociale (qui fait déjà défaut), c'est une pensée de la vieillesse. Telle est la grande contradiction d'une société qui a accompli un « miracle » attendu depuis des siècles – allonger la durée de vie – mais qui ne parvient pas à gérer ce succès indéniable et à en profiter.

Spirituellement, que signifie vieillir ? Il y a dans nos sociétés un véritable continent âgé à qui annoncer l'évangile, à qui parler de l'espérance, alors que ses habitants sombrent souvent dans le désespoir ou se laissent envahir par un sentiment diffus d'inutilité. La pastorale de l'Église a souvent préféré se consacrer aux jeunes, tournant le dos aux anciens qui sont ses « vieux clients ». Le monde des personnes âgées n'est pas évangélisé. Il n'est souvent pas accueilli dans l'Église. C'est un grand problème, et un problème douloureux.

La personne âgée, déjà fragile, est d'autant plus vulnérable que le système social n'est pas fait à sa mesure. En Afrique, encore récemment, une personne âgée avait une grande valeur aux yeux de la société (on disait que quand un ancien mourait, c'était comme si une bibliothèque brûlait). Mais aujourd'hui, avec l'augmentation du nombre des personnes âgées, la vie des anciens représente très peu de chose d'un point de vue social ; il existe même des cas d'élimination violente des personnes âgées, parfois considérées comme des sorciers parce qu'elles « voleraient » la vie des jeunes. Dans les pays africains eux-mêmes, ces attitudes négatives résultent d'un changement anthropologique, de l'augmentation du nombre des personnes âgées et d'un réel manque de préparation culturelle et sociale.

En s'inspirant de son expérience pastorale dans la société argentine, le pape François a mené une réflexion originale sur les personnes âgées. On l'a dit, Bergoglio est un homme dont la grande expérience humaine a mûri dans la rencontre avec les autres. Il a eu, en outre, des relations bonnes et heureuses avec les anciens de sa famille. Dans l'Église, où les réflexions sur la vieillesse font défaut, la pensée du pape se distingue. Pour lui, la société ne se divise pas entre opprimés et oppresseurs, comme le voulait une certaine vision marxiste, mais entre inclus et exclus. Or les premiers exclus, et les plus évidents, sont les personnes âgées. Bergoglio affirme :

> « Comme le père travaille, il faut mettre le grand-père en maison de repos pour qu'on s'occupe de lui. Mais, bien souvent, la raison est purement égoïste : le problème n'est pas que le père travaille, mais que le vieux dérange, qu'il sent mauvais. On finit par le caser en maison de retraite comme on met son pardessus au placard quand les beaux jours reviennent... Mais bien souvent, quand je visite des maisons de retraite, j'interroge les pensionnaires à propos de leurs enfants et ils me disent qu'ils ne viennent pas les voir parce qu'ils ont du travail, ils essaient de leur trouver des excuses. Beaucoup d'individus abandonnent ceux qui les ont nourris... »[44].

Dans les maisons de retraite, on entend fréquemment les personnes âgées trouver des justifications à leurs enfants et à leurs proches qui ne viennent pas les voir. C'est leur

44. J. Bergoglio, A. Skorka, *Sur la terre comme au ciel*, *op. cit.*, p. 107.

façon de défendre leur dignité et de cacher leur souffrance. Mais c'est surtout cette comparaison qui frappe : on met la personne âgée en maison de retraite comme on range, en été, son manteau dans l'armoire. La fracture profonde qui existe dans notre société se manifeste par la mise à distance des personnes âgées : « Lorsque nous mettons nos personnes âgées dans les hospices, avec trois petites boules de naphtaline dans la poche, comme s'il s'agissait d'un manteau ou d'une cape, on peut dire que notre dimension nostalgique est en quelque sorte malade, parce que retrouver les grands-parents, c'est renouer avec son passé »[45].

Le mépris des anciens est le symptôme d'une vie sociale qui n'est plus conçue sur le mode de la famille, comme une histoire, dans la continuité entre les générations. On exalte le présent et on rejette le passé : la vie n'est ni une histoire ni une famille. Pour Bergoglio, la question des personnes âgées est révélatrice d'une société profondément malade. Reconstruire le rapport avec nos anciens signifie guérir ce mal profond :

> « Parce que dans l'avidité insatiable du pouvoir, de la consommation et de la fausse éternelle jeunesse, les extrêmes, les plus faibles sont exclus comme du matériel jetable, dans une société qui devient hypocrite, entièrement occupée à satisfaire son "je vis comme je veux" (comme si c'était possible), avec pour seul critère ses caprices d'adolescent non résolus. Il semble que le bien

45. Pape François, *Je crois en l'homme*, *op. cit.*, p. 21.

politique et commun importe peu pourvu que notre “ego” soit satisfait »[46].

L'abandon des personnes âgées est désormais devenu un fait socialement accepté, que ces dernières justifient d'ailleurs parfois elles-mêmes. Bergoglio affirme :

> « ... les personnes âgées sont abandonnées, et pas seulement dans une précarité matérielle. Elles sont abandonnées à cause de notre égoïsme et de notre incapacité à accepter leurs limites qui reflètent les nôtres, à travers les nombreuses difficultés qu'elles doivent surmonter aujourd'hui pour survivre dans une civilisation qui ne leur permet pas de participer, de donner leur avis ni d'être des références, selon le modèle consumériste du « seuls les jeunes peuvent être utiles et être heureux ». Au contraire, ces personnes âgées devraient être, pour la société tout entière, la réserve de sagesse de notre peuple. Avec quelle facilité la conscience s'endort-elle quand il n'y a pas d'amour ! »[47].

Parmi les problèmes que nous rencontrons dans notre rapport aux personnes âgées, il y a justement la peur de leur faiblesse, la crainte de voir et de toucher les faibles, comme s'ils risquaient d'être contagieux, comme s'ils menaçaient de nous voler notre jeunesse ou notre santé. Il semble aussi qu'on se batte plutôt dans l'existence pour nier les années qui passent et les cacher dans l'idée d'une jeunesse sans fin. Les personnes âgées sont les révélateurs des limites et de

---

46. J. M. Bergoglio, *Solo l'amore ci può salvare*, Città del Vaticano, Libreria Editrice Vaticana, 2013, p. 82.

47. *Ibid.*, p. 83.

la fragilité : mieux vaut les éloigner. Au contraire, ceux qui s'approchent d'elles découvrent leur valeur[48].

Dans une société d'innovations rapides, où le fossé entre les générations se creuse rapidement, n'est-il pas illusoire d'affirmer que la valeur des personnes âgées tient à leur sagesse ? Qu'est-ce que les vieux peuvent bien enseigner aux jeunes ? En réalité, c'est à la lumière de rapports personnels attentionnés et aimants que l'on découvre la vraie valeur des personnes âgées. Il suffit de penser au rôle si important des grands-parents auprès de leurs petits-enfants. Mais il ne s'agit pas que de cela : une société privée de ses anciens est aussi une société sans histoire et sans famille. Quand prévaut une logique consumériste et narcissique, les personnes âgées « sont du matériel jetable », « nous les jetons à la poubelle ». Bergoglio a cette expression percutante de « culture du déchet ». Et il conclut : « Ce qui ne sert pas est jeté »[49].

Le pape François s'interroge sur l'avenir : « Saurons-nous protéger ces jeunes de la culture du déchet qui se répand ? » L'Église doit parler aux gens, en particulier parce qu'elle est la voix des sans-voix et des personnes âgées qui, dans leur faiblesse et leur pauvreté, révèlent le manque d'humanité de notre société.

> « Les hospices et les maisons de retraite sont de plus en plus nombreux. Ces lieux bondés, où on les abandonne et où la santé des hôtes est négligée, sont devenus de véritables "dépôts de vieillards". Bien que l'euthanasie ne soit pas autorisée dans de nombreux pays, avec ces

48. Cf. COMMUNAUTÉ DE SANT'EGIDIO, *La forza degli anni. Lezioni di vecchiaia per giovani e famiglie*, Milano, Francesco Mondadori, 2013.

49. J. M. BERGOGLIO, *Solo l'amore ci può salvare, op. cit.*, p. 83.

> comportements d'exclusion et d'abandon elle est de fait mise en œuvre de manière occulte »[50].

L'Église peut proposer une autre voie en défendant les personnes âgées et en aidant la société et les autres générations à ne pas se priver de leur présence. Dans l'esprit du document d'Aparecida (la dernière conférence des évêques d'Amérique latine), l'archevêque de Buenos Aires affirme ainsi avec force : « La vieillesse est un bien et non une disgrâce ! ». Mais il faut aider les gens à découvrir et à vivre cette réalité. C'est pour cette raison que Bergoglio propose un chemin de réconciliation entre les générations, basé sur le respect, la gratitude et la reconnaissance à l'égard des anciens pour les efforts qu'ils ont fournis en faveur de la société et des familles.

Aujourd'hui, c'est inévitable, tout le monde est touché à un moment ou à un autre par l'état de pauvreté propre à la personne âgée. Or, peu de communautés ecclésiales ont encore eu la maturité suffisante pour réfléchir à l'intégration de celle-ci. Et pourtant, les personnes âgées représentent une part importante des assemblées liturgiques, elles se consacrent à ceux qui sont dans le besoin, elles participent aux activités de l'Église, et en plus de cela « leur prière soutient l'Église »[51]. Le chemin d'intégration proposé par Bergoglio en reçoit une signification d'autant plus forte. Une communauté chrétienne qui n'est pas réconciliée avec ses personnes âgées n'est certainement pas amie des pauvres. L'amitié avec les anciens est une forme d'humanisme que l'Église peut proposer à la ville. « Il s'agit de construire un

50. *Ibid.*, p. 215.

51. *Ibid.*, p. 98.

espace commun à tous les membres de la société et pas seulement des “abris” pour que nos vieillards ne dérangent pas »[52].

L'Église et les familles doivent nourrir du respect pour les personnes âgées. « Nous voulons nous lever devant nos anciens et leur faire sentir qu'ils sont importants aux yeux de Dieu et qu'ils sont encore utiles à la famille et à la société », déclare Bergoglio. Et pourtant, la société diffuse le message subliminal qu'ils représentent un poids et volent la place des jeunes. Il faut faire preuve d'une attention personnelle d'autant plus grande à l'égard des personnes âgées pour combattre le message de mort qui leur est envoyé. L'attention passe par le dialogue avec eux, par l'acceptation du mode d'expression qui est le leur (ils sont lents ? peu concis ? ils se répètent ?), typique d'une autre génération et d'un autre âge. Considérer véritablement une personne âgée, c'est lui parler avec attention. On découvre alors la valeur de sa mémoire, ainsi que sa grande capacité d'affection.

Faire de la place aux personnes âgées dans l'Église veut dire aussi leur faire découvrir le sens religieux de la vie, leur offrir une compagnie « qui apaise l'angoisse que produit la proximité de la mort », qui aide à vivre la souffrance, à prier, à découvrir l'utilité d'une vie moins alerte que par le passé. Une Église amie des pauvres ne peut qu'être une Église qui fait de la place aux personnes âgées et qui aide les jeunes, les familles et la société à découvrir la valeur de la longévité. Une Église pauvre est aussi une communauté qui bénéficie de l'engagement des personnes âgées écartées de la société, en particulier de leur prière qui soutient tous les croyants. Dans

52. *Ibid.*

l'Église, il n'y a pas de place pour la « culture du déchet ». Un homme n'est jamais un débris. Et l'Église n'a pas honte d'être la communauté de ceux que la société considère comme des débris et met au rebut.

Un homme comme les autres

La pauvreté de l'Église doit se refléter dans la sobriété du style de ses fidèles et de ses évêques. Pendant le concile Vatican II, un groupe d'évêques chargés de travailler sur le thème « L'Église et les pauvres » a abordé cette question du style et du train de vie. Ils ont produit un document qu'un nombre conséquent de pères conciliaires a signé à l'issue du Concile. Dans ce texte, appelé « Pacte des catacombes » – il a été signé près des catacombes de Sainte-Domitille – on peut lire notamment :

> 1) Nous essayerons de vivre selon la façon ordinaire de notre peuple en ce qui concerne l'habitation, la nourriture, les moyens de locomotion et tout le reste.
>
> 2) Nous renonçons pour toujours à l'apparence et à la réalité des richesses, spécialement dans les habits (étoffes riches et couleurs voyantes) et les insignes en matière précieuse ; en effet, ces insignes doivent être évangéliques.
>
> 3) Nous ne posséderons ni immeubles, ni meubles, ni comptes en banque, etc., en notre propre nom ; et s'il faut posséder, nous mettrons tout au nom du diocèse ou des œuvres sociales ou caritatives.
>
> 4) Dans nos diocèses, chaque fois que cela sera possible, nous confierons la gestion financière et matérielle à un comité de laïcs compétents et

conscients de leur rôle apostolique, afin d'être moins des administrateurs que des pasteurs et des apôtres.

5) Nous refusons d'être appelés oralement ou par écrit par les noms et les titres signifiant la grandeur et la puissance (Éminence, Excellence, Monseigneur). Nous préférons être appelés du nom évangélique de Père.

6) Nous éviterons dans notre comportement et nos relations sociales ce qui peut sembler donner des privilèges, des priorités ou même une préférence quelconque aux riches et aux puissants (ex. : banquets offerts ou acceptés, classes dans les services religieux).

7) Nous éviterons d'encourager ou de flatter la vanité de quiconque en vue de récompenser ou de solliciter des dons, ou pour toute autre raison. Nous inviterons nos fidèles à considérer leurs dons comme une participation normale au culte, à l'apostolat et à l'action sociale.

8) Nous donnerons tout ce qui est nécessaire de notre temps, réflexion, cœur, moyens, etc., au service apostolique et pastoral des personnes et des groupes de travailleurs économiquement faibles et sous-développés, sans que cela nuise aux autres personnes et groupes du diocèse »[53].

Ce texte enjoignait par ailleurs les gouvernements à œuvrer à la promotion des plus pauvres ; il affirmait aussi la responsabilité des évêques à l'égard des pays pauvres du Sud. L'exercice de la solidarité y était considéré comme un aspect

53. *Le pacte des catacombes* (cf. http://docteurangelique. forumactif. com/ t16030-le-pacte-des-catacombes).

de la collégialité épiscopale : « La collégialité des évêques trouvant sa plus évangélique réalisation dans la prise en charge commune des masses humaines en état de misère (...) (les deux tiers de l'humanité), nous nous engageons (...) à acquérir ensemble (...) la mise en place de structures économiques et culturelles qui ne fabriquent plus de nations prolétaires dans un monde de plus en plus riche, mais qui permettent aux masses pauvres de sortir de leur misère »[54].

Le style de vie des évêques en général, bien qu'il se soit simplifié grâce aux réformes générales et aux choix personnels, a conservé certaines caractéristiques que ces évêques du « Pacte des catacombes » entendaient clairement corriger. Quand le cardinal Bergoglio parle d'un style d'évêque simple et pauvre, ce qu'il a à l'esprit, au-delà de son choix personnel, c'est la spiritualité de Vatican II. Dans un rapport présenté au synode des évêques en 2001, il affirmait :

> « Un des aspects les plus soulignés par les pères synodaux sur la sainteté de l'évêque est sa pauvreté. Homme au cœur pauvre, il est l'image du Christ pauvre, il imite le Christ pauvre, être pauvre avec discernement. Sa simplicité et son austérité de vie lui confèrent une totale liberté en Dieu. »[55]

L'Église de l'après-Concile a cherché à traduire cette pauvreté dans son style de vie et dans ses moyens pour la mission. Cela n'a pas été facile car il ne s'agissait pas d'accomplir des gestes éclatants ni d'opérer des réformes radicales. Dans la vie des hommes d'Église, des évêques et

54. *Ibid.*

55. Cf. J. M. Bergoglio, Synthèse de l'intervention au Synode, *op. cit.*

des chrétiens, il y a un style à adopter. Bergoglio l'a incarné en tant qu'archevêque de Buenos Aires et l'a conservé dans le contexte pourtant complexe de la papauté. En empruntant les transports publics pour ses déplacements dans la capitale argentine, Bergoglio ne cherchait pas à afficher je ne sais quel paupérisme ; il manifestait simplement son choix de marcher au milieu des gens et d'être comme tout le monde. Le cardinal se sentait sans doute plus à l'aise de cette façon. C'est ainsi qu'il a justifié la modestie de son logement d'archevêque : « Mon peuple est pauvre et je suis un des leurs ». Par ailleurs, il trouvait qu'être comme tout le monde facilitait le contact et le rendait accessible.

La simplicité de vie du pape François donne à voir un successeur de Pierre qui ne veut pas perdre le contact humain ni cesser d'être un homme parmi d'autres. Le pape est un prêtre et un évêque. François ne veut pas exercer son ministère en recourant aux formes de « souveraineté » qui ont accompagné les papes pendant de nombreux siècles et qui, bien que nettement réduites par ses prédécesseurs, n'ont pas complètement disparu. Même après la fin de leur pouvoir temporel, les papes – certes avec des accents différents – ont pensé que la souveraineté d'un État, même symbolique, était la garantie de leur liberté. Quelque chose de ces marques de souveraineté a donc été perpétué par choix conscient, bien que Paul VI ait abandonné presque toute la pompe de la cour pontificale. Benoît XVI avait restauré quelques formes de solennité – plutôt que de souveraineté – traditionnelle que François a abandonnées. L'idée de la souveraineté est liée à une conception ancienne de la monarchie papale.

Bernard de Clairvaux écrivait à son disciple, le pape Eugène III : « Le pape est le successeur de l'apôtre Pierre et non de Constantin ». Cela vaut la peine de reproduire un extrait de son *De Consideratione*.

> « Or celui-là, c'est Pierre lui-même, et je ne sache pas qu'on l'ait vu paraître en public chargé d'or et de pierreries, vêtu de soie, monté sur une blanche haquenée, entouré de soldats et suivi d'un bruyant cortège. Certes, sans cet appareil, Pierre n'en a pas moins cru pouvoir accomplir sa mission salutaire : « Si vous m'aimez, paissez mes brebis ». À voir la pompe qui vous environne, on vous prendrait plutôt pour le successeur de Constantin que pour le successeur de Pierre »[56].

En replaçant les choses dans leur contexte, on comprend que Bernard de Clairvaux tolère certains aspects extérieurs de l'exercice de la papauté. Mais il met en garde Eugène III de considérer que les honneurs sont attribués à sa personne. Dans l'histoire de la papauté, il faut se garder de juger une époque lointaine avec la sensibilité de l'homme d'aujourd'hui. Le cardinal Bergoglio lui-même insiste sur le fait qu'on ne peut pas comprendre le passé sans se référer à la mentalité et aux problèmes de l'époque. Mais aujourd'hui, Bergoglio veut être un pape simple et pauvre. Non pas un monarque de l'Église, mais l'évêque de Rome. Ce que le pape propose à tous les évêques, c'est un modèle pastoral bien éloigné de celui du « prince » et de la logique de la carrière.

> « Les évêques doivent être pasteurs, proches des gens, pères et frères, avec beaucoup de mansuétude, patients et miséricordieux. Hommes qui aiment la pauvreté, aussi bien la pauvreté intérieure comme liberté devant le

56. Bernard de Clairvaux, *De consideratione*, Livre IV, chapitre 3, 1406.

Seigneur, que la pauvreté extérieure comme simplicité et austérité de vie. Hommes qui n'aient pas la "psychologie des princes". Hommes qui ne soient pas ambitieux mais qui soient époux d'une Église locale sans être dans l'attente d'une autre »[57].

Dans l'entretien qu'il a accordé aux journalistes pendant son vol de retour du Brésil, le pape a insisté sur le ministère de l'évêque : « Il y a toujours le danger de se considérer un peu supérieur aux autres, pas comme les autres, un peu comme un prince. Ce sont les dangers et les péchés. Mais le travail d'évêque est beau : c'est aider les frères à avancer. L'évêque devant les fidèles, pour indiquer le chemin ; l'évêque au milieu des fidèles, pour aider la communion ; et l'évêque derrière les fidèles, parce que les fidèles ont souvent le flair du chemin »[58]. Ce modèle épiscopal ne peut être imposé ; il ne peut être que proposé par le pape aux évêques. Il faudra voir dans les prochaines années comment il aura été reçu. En tout cas, dans tous ses gestes, le pape Bergoglio témoigne d'une manière pastorale et pauvre d'être évêque.

Le pape François a fait le choix de ne pas se replier dans l'isolement traditionnel des papes pour être, plus librement et moins contraint, le « père de tous ». La prise de distance par rapport aux contacts et aux influences possibles avait pour fonction d'exalter une papauté qui appartenait en même temps à tous et à personne. Le pape François veut

---

57. Pape François, Discours lors de la rencontre avec les évêques responsables du Conseil épiscopal latino-américain (C. E. L. A. M.), Rio de Janeiro, 28 juillet 2013.

58. Pape François, Conférence de presse durant le vol de retour, Voyage apostolique à Rio de Janeiro à l'occasion de la XXVIIIème Journée mondiale de la jeunesse, 28 juillet 2013.

être le frère de tous : il veut que son style de vie ressemble le plus possible à celui des gens, malgré la particularité de son ministère. Bernard de Clairvaux donnait encore ce conseil à son disciple-pape : « Mais c'est trop nous arrêter à la cour, sortons du palais, on nous attend à la maison. Il ne s'agit plus là de votre entourage, mais de votre intérieur en quelque sorte »[59].

Le pape François sait lui aussi que les personnes avec lesquelles on vit ne sont pas seulement « à côté » de nous, mais aussi « au dedans » de nous : c'est pourquoi il faut être prudent. La simplicité de sa vie et la sobriété de sa résidence à Sainte-Marthe permettent au pape d'être un homme comme les autres. La liberté de communiquer l'Évangile n'est pas sauvegardée par des formes de souveraineté ou d'isolement : elle est sauvegardée par la simplicité.

Jean XXIII avait compris la force de la simplicité. Le jour de son entrée dans la basilique du Latran, en 1959, il avait rappelé que, par le passé, cet acte s'accomplissait avec « le faste des beaux temps lointains ». Mais en abandonnant son faste, le rite avait acquis une plus grande signification spirituelle : « Ce n'est plus le prince, orné des signes de la puissance extérieure, que l'on regarde désormais : mais le prêtre, le père, le pasteur », avait conclu le pape Jean. Par la suite, Mgr Capovilla, son secrétaire, aurait fait ce commentaire : « [le pape] se remit (...) à marcher comme un homme au milieu des hommes, dans les rues du monde »[60]. Et l'on vit que c'était un homme de foi. Cela suscita parmi les gens une sympathie immédiate et profonde.

---

59. Bernard de Clairvaux, *De consideratione*, *op. cit.*, Livre IV, chapitre 6, 1417.
60. L. F. Capovilla, E. Bolis, *I miei anni con Giovanni XXIII*, *op. cit.*, p. 206.

François, ou changer le monde

Jorge Bergoglio connaît la souffrance qui se cache dans les recoins de la ville globalisée et du monde. Sa lecture de la situation contemporaine est parfois sévère. Pour autant, et il tient à le préciser, elle n'est pas pessimiste : elle se veut une description de la réalité. Le Mercredi des Cendres 2013, le cardinal affirmait : « Le drame est dans nos rues, nos quartiers, nos maisons, et aussi dans notre cœur. Nous cohabitons avec une violence qui tue, qui détruit les familles, alimente les guerres et les conflits dans de nombreux pays du monde ». Il ajoute : « La domination de l'argent, avec ses effets démoniaques, comme la drogue, la corruption, la traite des personnes – y compris des enfants – et la misère morale et matérielle que cela entraîne, sont extrêmement répandues »[61]. Il parle d'hommes et de femmes, mais surtout d'enfants devenus des esclaves.

En 2005, il avait invité à regarder les personnes qui vivent dans la rue, les enfants et les jeunes sans famille, coutumiers de tous les petits boulots et de la drogue. Il faisait observer que la pauvreté des enfants ne suscitait plus d'indignation (« Je ne voudrais pas que nos yeux s'habituent à ce nouveau paysage urbain », disait-il)[62]. Pour Bergoglio, s'habituer à la misère de l'autre, c'est se résigner à ne pas pouvoir faire grand-chose, alors que les problèmes sont immenses. Mais les pauvres ne sont pas seulement une question sociale : ils sont « avant tout (...) un problème humain avec des noms et des prénoms, des esprits et des visages »[63].

---

61. J. M. Bergoglio, *Solo l'amore ci può salvare, op. cit.*, pp. 115-116.
62. *Ibid.*, p. 126.
63. *Ibid.*, pp. 108 et 116.

Devant la confusion des problèmes, on en vient à se demander ce que l'on peut faire. Peut-on changer le monde ? C'est une question qu'il faut se poser devant la misère qui nous est proche, mais aussi devant les scénarios de pauvreté et de guerre que les médias nous mettent sous les yeux tous les jours. C'est une question qu'il faut se poser devant le système complexe de contraintes de l'économie internationale et des marchés financiers. Bergoglio affirme :

> « Le piège de l'impuissance nous fait réfléchir. Cela a-t-il un sens de vouloir changer tout cela ? Pouvons-nous faire quelque chose face à cette situation ? Cela vaut-il la peine d'essayer, si le monde continue son carnaval en cachant continuellement la réalité ? »[64].

Il y a une « impuissance de la solidarité ». C'est pourquoi « il ne suffit pas d'être bon et généreux : il faut être intelligent, capable et efficace »[65]. Se faire proche des pauvres, c'est contester une société imprégnée de l'esprit de marché, où tout se vend et tout s'achète et où, par conséquent, seul ce qui a un prix a de la valeur. En étant proche des pauvres, le chrétien manifeste une tout autre sensibilité à ce qui a vraiment de la valeur. On peut dire que la proximité du chrétien vis-à-vis des pauvres exprime une révolte de la gratuité contre l'hégémonie économique, sociale et culturelle du marché. En effet, même ce qui semble bien établi et indiscutable peut être changé[66]. Penser un autre mode de vie est possible. Et pour changer le monde, on doit commencer

---

64. *Ibid.,* p. 116.
65. J. M. Bergoglio, *Educar, elegir la vida, op. cit.*, pp. 102-103.
66. Cf. J. M. Bergoglio, *Solo l'amore ci può salvare, op. cit.*

par se changer soi-même, en vivant « avec un esprit ouvert et un cœur croyant ». Cela, personne ne peut l'empêcher. Et c'est déjà en soi une immense force de changement.

Bien qu'il n'ait pas de vision « politique », Bergoglio croit qu'on peut changer le monde. Quand je fréquente les pauvres et qu'ils me tiennent à cœur, autrement dit s'ils font partie de ma vie, je ne peux accepter une société où ils sont si nombreux à souffrir et à manquer du nécessaire. Cette grande souffrance met en lumière un système qui ne fonctionne pas parce qu'il n'est ni juste ni humain. Il faut des transformations profondes. La foi et l'amour doivent produire une culture de la justice, et l'exclusion et la pauvreté doivent diminuer, au lieu de se développer comme elles le font.

Il ne s'agit pas d'une utopie vague. Bergoglio est convaincu depuis longtemps que tous les hommes peuvent transformer le monde à partir de leur existence. « La capacité de créer peut changer la vie ». C'est la leçon qu'il tire de l'histoire de jeunes pauvres du bidonville de Barracas, auxquels un des prêtres, le père Pepe Di Paola, a proposé une alternative à la rue grâce à l'école professionnelle. C'est l'éducation à la culture du travail. La capacité à générer du travail est une des meilleures réponses à la crise. En ce sens, les engagements concrets mais circonscrits des chrétiens contribuent eux aussi à changer le monde.

Il faut ensuite que l'État se réapproprie son devoir d'« assurer la justice et un ordre social juste afin de garantir à chacun sa part de biens communs, en respectant le principe de subsidiarité et de solidarité… »[67]. Bergoglio appelle de ses vœux une responsabilité sociale plus forte de l'État, mais il

67. J. M. Bergoglio, *Noi come cittadini, noi come popolo*, *op. cit.*, p. 83.

pense aussi que la société doit jouer son rôle. Il a toujours critiqué les politiques de repli sur soi : « Quand une personne oublie de regarder autour d'elle, elle ne voit qu'elle-même et son propre cercle et perd de vue le peuple », déclarait-il aux hauts dignitaires de l'État argentin en 1999[68]. C'est là que se joue la crédibilité de l'État : créer une solidarité et lutter contre la pauvreté. Bergoglio affirme : « L'État et la société doivent travailler ensemble pour rendre ces changements possibles et modifier à la racine la manière d'aborder les problèmes des inégalités et de la distribution »[69].

Dans son histoire récente, la société argentine a été marquée par l'affrontement entre le conservatisme et l'utopisme révolutionnaire. Bergoglio a vécu ces années. L'utopisme entendait changer drastiquement et rapidement la société par la lutte armée. Certains catholiques, laïcs, prêtres ou religieux, ont embrassé cette vision. Lui s'est battu contre elle :

> « Un chemin de traverse est comme un piège éthique : éviter le chemin et opter pour le sentier. (...) Oui, faire son chemin de patience suppose d'accepter que la vie soit un apprentissage continuel. Quand on est jeune, on croit pouvoir changer le monde, et c'est bien, ça doit se passer ainsi, mais plus tard, on cherche et on découvre la logique de la patience dans sa propre vie et dans celle d'autrui. Faire son chemin de patience, c'est assumer le temps (...) »[70].

68. E. Himitian, *Francesco. Il papa della gente*, *op. cit.*, pp. 126-127.
69. *Ibid.*
70. Pape François, *Je crois en l'homme*, *op. cit.*, p. 70.

Il ne s'agit pas de se résigner. Bergoglio le dit clairement : « Attention, la patience chrétienne n'est ni quiétiste ni passive. C'est la patience de saint Paul, celle qui implique de porter l'histoire sur son dos. C'est l'image archétype d'Énée qui prend son père sur ses épaules pendant que Troie brûle (...), il charge son histoire sur ses épaules et se met en chemin, en quête d'un avenir ». La patience ne se vit pas dans l'immobilisme, mais en se chargeant du poids de l'histoire pour partir en quête d'un avenir. Charger l'histoire sur ses épaules requiert de « transiter par la patience » et d'accepter de se mesurer au temps. En effet, « nous ne pouvons pas créer quelque chose de nouveau dans l'histoire sans partir du matériau que celle-ci nous offre »[71].

Les révolutions véritables, les plus grands changements sont le fait des spirituels et plongent leurs racines dans l'esprit. Lors de sa conversation avec le rabbin Skorka, Bergoglio parle du franciscanisme comme d'un acteur de changements dans l'histoire : « Saint François d'Assise a renouvelé toute la conception de la pauvreté dans le christianisme face au luxe, à l'orgueil et à la vanité des pouvoirs civils et ecclésiastiques de son temps. Il a mis en avant une mystique de la pauvreté, du dépouillement, il a changé le cours de l'histoire »[72]. Et en effet, parmi les myriades de figures de saints du catholicisme, la figure de saint François est unique, les siècles passent sans l'effacer. François n'a pas changé l'histoire de son époque avec la politique ou les armes. Il a prêché l'Évangile et sa prédication a donné naissance à tout un mouvement de spirituels, d'hommes et de femmes. Au

71. *Ibid.*, p. 72. Voir aussi : J. M. Bergoglio, *Educar, elegir la vida*, *op. cit.*, p. 43.
72. J. Bergoglio et A. Skorka, *Sur la terre comme au ciel*, cit., pp. 232-233.

temps des monastères et des grandes cathédrales, ce sont eux qui ont porté l'Évangile sur les routes, dans la vie quotidienne. De ce mouvement issu de la foi évangélique a aussi jailli une culture « courtoise » concomitante du renouveau de l'humanisme au treizième siècle.

L'historien médiéviste André Vauchez, auteur de la meilleure biographie du Poverello, écrit que pour François la pauvreté n'était pas un exercice d'ascèse, mais la participation à la vie des gens, spécialement de ces plus petits qui enduraient la fatigue quotidienne. La perspective de saint François était bien différente de celle d'un monachisme qui avait perdu le sens du travail, ou qui le considérait comme une pratique ascétique : « Travailler de ses mains, c'était certes fuir l'oisiveté, ennemie de l'âme, mais surtout gagner son pain à la sueur de son front et partager la condition de l'immense majorité des hommes de son temps, les travailleurs, puisque les nobles et les clercs étaient dispensés de cette obligation »[73].

Le mouvement franciscain est porteur de nouveauté : le retour à l'Évangile, un nouveau rapport avec les Écritures (« l'esprit de la lettre », pourrait-on dire), la prédication de la paix dans un monde violent, l'harmonie avec la nature. Chez saint François, l'éloge de la simplicité ne se confond pas avec l'ignorance, d'autant que son mouvement ouvre à tous l'accès à l'Écriture, à une époque où la Bible était entre les mains d'un petit nombre. François d'Assise, obéissant à l'Église, défend courageusement le charisme dont il est porteur. C'est ainsi qu'a pris cette greffe qui portera de si beaux fruits. Vauchez l'explique avec finesse :

73. A. Vauchez, *François d'Assise*, Paris, Fayard, 2009, p. 175.

> « Jusque-là, en effet, dans le christianisme occidental, l'homme religieux par excellence était le moine qui vivait séparé du peuple, à l'abri du cloître. (...) L'intuition fondamentale de François tournait le dos à cette tradition presque millénaire : pour lui, en effet, le monde n'était pas le lieu de l'extériorité ou de la vanité qu'il fallait fuir pour retrouver Dieu, mais l'horizon où se déploie la charité, un lieu à traverser – sans s'y installer – dans une *peregrinatio* active, en y livrant un combat spirituel contre le mal et contre soi-même »[74].

Dans cette perspective, on dépasse la distinction, ou plutôt l'opposition classique, forgée dans l'Antiquité tardive, entre les spécialistes de la contemplation et la masse des fidèles immergés dans la vie active. La vie chrétienne renouvelée, continue Vauchez, avait pour but « de porter un témoignage et d'adresser un appel à chacun ». Le mouvement de François d'Assise attestait qu'« un nouveau type de relations entre les hommes était possible ». « François voulait dépasser les différences ou les oppositions entre les sexes, les âges et les diverses catégories juridiques et sociales dans une communion spirituelle vivante »[75]. Le mouvement franciscain n'a pas été la mise en œuvre d'un plan méthodique par un gouvernement central, ni non plus une utopie abstraite ; il a été l'histoire d'hommes et de femmes nourris de l'Évangile qui ont lancé une dynamique originale, jusqu'à entraîner une réforme dans l'Église et une révolution dans la société.

74. *Ibid.,* p. 437.
75. *Ibid.,* p. 438.

Saint François changea le monde qui était le sien en partant de l'Évangile vécu et non d'un projet. Le pape François a la conviction que l'Évangile vécu a une incidence profonde sur la société et la capacité d'écrire une histoire neuve. Maurice Zundel, le théologien suisse qui disait: « Nous ne devons pas défendre Dieu, nous devons le vivre », parle de la pauvreté de François d'Assise en ces termes: « Ce ne sera plus une ascèse, mais une mystique, une joie, une jubilation, un étonnement, parce que la pauvreté est le visage même de l'amour… Pour aimer vraiment, il faut être pauvre de soi-même, ouvert à un autre, il faut devenir un immense espace pour accueillir l'autre… »[76].

La conversion de saint François, qui se mit à vivre la pauvreté comme une ouverture et donc comme une richesse humaine, a transformé profondément ses disciples et le monde chrétien. L'historien médiéviste Ovidio Capitani a parlé d'une mutation de l'anthropologie religieuse: «*Faire* les pauvres et rester des hommes, ne pas se limiter à accepter ou imiter la marginalisation implicite dans la fuite du monde, dans l'ermitage, dans le monastère; ne pas voir la société, la nature, l'histoire comme un mal nécessaire; apporter l'enthousiasme (…) dans une humanité affligée par toutes sortes d'abjections mais sacralisée par le Christ en tant qu'humanité… »[77]. Tels sont les racines et les effets de l'histoire franciscaine, qui peut devenir l'histoire de tous.

76. M. Zundel, F. du Guérand, *À l'écoute du silence*, Paris, Téqui, 1979, p. 44.

77. O. Capitani, *Introduzione a* M. Mollat, *I poveri nel Medioevo*, Roma-Bari, Laterza, 1983, pp. XXIII *sq*.

Une Église pauvre et mère

L'Église, libre dans sa pauvreté, capable de faire de la place aux autres, n'est pas une organisation philanthropique ou irénique. Si c'était le cas, elle serait une communauté vide, donc incapable d'accueillir, parce qu'elle ne serait pas en mesure d'offrir quoi que ce soit. « Soyez miséricordieux ! » : voilà ce que le pape François redit à tout le monde. L'Église qu'il appelle de ses vœux est une Église qui ne s'impose pas, qui n'est pas altière, autosuffisante, donneuse d'ordres.

Le pape a insisté sur la dimension féminine de l'Église, tout en précisant que la femme n'est pas appelée au sacerdoce ministériel. Il ne croit pas au féminisme pour l'Église dans la mesure où celui-ci place « les femmes sur le plan de la lutte, alors qu'elles sont beaucoup plus », et qu'il leur fait courir le risque d'un « machisme en jupe ». « D'après notre conception, dit Bergoglio, la Vierge Marie est supérieure aux apôtres (...). Si la présence féminine dans l'Église n'a pas été mise en valeur, c'est parce que la tentation du machisme n'a pas donné de visibilité à la place qui échoit aux femmes dans la communauté »[78]. Il a confirmé cette vision dans son entretien avec les journalistes au retour du Brésil, en affirmant avec force : « Dans l'Église, la femme est plus importante que les évêques et les prêtres. Comment, c'est ce que nous devons essayer de mieux expliciter, parce que je crois qu'il manque sur ce point une explicitation théologique ».

Pour François d'Assise aussi, la dimension féminine de l'Église était très claire. Il ne proposait pas un exercice patriarcal de l'autorité, comme dans les communautés

78. J. Bergoglio, A. Skorka, *Sur la terre comme au ciel*, *op. cit.*, pp. 111-112.

monastiques où l'abbé était le Père[79]. François s'adressait à ses frères *sicut mater*, « comme une mère », et il ne cessait de répéter que le devoir de tout chrétien était de mettre Dieu au monde parmi les hommes. Jacques Dalarun observe que le saint d'Assise a apporté une contribution décisive à la « féminisation du christianisme », phénomène qui a marqué un tournant dans la spiritualité occidentale.

Dans la vision du pape François, une Église plus féminine aura moins peur de la tendresse. Le vaticaniste américain John Allen écrit : « [C'est] une caractéristique constante de sa vision et de son œuvre, mûrie au cours des années : ceux qui se présentent comme annonciateurs du Christ doivent "transpirer" la miséricorde et la compassion »[80]. En mai 2013, s'adressant aux supérieures religieuses, le pape a eu des paroles très claires :

> « S'il vous plaît, une chasteté "féconde", une chasteté qui engendre des fils spirituels dans l'Église ! La personne consacrée est mère, elle doit être mère et non pas "vieille fille" ! Pardonnez-moi de parler ainsi, mais cette maternité de la vie consacrée, cette fécondité est importante ! Que cette joie de la fécondité spirituelle anime votre existence ; soyez des mères comme figures de Marie Mère et de l'Église Mère. On ne peut comprendre Marie sans sa maternité, on

79. Cf. Benoît de Nursie, *Règle*. Certains ne sont pas loin de voir dans la figure du père abbé l'image du *pater familias* romain. Beaucoup refusent cette thèse. Ildefonso Schuster la soutenait.

80. J. M. Allen, *Le dieci encicliche di papa Francesco*, Milano, Ancora, 2013, p. 16.

ne peut comprendre l'Église sans sa maternité et vous êtes l'icône de Marie et de l'Église »[81].

Affirmer que l'Église est mère implique de revoir de nombreux aspects de sa vie, mais aussi d'accentuer certains traits « maternels » : ceux d'une Église pauvre, accueillante, miséricordieuse, belle, féconde de vie et de joie. Une Église pauvre ne saurait être une communauté dont les églises sont laides et dépenaillées, une communauté triste, une communauté qui s'est résignée à ne pas pouvoir aider les autres. C'est au contraire un peuple qui a compris que l'universalité et la beauté sont le fruit de cette découverte : ce n'est qu'en étant amie des pauvres qu'elle pourra être l'Église de tous et une Église vraiment mère. S'adressant aux cardinaux peu après son élection, le pape s'est pris à rêver d'une croissance de la maternité de l'Église dans l'histoire : « Et ainsi l'Église est davantage Mère, Mère de plusieurs enfants, de nombreux enfants : elle devient Mère, Mère, toujours plus Mère, une Mère qui nous donne la foi, une Mère qui nous donne notre identité (...). Car il n'est pas possible de trouver Jésus en dehors de l'Église »[82].

Il faut d'autant plus une Église mère que la société, pour beaucoup, est devenue une marâtre. Dans leur solitude, l'homme et la femme se sentent sans défense ; ils passent de moments de fierté et d'exaltation à un sentiment de peur hélas trop familier. En 1940, au cœur d'une vie difficile,

81. Pape François, Discours aux participants de l'assemblée plénière de l'Union internationale des supérieures générales (U. I. S. G.), 8 mai 2013.

82. Pape François, Concélébration eucharistique avec les cardinaux résidant à Rome à l'occasion de la fête de saint Georges, 23 avril 2013.

un poète turc, Nazim Hikmet, décrit ainsi la condition de l'homme sans défense :

> « Assieds-toi par terre
> Et regarde de tous côtés :
> Qui sait dans quelle tanière se tient le malheur,
> aux aguets,
> Il t'atteindra à coup sûr, il est impossible de fuir… »[83]

La maternité de l'Église n'efface pas la condition difficile des gens, mais elle guide ceux qui se confient à elle vers la découverte de la miséricorde de Dieu. Une Église miséricordieuse est capable d'accompagner celui qui est sans défense, mais aussi d'adopter celui qui se sent orphelin et fragile. L'homme ne devrait pas avoir à regarder « de tous côtés » autour de lui parce qu'il est sans défense et qu'il ne sait pas « dans quelle tanière se tient le malheur, aux aguets », comme l'écrit Hikmet. Le pape a affirmé que « celui qui a senti la tendre caresse de la miséricorde se sent heureux et à son aise avec le Seigneur »[84].

Dans la pensée du pape François, la gratitude pour la vie de l'Église précède et dépasse toutes les préoccupations qu'il peut avoir sur sa réalité présente[85]. Pour lui, l'Église n'est pas un problème ni un ensemble de problèmes ; quelles que soient ses fatigues et ses ombres, elle incarne surtout la grâce d'être mère. C'est le lieu de rappeler les paroles d'Henri de

83. N. Hikmet, *Poesie d'amore*, Milano, Mondadori, 2002, p. 57.

84. J. L. Allen, *Le dieci encicliche di papa Francesco, op. cit.*, p. 16.

85. Cf. M. Fazio, *Con Papa Francesco. Le chiavi del suo pensiero*, Milano, Ares, 2013, p. 29.

Lubac qui, méditant sur le mystère de l'Église, reprend une expression de Paul Claudel :

> « Oui, que soit bénie cette grande Mère, sur les genoux de laquelle nous avons tous appris, en effet, et nous continuons de tout apprendre chaque jour ! C'est elle qui nous enseigne, tous les jours, la loi de Jésus-Christ, qui nous met dans la main le saint Évangile et nous apprend à le déchiffrer. Qu'en serait-il de ce petit livre, ou dans quel état nous serait-il parvenu si, dans une hypothèse impossible, il n'avait pas été rédigé et ensuite conservé dans la grande communauté catholique ? »[86]

86. H. de Lubac, *Méditation sur l'Église*, *op. cit.*

V
Mondialisation, ville et histoire

Critique de la mondialisation

Comme Argentin, le pape François a vécu l'aventure économique complexe de son pays, l'appauvrissement de larges strates de sa population, les rapports difficiles avec la finance internationale. Pour lui, l'histoire récente de son pays est une histoire de déshumanisation, d'humiliation de classes sociales entières en particulier à cause de la perte de la valeur du travail : « L'économie spéculative n'a même plus besoin du travail. On en arrive à idolâtrer le travail qui se produit tout seul. C'est pour cela qu'on n'a aucun remord à transformer en chômeurs des millions de travailleurs »[1]. Face à ce système, qu'il définit comme un impérialisme économique, le cardinal rappelle que l'oppression des pauvres et la fraude sur le salaire des ouvriers sont deux péchés qui crient vengeance devant Dieu. Pour Bergoglio, la mondialisation, qui uniformise, est « essentiellement impérialiste et libérale

1. G. Valente, *Francesco. Un papa dalla fine del mondo,* Bologna, Emi, 2013.

quant à ses instruments, elle n'est pas humaine». C'est ce qu'il a expliqué à Gianni Valente:

> « Il y a eu, ces temps-ci, un véritable terrorisme économique et financier qui a produit des effets facilement repérables, comme l'augmentation du nombre des riches, l'augmentation du nombre des pauvres et la réduction drastique des classes moyennes (...). En ce moment, dans la ville et dans les zones résidentielles autour de Buenos Aires, nous avons deux millions de jeunes qui n'étudient pas et qui sont sans travail. Devant la manière barbare dont s'est réalisée la mondialisation économique en Argentine, l'Église de ce pays s'est toujours référée aux indications du Magistère »[2].

Le bouleversement des structures économiques et sociales d'un pays est un grave problème créé par le libéralisme sauvage: « l'impérialisme actuel de l'argent présente un visage idolâtre sans équivoque». Le cardinal ajoute: « Le nouvel impérialisme de l'argent supprime carrément le travail, qui est le moyen par lequel s'exprime la dignité de l'homme, sa créativité, à l'image de celle de Dieu». Dans les « directives rigides » qu'ils transmettent aux gouvernements, les organismes financiers et la communauté internationale ne mettent pas l'homme et la femme au centre de leurs décisions, tout en parlant d'éthique et de transparence. « Ils me font l'effet de moralistes sans bonté», conclut Bergoglio[3].

Le jugement du pape François sur la situation économique argentine et internationale s'est formé dans l'hémisphère

2. *Ibid.*, p. 44.

3. *Ibid.*, p. 46

sud. Il s'est construit dans l'esprit de la doctrine sociale de l'Église, critique à la fois envers le capitalisme international (la réalité actuelle) et le communisme (l'utopie réalisée du passé). Certains accents distinguent pourtant Bergoglio d'évêques européens qui ont accepté – non sans objections, certes – le système libéral après 1989. L'anticapitalisme que l'on trouve chez lui ne concerne pas la possession des biens, mais ce qu'il considère comme le pouvoir « absolu » de la finance internationale sur les situations nationales. Il n'accepte pas l'idée selon laquelle la société serait « un marché et rien qu'un marché ».

Pour lui, l'histoire économique de l'Argentine des deux dernières décennies illustre le pouvoir d'une dictature internationale. Il n'entre pas dans des raisonnements économiques poussés, mais il ne craint pas de déclarer que la situation doit changer. Les écrits de Bergoglio sur le sujet sont souvent un cri poussé contre un système économique inique. Ainsi : « Nous sommes lassés des systèmes qui produisent des pauvres ! ». Entre autres exemples, la logique du marché s'est manifestée de manière spectaculaire en Argentine quand le pays a renoncé à investir dans l'école, thème cher au cœur du pape.

La pensée de Bergoglio reprend des aspects importants de la critique du capitalisme caractéristique de la doctrine sociale catholique. Jean-Paul II a indiqué aux chrétiens que leur mission était de faite preuve d'esprit critique vis-à-vis d'une vision du développement modelée sur les objectifs du marché : « Dans l'intérêt de la personne, et donc de la paix, disait le pape Wojtyła, il est urgent d'apporter aux mécanismes économiques ces correctifs nécessaires qui leur permettent de garantir une distribution des biens plus équitable et plus juste. Pour ce faire, le fonctionnement du marché ne suffit pas (…). Aucun pays ne peut réussir tout seul une telle entreprise. C'est précisément pour cette raison qu'il est nécessaire de travailler ensemble, avec la solidarité exigée par un monde de plus en plus interdépendant »[4]. Le risque actuel est celui d'un capitalisme plus inhumain que celui du début du XXème, ne serait-ce que parce que ses effets négatifs sont moins visibles dans la partie du monde où se prennent les décisions. Dans le passé, le drame de l'ouvrier était contigu à la vie de l'entrepreneur : tous deux vivaient dans la même ville, parlaient la même langue, connaissaient les mêmes personnes. Aujourd'hui, une grande distance sépare souvent ceux qui décident et ceux qui subissent les décisions. Il n'y a plus d'horizon humain et politique commun.

Zygmunt Bauman conteste une des justifications principales de ce système, qui voudrait que « la recherche du profit individuel [soit] le meilleur moyen d'assurer le bien commun »[5]. Pour Bauman, il faut refonder la culture de la solidarité dans une société qui, par bien des aspects, devient agressive et se déchire : « La situation critique décrite ici est la conséquence ultime de la substitution de la compétition et de la rivalité (…) au désir humain, trop humain, d'une cohabitation fondée sur la coopération, la mutualité, le partage, la confiance réciproque et le respect. Or il n'y a rien de bon dans la cupidité »[6].

---

4. *Ibid.*, pp. 44-45.

5. Z. Bauman, *Les riches font-ils le bonheur de tous ?*, Paris, Armand Colin, 2014, p. 17.

6. *Ibid.*, p. 113.

Lors de l'audience générale du 5 juin 2013, le pape François a affirmé avec force que l'économie était en train de modifier l'humanité :

> « Et le danger est grave, parce que la cause du problème n'est pas superficielle, mais profonde : ce n'est pas seulement une question d'économie, mais d'éthique et d'anthropologie. L'Église l'a souligné à plusieurs reprises (...), mais le système continue comme avant parce que ce qui prime, parce que ce qui domine, ce sont les dynamiques d'une économie et d'une finance sans éthique. Ce qui commande aujourd'hui, ce n'est pas l'homme, c'est l'argent, l'argent, le gain commande. Et Dieu notre Père a donné le devoir de garder la terre non pas à l'argent ; mais à nous : aux hommes et aux femmes »[7].

Bien évidemment, Bergoglio ne réduit pas la mondialisation à la finance internationale ou à l'économie dont le contrôle échappe aux classes dirigeantes politiques et à toute évaluation éthique. Il souhaite que la politique nationale redevienne un interlocuteur fort dans des choix qui ne peuvent pas être guidés uniquement par des critères financiers. Le pape est aussi conscient des profondes transformations culturelles provoquées par la mondialisation. En ce sens, « la mondialisation uniformisatrice n'est pas humaine, elle est essentiellement impérialiste et instrumentalement libérale. En dernière analyse, c'est une manière de soumettre les peuples à un nouvel esclavage »[8]. Quand « les particularités positives de chaque culture sont annulées », la

7. Pape François, *Audience générale*, 5 juin 2013.

8. J. Bergoglio, A. Skorka, *Sur la terre comme au ciel*, *op. cit.*, p. 163.

perte d'identité des peuples risque d'entraîner un phénomène d'homologation. Il faut donc sauvegarder les différences dans l'« unité harmonieuse » de l'humanité. L'ancien archevêque de Buenos Aires a une vision de la mondialisation multipolaire, qui intègre les différentes identités : « La mondialisation que nous devons défendre est une sorte de polyèdre qui permet à chacun d'avoir sa place, tout en préservant sa particularité, [particularité] qui à son tour enrichit toutes les autres »[9]. Le nouvel ordre des relations internationales induit par la mondialisation, « ambigu » par nature, doit être consciemment animé par une vision constructive. Il faut considérer la mondialisation avec un esprit critique, sans se laisser passivement fasciner par ses promesses. C'est ce qu'a fait le pape avec les évêques au Brésil, un pays qui a connu une grande croissance, mais où émergent des contradictions non moins grandes :

> « La mondialisation implacable et l'urbanisation intense souvent sauvages ont promis beaucoup. Nombreux sont ceux qui se sont épris de leurs puissances et en elles il y a quelque chose de vraiment positif, comme par exemple, la réduction des distances, le rapprochement entre les personnes et les cultures, la diffusion de l'information et des services. Mais, d'autre part, beaucoup vivent leurs effets négatifs sans se rendre compte de comment ils compromettent leur vision de l'homme et du monde, provoquant une plus grande désorientation, et un vide qu'ils ne réussissent pas à expliquer. Certains de ces effets sont la confusion sur le sens de la vie, la désintégration

9. *Ibid.*, p. 162.

personnelle, la perte de l'expérience d'appartenir à un "nid", le manque d'un lieu et de liens profonds »[10].

Dans beaucoup de ses interventions, Bergoglio est sévère à l'encontre des effets négatifs de la mondialisation : « L'indifférence qui règne à l'égard des déséquilibres sociaux croissants, l'imposition unilatérale de valeurs et d'habitudes de la part de certaines cultures, la crise écologique et l'exclusion de millions d'êtres humains des bénéfices du développement, soulèvent des questions sérieuses à propos d'une telle mondialisation ». Force est de reconnaître qu'aujourd'hui « la constitution d'une famille humaine solidaire et fraternelle continue d'être, dans ce contexte, une utopie ». Et pourtant, la mondialisation offre aussi d'immenses possibilités pour le renouvellement du monde : « De nombreux facteurs nous incitent à supprimer les barrières culturelles qui empêchaient la reconnaissance de la commune dignité des êtres humains, en acceptant la diversité des conditions, des races, du sexe ou de la culture. Jamais l'humanité n'a eu, comme aujourd'hui, la possibilité de construire une communauté mondiale, solidaire et avec autant de facettes »[11].

Habiter la terre dans l'espérance

Une famille humaine solidaire et fraternelle : telle est l'utopie du pape Bergoglio. Sa critique de la globalisation est celle d'un homme du Sud, d'un Latino-américain qui en a vu les effets pervers. « La mondialisation, comme

10. Pape François, Discours aux évêques brésiliens, Voyage apostolique à Rio de Janeiro à l'occasion de la XXVIIIème Journée mondiale de la jeunesse, 27 juillet 2013.

11. Pape François, *Je crois en l'homme, op. cit.*, p. 190-191.

imposition unidirectionnelle de valeurs, de pratiques et de marchandises, est liée à l'intégration entendue comme imitation et subordination culturelles, intellectuelles et spirituelles »[12]. Jean-Paul II avait affirmé que la mondialisation n'était ni négative ni positive en soi. Elle appartient à l'histoire et, à ce titre, elle doit être habitée, orientée, modifiée. L'histoire de la mondialisation doit donc être écrite ; mais aujourd'hui, la tendance est, au contraire, de laisser l'histoire de la mondialisation s'écrire elle-même, que ce soit celle des marchés financiers, des cultures de masse ou des agences transnationales.

Aujourd'hui, il n'est pas facile de s'orienter. En 1993, Samuel Huntington, dont nous avons déjà parlé, proposait à un monde bouleversé par la fin du bipolarisme une nouvelle manière de se penser, des instruments conceptuels pour situer son identité dans un ensemble, dans un bloc de civilisations[13]. En raison de leur dynamique propre, ces différentes civilisations couraient le risque d'entrer en conflit. Le chercheur américain proposa une thèse que beaucoup attendaient, qu'il s'agisse des orphelins de la lutte contre le communisme, à la recherche d'un nouvel ennemi et de nouveaux barbares de qui se défendre, du monde russe, ou encore du monde de l'islam, qui s'étaient sentis tous deux marginalisés par l'Occident. Ce n'est pas un hasard si le livre de Huntington, *Le choc des civilisations*, fut un véritable succès dans le monde arabe. Chacun pouvait s'y reconnaître

12. *Ibid.*, p. 192.

13. Cf. S. P. Huntington, *The Clash of Civilizations and the Remaking of World Order*, Simon & Schuster, 1996.

peu ou prou et situer sa propre identité dans une civilisation, tout en trouvant un ennemi.

Que deviendra Rome sans Carthage ? s'inquiétait Cicéron, après la défaite de son ennemi historique. Huntington a tenté de dire ce que serait le monde après la guerre froide, avec sa nouvelle capacité à délimiter des espaces de civilisations et à signaler les risques à venir. Avec les terribles attentats de New York et de Washington, la prophétie de Huntington ne s'est-elle pas révélée exacte ? Pour lui, le véritable grand affrontement se joue entre l'Occident et l'islam : « Le conflit survenu au XXème siècle entre démocratie libérale et marxisme-léninisme n'est qu'un phénomène historique fugace et superficiel par rapport à la relation, depuis si longtemps conflictuelle, entre l'islam et le christianisme »[14]. En réalité, l'histoire contemporaine est bien plus complexe que cela. Même le monde fondamentaliste musulman a prouvé qu'il existait en son sein une distinction entre ceux qui suivent le terrorisme, ceux qui imposent un islam radical et ceux qui, bien que fondamentalistes, se réfèrent aux démocraties.

La mondialisation n'a pas supprimé les histoires nationales, même si celles-ci sont puissamment conditionnées par un cadre plus vaste. Elle a produit un processus contradictoire : d'un côté, une perte ou un affaiblissement de la souveraineté des États face aux phénomènes transnationaux, en particulier financiers ; de l'autre, une défense de l'espace national, jusqu'à dresser des murs pour stopper l'immigration (comme ceux qui séparent les États-Unis du Mexique). Wendy Brown, une politologue américaine, a bien illustré cette situation et ce sujet dramatique dans un

14. *Ibid.,* p. 209. Notre traduction.

livre récemment publié, *Murs. Les murs de séparation et le déclin de la souveraineté étatique*[15]. Il s'agit là d'une histoire nouvelle, complexe et contradictoire, dont nous n'avons pas encore exploré toutes les dimensions.

Pour vivre la mondialisation de façon responsable, il faut que tous les sujets (nationaux, religieux, culturels, économiques…) jouent activement leur rôle. Dans notre monde globalisé, quelques personnes peuvent déterminer la vie d'un grand nombre. C'est le cas du terrorisme, surtout religieux. Naturellement, le terrorisme est loin d'être un phénomène nouveau dans l'histoire humaine, mais, avec la mondialisation des médias, il a une influence et représente une menace réelles. Gilles Kepel, célèbre islamologue français, parle d'Osama Ben Laden comme d'un acteur qui a situé son action « entre terrorisme et grand spectacle » : « La terreur à grand spectacle est l'occasion, grâce à la couverture médiatique qu'elle procure, de se poser en champion de la cause et de tenter de retrouver la faveur populaire à travers la représentation télévisée, en l'absence de travail effectif d'implantation sociale »[16]. En faisant du terrorisme un spectacle, le leader islamiste voulait étendre son hégémonie sur le monde musulman.

Pour le pape François, l'avènement de la mondialisation ne doit pas faire disparaître la nation comme sujet de l'histoire, même si celle-ci est désormais prise dans un ensemble de relations et d'échanges mondiaux. L'Argentine a connu une crise de la conscience nationale, entre autres parce que les

---

15. Cf. W. Brown, *Murs. Les murs de séparation et le déclin de la souveraineté étatique*, Paris, Les prairies ordinaires, 2009.

16. G. Kepel, *Jihad, expansion et déclin de l'islamisme*, Paris, Gallimard, 2000, p. 309.

citoyens ont « une dangereuse tendance à penser que tout commence aujourd'hui... »[17]. Le pape, lui, possède un sens prononcé de l'histoire. L'histoire a une valeur aussi bien dans les communautés nationales que dans la vie des personnes. En effet, pour cultiver les identités, le récit joue un rôle décisif (« Nous avons beaucoup perdu culturellement en rompant avec les classiques ! », confiait un jour le cardinal Bergoglio[18]). Les nations se redéfinissent à travers l'histoire. Le citoyen « mondial » doit « atterrir » dans une nation, délimiter ce qui est mondial, se penser à l'intérieur d'une histoire :

> « Nous sommes des personnes inscrites dans l'histoire. Nous vivons dans le temps et dans l'espace. Chaque génération a besoin des précédentes et se doit à celles qui suivent. Dans une large mesure, être une nation, c'est cela : se considérer comme les continuateurs de la tâche d'hommes et de femmes qui ont déjà donné leur part, et comme les bâtisseurs d'un espace commun, d'une maison, pour ceux qui viendront après »[19].

Dans le cadre du bicentenaire de l'Indépendance de l'Argentine, face au processus de la mondialisation, l'archevêque de Buenos Aires a contribué à la réflexion sur ce qu'est l'identité d'une nation. Pour lui, il faut être un sujet national doté d'une identité propre pour pouvoir aborder les horizons de la mondialisation. Il emploie le terme de « patrie » car, pour lui, « pays » a un sens géographique, et « nation » une dimension légale (sa conception de la nation diffère de celle

17. Pape François, *Je crois en l'homme, op. cit.*, p. 193.

18. J. Bergoglio, *Mente abierta, corazón creyente*, Buenos Aires, Editorial Claretiana, 2012, p. 6.

19. Pape François, *Je crois en l'homme, op. cit.*, p. 194.

de beaucoup de chercheurs en la matière). Il affirme : « *Patrie* vient de *père* ; c'est elle (...) qui reçoit la tradition des pères, la poursuit, la fait progresser. La patrie est l'héritage des pères dans le présent, qui doit être perpétué »[20]. Sans patrie, l'homme et la femme sont perdus dans un monde global ouvert à tous vents. La patrie est la réalité d'un peuple, « un mot qui évoque des sentiments et des émotions, [un mot] "forgé" par des histoires de lutte, d'espérance, de vie et de mort ». Pour Bergoglio, un peuple se définit par sa géographie et son histoire, mais aussi par son âme. Car un peuple a une âme. C'est pourquoi l'individu doit briser « la cuirasse de son égoïsme » pour reconnaître qu'on ne se sauve pas et qu'on n'a pas d'avenir tout seul[21].

> « Dialogue et amour sont implicites dans la reconnaissance de l'autre comme autre, l'acceptation de la diversité. Il n'y a qu'ainsi que peut se fonder la valeur de la communauté : non pas en prétendant que l'autre se subordonne à mes critères et à mes priorités, non pas en absorbant l'autre, mais en le reconnaissant comme précieux, et en exaltant cette diversité qui nous enrichit tous. Le contraire est pur narcissisme, impérialisme, simple sottise »[22].

Il faut habiter les immenses distances de notre monde globalisé avec une identité mure et ouverte au dialogue. Dans la mondialisation de l'information et des contacts, tout (même ce qui est loin) semble proche, accessible, connu et,

20. *Ibid.*, p. 184.

21. On trouve des observations importantes sur l'idée de peuple chez Bergoglio dans J. Bergoglio, *El verdadero poder es el servicio*, Buenos Aires, Editorial Claretiana, 2013, pp. 87-94.

22. Pape François, *Je crois en l'homme*, *op. cit.*, p. 203.

en fin de compte, consommable. En réalité, il n'en est pas ainsi. Même dans un monde global, non protégé par des frontières, les distances sont immenses et sèment la froideur, la méfiance, les préjugés, la haine… Ce monde n'est pas devenu cosmopolite, même si des populations d'origine différente finissent par vivre dans les mêmes espaces urbains – car cette coexistence ne signifie pas qu'elles se rapprochent réellement. Il y a une grande tâche à réaliser à tous les niveaux (entre les peuples, entre les religions, entre les cultures) : construire des ponts, des communications et des chemins d'amitié. Il faut habiter ce monde global avec un esprit responsable, nouveau et constructif.

Cela exige que les sujets se repensent dans des espaces très grands et face à des courants envahissants qui poussent à l'anonymat. L'identité est un vêtement sans lequel il n'est pas possible d'engager de véritable dialogue ni d'habiter paisiblement notre monde global. Identité ne signifie pas mur ou conflit. Sans identité, la dignité des sujets, des interlocuteurs n'existe pas. Il faut construire ce que j'ai appelé ailleurs la « civilisation de la vie en société » : non pas hégémonie des uns sur les autres, mais capacité à être ensemble harmonieusement, entre personnes différentes[23].

L'Église catholique, avec sa longue histoire et sa participation aux événements de tant de pays, est en soi et depuis déjà longtemps une réalité mondiale. Comme elle l'a récemment montré, elle n'est pas mal à l'aise dans le monde, même si elle doit faire de nouveaux efforts. La culture de la rencontre est mise à l'épreuve par les nouvelles dimensions de nos horizons mondialisés. Dans ce monde-là, l'esprit

23. Cf. A. Riccardi, *Vivre ensemble*, Paris, DDB, 2007.

d'Assise apporte une réponse importante : il est possible d'habiter l'un à côté de l'autre dans un dialogue qui met en lumière les différences, mais aussi les liens. Il existe une mondialisation de l'esprit qui n'est pas éclectisme inconsidéré et individualiste. En invitant les responsables des Églises chrétiennes et des grandes religions mondiales à Assise en 1986, au temps de la guerre froide, l'intuition de Jean-Paul II était annonciatrice de la réalité de la mondialisation.

Les chrétiens et la ville globale

Comment vivre dans un monde globalisé ? Dans ce nouveau panorama mondial, les personnes, les communautés, les cultures, les pays, tous les sujets humains doivent d'une certaine façon se repositionner. La mondialisation est un phénomène initié après la chute du Mur, et il est encore trop tôt pour en tirer les conséquences. Dans certaines réalités du monde, on vit encore comme s'il ne s'était rien passé. Dans un texte publié en 2011, le cardinal Bergoglio affirmait :

> « Nous sommes aussi soumis à une tension entre globalisation et localisation. Il faut regarder le global, parce qu'il nous sauve toujours de la mesquinerie quotidienne, de la mesquinerie d'une vie casanière. Quand la maison n'est plus un foyer, mais qu'elle est fermée, secrète, le global peut nous sauver (...). En même temps, nous devons assumer le local, parce que le local a quelque chose que n'a pas le global : c'est un levain, il enrichit, il met en marche des mécanismes de subsidiarité »[24].

24. J. M. Bergoglio, *Noi come cittadini, noi come popolo*, *op. cit.*, p. 67.

Mais cet équilibre est-il possible ? Une globalisation envahissante, une globalisation « qui annule », situe les personnes et les communautés périphériques devant un centre inaccessible, pour lequel « il n'y a pas de différence entre les différents points de la sphère ». La tentation est de se réfugier dans le local en se fermant au global. Mais cela ne peut être une solution : « Pour être citoyens, on ne peut vivre ni un universalisme globalisant ni un localisme folklorique ou anarchiste. Ni l'un ni l'autre. Ni la sphère globale qui annule, ni la partialité qui est isolée (…) ». La proposition de Bergoglio présente, nous l'avons dit, l'aspect du polyèdre.

> « Le polyèdre, qui rassemble toutes les parties, qui maintient dans l'unité l'originalité de chacune des parties. C'est, par exemple, l'union des peuples qui, dans l'ordre universel, conservent leur particularité en tant que peuples ; c'est l'union des personnes dans une société qui recherche le bien commun… En cherchant dans l'universel à unir ce qui est local et, en même temps, en conservant les particularités, je construis des ponts au lieu d'abîmes, je construis une proximité qui mobilise. Il faut agir dans ce qui est petit, ce qui est proche, mais dans une perspective globale… »[25].

La ville est la scène principale sur laquelle se réalise ce processus de fusion entre l'universel et le local. C'est là que l'on peut agir, explique Bergoglio : dans ce qui est petit, mais dans une perspective globale. Dans le monde actuel, certaines villes, en raison de leur situation au sein des réseaux, peuvent devenir des actrices très importantes.

25. *Ibid.*, p. 68.

En 2007, pour la première fois dans l'histoire de l'humanité, la population des villes a dépassé celle des campagnes. C'est un grand tournant qui indique combien les hommes et les femmes auront changé dans quelques décennies. Devenir citadin transforme la mentalité et le style de vie des personnes venues de la campagne. Mais s'urbaniser, pour de grandes masses de personnes, veut dire paradoxalement « se périphériser » et perdre un point de référence existentiel.

Dans le monde, un nouveau type de vie urbaine se distingue, celui des mégalopoles, des villes supérieures à dix millions d'habitants. Quatre-vingt pour cent de ces agglomérations urbaines démesurées se situent dans l'hémisphère sud : en Amérique latine, en Afrique et en Asie. Elles entraînent une autre qualité de vie, des problèmes de voisinage et de sécurité, tandis que l'univers des bidonvilles se développe inévitablement. Aujourd'hui, selon les Nations Unies, plus d'un milliard de personnes sont pauvres, sans racines, marginales. Cela représente plus de 40% de la population urbaine de pays comme l'Inde, le Nigéria, le Bengladesh, l'Iran, les Philippines, la Turquie, le Pérou, la Tanzanie, le Soudan et le Vietnam. Quels phénomènes nouveaux cette population en marge de l'histoire produira-t-elle ? Certains parlent de « volcans » prêts à entrer en éruption[26].

La ville est un monde. La ville est devenue l'horizon ultime de l'humain. Le poète David Maria Turoldo écrit : « Pour moi la ville est ce qu'elle est : un point où le complot de la vie devient inextricable, une zone où tous les sentiments sont vivants, s'interpellent, se poursuivent, interfèrent comme les

26. À ce sujet, cf. B. Secchi, *La città dei ricchi e la città dei poveri*, Roma-Bari, Laterza, 2013.

racines ou les ramifications noueuses dans un vieux bois». Et la périphérie «est comme un cercle de feu où se battent les anges et les hommes…». Pour Turoldo, «la ville est le lieu de notre bataille, le seul où nous devenons plus conscients de notre impuissance, de notre passivité. Et, peut-on dire, la zone de notre esprit (…)». En effet, le monde de la ville, habité de femmes et d'hommes si différents, devient «une immense mer de volontés dans laquelle aucune n'est elle-même, parce qu'en elle tout est entremêlé, fixé, supérieur et écrasant»[27].

Bergoglio a été l'archevêque d'une ville qui, si l'on considère le grand Buenos Aires, compte presque treize millions d'habitants. Le diocèse est plus petit, avec trois millions de fidèles, et couvre grosso modo le territoire de la capitale. La ville est constamment présente dans sa réflexion comme ce terrain où l'Église doit agir. Dans la capitale argentine, les flux migratoires ont fait pressentir la mondialisation bien avant que celle-ci ne s'établisse dans la majeure partie du monde. La grande ville est faite de périphéries, et c'est encore plus vrai avec la mondialisation. Il faut avoir vu ces *villas miserias*, «les favelas argentines, à mi-chemin entre les bidonvilles et les quartiers ouvriers», comme les décrit Valente. L'évêque Bergoglio y a travaillé avec ses prêtres.

> «Une partie de la ville s'est développée sur les montagnes d'immondices des décharges sauvages et Dieu seul sait ce qui se trouve au-dessous. Quand plusieurs fois par jour, les trains de marchandises traversent, sans autorisation, l'enchevêtrement des routes de terre, les murs des cabanes tremblent comme un jeu de cartes et de

27. D. M. Turoldo, *"Elogio della città, mistero di pietre"*, in *L'uomo*, juillet 1946.

> temps en temps, quelqu'un y laisse une jambe, la plupart du temps des enfants qui jouent dans la rue. Et puis, il y a toutes les maladies qui assaillent les agglomérations marginales de tant de périphéries urbaines du Sud du monde... »[28].

Le pape François vient des grandes périphéries urbaines de l'hémisphère sud. Ces périphéries urbaines deviennent souvent des périphéries humaines, ou elles les rejoignent. Dans une ville essentiellement faite de périphéries, humaines et urbaines, on vit en portant sur les autres un regard individualiste, de l'intérieur de sa propre réalité fragmentée, produite elle aussi par l'individualisme.

Composée de grandes périphéries anonymes, la ville a de moins en moins une identité collective et un destin commun. Dans son ensemble, elle perd ses sécurités : ceux qui en ont la possibilité se replient alors dans des quartiers résidentiels protégés (c'est la réalité dans de nombreuses villes du Sud). La ville ne ressemble donc plus à une communauté, puisqu'elle perd son centre, si tant est qu'elle en ait jamais eu un ; elle voit disparaître la place où se côtoient des personnes différentes, riches et pauvres, surtout dans les villes européennes. Souvent, les villes donnent à voir des hommes dépaysés et périphérisés, effrayés par l'incertitude qui devient leur lot quotidien, assaillis par le problème de l'insécurité et de l'immigré, fuyant leur prochain. Dans la ville mondialisée, les hommes et les femmes sont davantage seuls, ou plutôt, ils se trouvent entraînés par une « force centripète qui pousse le citadin actuel à vivre dans l'isolement »[29]. Comme le dit

28. G. VALENTE, *Francesco, op. cit.*, p.10.

29. J. M. BERGOGLIO, *Solo l'amore ci può salvare, op. cit.*, pp. 38-39.

Bergoglio, ce sont des gens *périphériques* qui n'ont que des « liens liquides » avec les autres.

Le rendez-vous avec les périphéries est déterminant pour l'Église de demain. Le futur pape François en a fait un des thèmes-clés de son intervention lors des congrégations générales qui ont précédé le conclave.

> « L'Église est appelée à sortir d'elle-même et à aller dans les périphéries, non seulement géographiques, mais aussi dans les périphéries existentielles : là où réside le mystère du péché, la douleur, l'injustice, l'ignorance, là où l'on méprise les religieux, la pensée, et où l'on rencontre toutes les misères »[30].

Que peut faire l'Église dans la ville ? Comme l'écrit Bergoglio, « être un peuple et construire la ville vont de pair ; et de même, être le peuple de Dieu et habiter la cité de Dieu. En ce sens, l'imaginaire théologique peut être un levain pour tout imaginaire social »[31].

Il faut resituer le christianisme dans le paysage urbain. L'Église a commencé à pressentir le défi lancé par les villes il y a plus d'un siècle, avec l'extranéité du prolétariat qui se concentrait dans les banlieues européennes, en particulier dans le Paris du XIXème et du XXème siècle, ville catholique mais aussi fortement laïque, accueillant un prolétariat nombreux attiré par les mouvements socialiste et communiste. Le cardinal Suhard, archevêque de Paris de 1940 à 1949, avait très vivement perçu le problème de l'extranéité des banlieues.

---

30. *"L'intervento del cardinale Bergoglio che ha convinto i cardinali"* (cf. www.aleteia.org).

31. J. M. Bergoglio-Papa Francesco, *Dio nella città*, Cinisello Balsamo, San Paolo, 2013, p. 26.

C'est lui qui, après avoir lu un livre qui l'avait bouleversé, *La France, pays de mission ?*, des abbés Godin et Daniel, encouragea l'aventure missionnaire des prêtres ouvriers au cœur des masses prolétaires. D'après ces deux prêtres, les villes françaises étaient déjà devenues en partie étrangères au christianisme, presque comme les terres de mission, surtout dans les grandes banlieues ouvrières[32].

Gilbert Cesbron, célèbre romancier français de cette époque, raconte l'aventure de la mission voulue par l'archevêque de Paris en milieu ouvrier. Sa description de Suhard, romancée, sans doute, mais saisissante, illustre la relation douloureuse et passionnée du cardinal avec ce monde de la banlieue désormais étranger à l'Église. Pendant les dernières semaines de sa vie, il se faisait conduire, angoissé, dans sa petite voiture noire et démodée, jusque dans la banlieue de Paris :

> « Le visage contre la vitre, le cœur serré, les mains jointes, le cardinal-archevêque passait lentement parmi son peuple païen ; le regard bleu faisait provision de ces visages gris. "Tous enfants de Dieu ! Et je suis responsable d'eux tous... Pardonnez-moi, Père ! Pardonnez-moi...". Il rentrait à l'archevêché, débordant d'humilité et d'intentions, et remaniait à grandes pages un plan de

32. Cf. H. Godin, Y. Daniel, *La France pays de mission ?*, Lyon, Éditions de l'Abeille, 1943. Sur la figure du cardinal Suhard, voir J. Vinatier, *Le Cardinal Suhard (1874-1949). L'évêque du renouveau missionnaire en France*, Paris, Le Centurion, 1983. J. P. Guérend, *Cardinal Emmanuel Suhard, Archevêque de Paris (1940-1949). Temps de guerre, temps de paix, passion pour la Mission*, Paris, Éditions du Cerf, 2011.

> conquête dont il savait à présent qu'il ne l'appliquerait pas lui-même »[33].

Le cardinal Subard avait clairement exprimé sa vision de la mission : « L'ensemble de nos populations ne pense plus chrétiennement. Un abîme s'est creusé entre elles et les communautés chrétiennes. Il faut sortir de chez nous et aller parmi elles ». Il avait dit aux prêtres de la mission de Paris : « Un mur sépare l'Église de la masse ; il faut abattre ce mur à tout prix pour rendre le Christ aux foules qui l'ont perdu »[34]. Quelques grands évêques, comme le cardinal Suhard, ont eu l'intuition de la dramatique nouveauté d'un monde devenu périphérie.

Bergoglio avait donné comme modèle de pasteur Mgr Enrique Angelelli, évêque argentin de La Rioja, assassiné par les militaires en 1976. « Il marchait avec son peuple jusque dans les périphéries (...). C'était un homme de périphérie qui allait chercher les autres, qui sortait pour aller à leur rencontre »[35], raconte-t-il. En un certain sens, le chrétien est poussé vers la périphérie parce que c'est un homme de rencontre et de dialogue. Celui qui ne vit son rapport au monde qu'à partir du centre est souvent prisonnier d'une vision hégémonique ou abstraite. Le chrétien et l'évêque vont au-delà des murs et des distances, en dehors de l'enceinte ecclésiastique, au milieu du peuple, avec « un regard qui

---

33. G. Cesbron, *Les saints vont en enfer*, in Gilbert Cesbron, *Romans*, Paris, R. Laffont, p. 374.

34. E. Suhard, *Essor ou déclin de l'Église ? Lettre pastorale*, Paris, Éditions du Vitrail, 1947, p. 6.

35. J. M. Bergoglio, *Solo l'amore ci può salvare*, *op. cit.*, p. 54.

s'implique dramatiquement dans la ville et qui s'engage avec elle dans l'action». Bergoglio l'affirme avec conviction:

> « Dieu vit dans la ville et l'Église vit dans la ville. La mission ne s'oppose pas au fait que nous devons apprendre de la ville – de ses cultures et de ses changements – en même temps que nous sortons prêcher l'Évangile. Au contraire, c'est le fruit de l'Évangile qui interagit avec le terrain dans lequel tombe la semence. Ce n'est pas seulement la ville moderne qui est un défi, mais il en a été, il en est et il en sera ainsi de toute ville, de toute culture, de toute mentalité et de tous les cœurs humains... L'Évangile est un kérygme qui s'accepte et qui invite à communiquer ; les médiations s'élaborent tandis que nous vivons et que nous vivons ensemble »[36].

La Parole de Dieu recommence à circuler dans le discours des hommes, mais elle se heurte à beaucoup d'obstacles. Le grand problème de la ville, ce sont ses espaces clos, ses habitants qui se ferment humainement. Les chrétiens risquent eux aussi d'adopter ce comportement et de vivre dans des communautés fermées, lieux de leur expérience religieuse. La ville n'est pas simplement un lieu où «gagner» des gens pour faire grandir des communautés fermées, prévient Bergoglio; c'est aussi un lieu où apprendre à tisser des liens. Pour lui, la «porte fermée» est le symbole de la ville effrayée qui perçoit l'autre comme un étranger. C'est une attitude typique de la mentalité urbaine, qui construit des espaces protégés pour y habiter en sécurité.

---

36. J. M. Bergoglio-Papa Francesco, *Dio nella città*, *op. cit.*, pp. 45-46.

« Une des expériences les plus fortes de ces dernières décennies a été de trouver des portes fermées. L'insécurité croissante a poussé petit à petit à verrouiller les portes, à mettre des moyens de sécurité, des caméras de surveillance, à se méfier de toute personne étrangère qui frappe à notre porte. Malgré cela, il y a encore dans certains villages des portes ouvertes. La porte fermée est un symbole actuel. C'est un peu plus qu'un simple fait sociologique ; c'est une réalité existentielle qui dénote un style de vie, une manière de se situer face à la réalité, aux autres, à l'avenir... La sécurité des portes blindées cache l'insécurité d'une vie qui devient plus fragile et moins perméable aux richesses de la vie et de l'amour des autres »[37].

Chez beaucoup, la porte fermée révèle une attitude existentielle : ce n'est pas simplement ma maison matérielle, c'est aussi l'enceinte de ma vie, c'est mon cœur. La ville dont les portes sont fermées, c'est la ville d'aujourd'hui, remplie de méfiance, de peurs, d'hostilité. L'Église n'est pas un ensemble de communautés fermées. L'archevêque a dit ailleurs : « Une porte fermée nous fait du mal, elle nous atrophie, elle nous sépare ». L'Église doit nouer un dialogue avec les hommes et les femmes dans la rue. « Nous devons sortir parler à ces habitants de la ville que nous voyons de notre balcon. Nous devons sortir de notre coquille et leur dire que Jésus est vivant et qu'il vit pour lui, pour elle, et le leur dire joyeusement... Nous devons aller semer l'espérance, nous devons sortir dans la rue. Nous devons sortir et chercher »[38].

---

37. J. M. Bergoglio, *Solo l'amore ci può salvare, op. cit.*, pp. 7-8.
38. J. M. Bergoglio, *Così pensa papa Francesco, op. cit.*, p. 49.

La porte fermée et la rue sont les deux pôles de l'expérience chrétienne : l'Église peut fermer ses portes, comme toutes les maisons le font, ou bien les ouvrir et aller dans la rue rencontrer les personnes. Mais cela demande une ouverture du cœur, parce que « l'ouverture aux autres va de pair avec notre ouverture au Seigneur ». Le dimanche des Rameaux 2008, le cardinal affirmait sans détour : « L'Église s'adresse à la rue parce qu'aujourd'hui Jésus est le roi de la rue ». La procession, en cette fête des Rameaux, n'a pas pour but de manifester la domination de l'Église sur la ville, mais de suivre Jésus dans les rues :

> « Disons qu'aujourd'hui l'Église s'adresse à la rue pour imiter ce dimanche des Rameaux, mais aussi pour affirmer qu'aujourd'hui, au sens large, la place du Christ est la rue. Les Évangiles nous racontent qu'il allait au temple, qu'il allait à la synagogue, mais ils racontent aussi qu'il empruntait des sentiers, qu'il traversait les villages et marchait sur les routes. Aujourd'hui, la place du Christ est la rue ; la place du chrétien est la rue »[39].

L'expression « ouverture » est un mot-clé de l'invitation que Bergoglio adresse aux prêtres – et à nous tous. Il invite à ne pas garder les églises fermées parce que « l'ouverture évangélique se joue dans les entrées : dans une société où les grands magasins ne ferment plus, les portes des églises ne peuvent pas rester fermées… »[40]. Souvent, quand les portes sont fermées dans une ville, les églises sont un espace de liberté ; c'est pour cette raison qu'elles sont parfois

39. *Ibid.,* pp. 135-136.
40. *Ibid.,* pp. 35-36.

fréquentées par des personnes sans-abri. Parfois, cela nous fait peur et nous fermons les églises, par crainte du désordre ou des vols. Nous ne les ouvrons finalement que pour les célébrations liturgiques, comme si elles n'étaient destinées qu'à cela.

Pour le théologien Joseph Comblin, la vie des chrétiens dans la ville se déroule entre deux espaces[41]. Il y a d'une part tout l'espace de la ville, où l'on perçoit les questions et les souffrances, et où normalement on vit au milieu de tous les autres ; et il y a, d'autre part, un espace particulier, « mis à part au sein même de la ville » : les églises. Par leur présence et leur langage, les églises parlent aux chrétiens et aux non chrétiens d'une autre ville, qui « descend du ciel » ; mais elles invitent aussi à croire qu'il est possible de transfigurer la ville dans laquelle on vit. Dans la ville complexe d'aujourd'hui, les églises peuvent être un espace différent de silence, de rencontre, de présence de Dieu. Elles doivent être un sanctuaire au milieu des maisons et des immeubles. Elles sont à la fois un signe d'altérité et une porte ouverte. L'altérité de l'église n'est pas un espace clos, mais un lieu ouvert à la rencontre.

Dans le panorama de la ville, les églises ont une signification qu'on ne peut pas réduire à la dimension fonctionnelle. La liturgie de consécration d'une église exprime le sens de cet édifice, avec son langage éloquent et mystérieux qui parle d'une présence tout autre et toute proche. En Union soviétique, quand on franchissait le seuil d'une des rares églises laissées en activité par le régime, on avait la sensation de sortir de la grisaille de l'oppression quotidienne pour entrer

41. Cf. J. Comblin, *Théologie de la ville*, Paris, Éd. Universitaires, 1968.

dans l'espace libre de Dieu qui transfigure les hommes et les femmes. C'est pourquoi les églises doivent être ouvertes, belles, suggestives, remplies de personnes qui croient et qui accueillent. L'Église parle à travers les hommes et les femmes de foi qui la composent. Elle n'est pas qu'un monument.

Ce qui compte surtout, dans la présence chrétienne, c'est le visage des fidèles. « L'autre porte, qu'est notre visage, que sont nos yeux, notre sourire, la manière de ralentir un peu notre pas et de nous mettre à regarder celui dont nous savons qu'il attend », dit Bergoglio. Cela peut sembler exagéré, mais pour la plupart la rencontre avec Jésus passe par l'humanité des chrétiens. Aussi Bergoglio n'hésite-t-il pas à parler de la valeur de la courtoisie dans la vie sociale effrénée de chaque jour. Ce qui nous frappe en premier chez l'autre, ce sont son visage et ses yeux. Un visage triste, comme celui des disciples d'Emmaüs, ne communique rien. Le problème du visage est dans le cœur. Dans la Bible, le livre du *Siracide* dit ceci : « Le cœur de l'homme modèle son visage soit en bien, soit en mal. À cœur content, joyeux visage » (13, 25-26).

Dès lors, vivre la rencontre n'est pas une forme d'activisme. Il faut parfois du temps pour y parvenir. Le temps de la rencontre a son propre rythme. Au Brésil, le pape a déclaré à ce sujet :

> « La recherche de ce qui est toujours plus rapide attire l'homme d'aujourd'hui : Internet rapide, voitures rapides, avions rapides, rapports rapides… Et pourtant on perçoit un besoin désespéré de calme, je voudrais dire de lenteur. L'Église sait-elle encore être lente : dans le temps, pour écouter, dans la patience, pour recoudre et recomposer ?

> Ou bien l'Église est-elle désormais elle aussi emportée par la frénésie de l'efficacité ? »[42]

Bergoglio sait bien que les prêtres sont souvent débordés d'activités. « À la fin de la journée, parfois, nous arrivons mal en point et, sans que nous ne nous en rendions compte, un certain pessimisme s'infiltre dans notre cœur, nous entache d'une psychologie défaitiste qui nous contraint à nous replier dans une attitude défensive »[43]. Des agendas très chargés et précis ne tiennent pas compte du fait que « Dieu nous surprend toujours par ce qui n'est pas programmé ». En effet, la rencontre a besoin d'un espace pour l'imprévisible. Et Bergoglio de lancer cette invitation : « Ne programmez pas tout dans votre agenda : cela signifie être au service, être disponible à l'imprévu »[44].

Les disciples de Jésus sont appelés à communiquer patiemment l'Évangile du Ressuscité par leurs paroles, leur visage et leur vie. En effet, communiquer l'Évangile n'est pas une activité : cela vient de la profondeur de la vie et illumine le visage en donnant de la saveur aux paroles. Sur la route, la rencontre se produit de personne à personne, lorsque les yeux de l'un plongent dans ceux de l'autre. Quand l'archevêque parle de la « mission en tant qu'option pastorale permanente », il se réfère aussi au mode de vie quotidien des chrétiens et à leur façon d'être en relation. À tout moment,

---

42. Pape François, Discours aux évêques brésiliens, Voyage apostolique à Rio de Janeiro à l'occasion de la XXVIIIème Journée mondiale de la jeunesse, 27 juillet 2013.

43. J. M. Bergoglio, *Quo nomine vis vocari ? Francisco. Reflexiones de un pastor, op. cit.*, pp. 105-106.

44. Pape François, Méditation du matin dans la chapelle de Sainte-Marthe, 23 mai 2013 (en italien).

qu'il marche dans la rue, qu'il travaille ou qu'il fasse ses courses, le chrétien est appelé à rencontrer l'autre. Et l'autre, avant même d'écouter ses paroles, voit son visage. Pour le pape, la vie chrétienne est le sel de la foi, de l'espérance et de la charité. L'originalité chrétienne réside en cela. « On accueille l'annonce en fonction de ce que l'on est, comme un plat qui devient meilleur [quand on le sale] ». Le sel de l'Évangile rend les hommes et les femmes meilleurs, leur donne davantage de goût, les humanise, « parce que l'originalité chrétienne n'est pas une uniformité, elle prend chacun tel qu'il est, avec sa personnalité et ses caractéristiques, avec sa culture… ». La réalité de chacun est une richesse, mais le sel de l'Évangile « lui donne quelque chose de plus, lui donne du goût ». L'Évangile donne du goût à l'homme, même si « chacun est comme il est, avec les dons que le Seigneur lui a donnés, parce que Dieu "est le Seigneur de la diversité" ». Le sel est cette saveur de la vie qui manque malheureusement à beaucoup. Et les chrétiens doivent conserver et distribuer ce sel qui ne diminue pas quand on le communique. Voilà l'Église de Bergoglio : une Église centrée sur Dieu, mais en mission, qui va à la rencontre des personnes.

En 1965, le théologien baptiste américain Harvey Cox publiait un livre, *La cité séculière*, dont la thèse, jugée provoquante, suscita de nombreuses discussions. Cette thèse soutenait que l'urbanisation et la sécularisation changeaient radicalement le rapport de l'homme à Dieu. « La grande mobilité bouscule la religion traditionnelle. Elle éloigne les peuples des lieux saints. Elle les mêle à des peuples voisins dont les dieux portent d'autres noms et sont adorés d'une autre manière »[45], écrivait Cox. Comment le christianisme

45. H. Cox, *La cité séculière*, Paris, Casterman, 1968, p. 82.

peut-il vivre dans une ville profane, pragmatique et séculière ? Pour le théologien, une grande transformation est à opérer : « La transition que nous opérons aujourd'hui de l'âge de la chrétienté à l'ère de la sécularité urbaine est un tournant non moins bouleversant. Au lieu de nous accrocher à des appellations périmées ou de chercher à en synthétiser de nouvelles, peut-être devrions-nous, comme Moïse, reprendre à notre actif l'œuvre de libération des captifs… »[46].

En réalité, l'histoire de la « cité séculière » n'est pas aussi nouvelle que l'affirmait Cox. Paris, qui est depuis longtemps une ville laïque et séculière, est en même temps une ville où les chrétiens habitent. La ville est devenue non seulement séculière, mais surtout pluraliste en matière religieuse. Des villes à l'histoire catholique abritent désormais en leur sein d'importantes minorités non catholiques. Les grandes villes des pays du Sud sont investies par de nombreux mouvements néo-protestants et pentecôtistes fervents. La ville mondiale est pluraliste et sécularisée ; celle que décrivait Cox a connu, au milieu du siècle passé, un développement impétueux et diversifié. Cela ne signifie pas que l'Église n'a pas voix au chapitre dans la ville, ni que la religion se réduit à des groupes clos dans les recoins de la vie urbaine, même s'il est vrai que notre époque est celle de la privatisation du religieux dans des cercles étroits qui répondent aux besoins des individus.

Il ne s'agit pas de catholiciser la ville par des manifestations officielles. Mais en regardant la ville et en rencontrant ses habitants, l'Église sait que la cité n'a pas été abandonnée par Dieu, en dépit de ses contradictions, de sa corruption et de son manque d'humanité. L'Église sait qu'il est difficile d'être

46. *Ibid.*, p. 286.

humain dans la ville et dans ses périphéries ; elle connaît la condition de tous ceux qui sont condamnés à mener une vie dure. Néanmoins, elle reste la cité des hommes et elle peut devenir plus humaine. Dans l'image d'Abraham, qui prie en intercédant pour Sodome, Bergoglio voit la figure du chrétien qui espère fermement le « salut » de la ville et prie pour elle. S'adressant un jour aux catholiques de Buenos Aires, il leur posait cette question : « Suis-je comme Abraham, plein d'audace dans l'intercession, ou bien est-ce que je tombe dans la mesquinerie de Jonas, en me plaignant d'une fuite dans le toit, et non de ces hommes et ces femmes "qui ne savent pas distinguer le bien du mal", victimes d'une culture païenne ? »[47].

Même si elle est minoritaire, l'Église catholique demeure toujours l'Église de la ville. Il est significatif que les diocèses catholiques (celui de New York, par exemple) portent presque toujours, dans leur titre, le nom de la ville et non celui de la région ou de la province dans laquelle ils se trouvent. Le métropolite orthodoxe libanais George Khodr, écrivait que « l'Église est le cœur du monde, même si le monde ignore son cœur ». La ville peut ignorer l'Église et ses raisons d'être profondes, mais l'Église porte la ville dans son cœur. Bergoglio l'exprime ainsi :

> « La ville actuelle est relativiste : "Tout va bien". Peut-être tombons-nous aussi dans la tentation de penser que, pour ne discriminer personne et inclure tout le monde, il est nécessaire de relativiser la vérité. Ce n'est pas vrai. Notre Dieu vit dans la ville et s'implique dans sa vie quotidienne ;

47. J. M. Bergoglio, Lettre du 29 juillet 2007, citée dans M. Fazio, *Con Papa Francesco. Le chiavi del suo pensiero*, cit., pp. 91-99, p. 94.

> il ne discrimine pas et ne relativise pas. La vérité est dans la rencontre qui révèle des visages, et chacun d'eux est unique. Inclure des personnes avec un visage et un nom personnels ne signifie pas que l'on relativise les valeurs ou que l'on justifie des anti-valeurs ; en revanche, ne pas discriminer ni relativiser donne la force d'accompagner des processus et la patience du ferment qui aide à grandir »[48].

Bergoglio parle de l'existence d'une « culture du bas », qui homogénéise les sentiments et les comportements : « Nous sommes à une époque de "myopie spirituelle et d'aplatissement moral" qui font que l'on cherche à imposer comme normale une "culture du bas" qui semble ne pas laisser de place à la transcendance et à l'espérance ». L'Église connaît la force de la mentalité relativiste : « Sous prétexte de respecter les différences, le relativisme homogénéise par la transgression et par la démagogie : tout est permis pour ne pas assumer les contradictions soulevées par celui qui a assez de courage et de maturité pour soutenir des valeurs et des principes ». Le relativisme n'est donc pas une forme du respect : « Curieusement, le relativisme est absolutiste et totalitaire… ».

Le pluralisme ne doit pas nécessairement se résoudre dans le relativisme. Bergoglio affirme que l'Église est « un sujet qui, immergé dans un cocktail de cultures hybrides, en subit l'influence et l'impact »[49] ; c'est pourquoi « il est nécessaire de se relier à la « spécificité chrétienne » pour pouvoir dialoguer avec toutes les cultures »[50]. Le cardinal ne

48. J. M. Bergoglio-Papa Francesco, *Dio nella città*, *op. cit.*, p. 42.

49. J. M. Bergoglio, *Solo l'amore ci può salvare*, *op. cit.*, p. 33.

50. J. M. Bergoglio-Papa Francesco, *Dio nella città*, *op. cit.*, pp. 25-26.

croit pas à la neutralité motivée par une ouverture à tous. Il n'y croit surtout pas dans le domaine de l'éducation : « Si l'éducation ne renvoie plus la tradition des pères, il ne reste que de l'idéologie… Si on crée un vide, celui-ci sera occupé par des idées éloignées de la tradition familiale : c'est ainsi que naît l'idéologie »[51]. Finalement, tout se vide et tend vers le bas ; même les contradictions réelles de la vie et de la personne disparaissent parce que, en fin de compte, « tout se règle par l'euthanasie… ».

Dans la ville, l'Église sait qu'elle doit mener tous les jours une lutte pacifique contre une culture du vide dominante. L'Église provoque et remet en cause cette culture. Elle le fait en vivant la rencontre avec les femmes et les hommes de la ville, en communiquant sa foi, sans rien imposer. Elle le fait en dialoguant sur tous les problèmes de la vie et en rencontrant des fidèles d'autres croyances, sans craindre de modifier son style de vie, en évitant d'être sur la défensive, autoréférentielle, enfermée dans de petits cercles ou même dans les institutions traditionnelles. C'est dans cet esprit, et dans la droite ligne du « Document d'Aparecida », que Bergoglio parle de « conversion pastorale » de l'Église.

La ville n'est pas celle de Dieu. Elle n'est pas ville sacrée, elle n'est pas même celle d'une confession, elle n'est plus le lieu où s'imposait, ne serait-ce que par conformisme, une coutume religieuse. Malgré cela, Dieu n'a pas abandonné la ville séculière et pluraliste, relativiste et parfois vide de sens. Le futur pape cite longuement le « Document d'Aparecida » sur la ville :

---

51. J. M. Bergoglio, A. Skorka, *Sur la terre comme au ciel*, *op. cit.*, p. 138.

« La foi nous enseigne que Dieu vit dans la ville, au milieu de ses joies, de ses désirs et de ses espérances, comme au milieu de ses douleurs et de ses souffrances. Les ombres qui hantent le quotidien de la ville, la violence, la pauvreté, l'individualisme et l'exclusion, ne peuvent pas nous empêcher de chercher et de contempler le Dieu de la vie, même dans les environnements urbains.

Les villes sont des lieux de liberté et d'opportunités... En elles, l'être humain est appelé à aller toujours plus à la rencontre de l'autre, à cohabiter avec celui qui est différent, à l'accepter et à se faire accepter de lui »[52].

La beauté de ces paroles me rappelle à nouveau ce qu'a écrit le poète David Turoldo : « C'est une erreur de penser que Dieu est loin, qu'il habite dans une autre ville : il n'y a qu'une seule ville ; il habite dans ces murs... ». Turoldo rappelait que c'était Caïn et ses fils qui avaient construit la ville : « Ce fut un besoin de nous défendre contre le ciel, contre les éléments, contre la nature, de nous regrouper, nous donner des fondations et nous fortifier ; ce fut un besoin de conquête, de domination et de bien-être. [La ville étant] née dans le péché, l'esprit du mal y a naturellement planté sa tente, a étendu sa politique, y a créé ses satellites »[53]. L'enfer se trouve aussi dans la ville, alimenté par les faiblesses et par l'« or de la Terre ». Mais Jésus a beaucoup aimé la ville, rappelle le prêtre poète :

---

52. J. M. Bergoglio-Papa Francesco, *Dio nella città*, *op. cit.*, p. 19.
53. D. M. Turoldo, *Elogio della città*, *op. cit.*

> « Il est passé précisément pour racheter cette ville ; il est né et il est mort à la périphérie de celle-ci, mais il a été condamné dans le centre, dans le palais du prétoire, et il a été flagellé dans celui du gouverneur. Après avoir pleuré sur elle, sur ses hauteurs, il est ensuite descendu suer du sang dans le Jardin des oliviers. Mais entretemps, il avait trouvé un cénacle... C'est ainsi qu'en mourant, il est devenu la vie de la terre, l'âme de cette ville, le secret que tous cherchent dans les sillons ensanglantés. Dès lors, sont sortis de terre les temples, à côté des tanières, les autels à côté des alcôves, les monastères et les sanctuaires à côté des tavernes. Et c'est sur cette même arène que s'est joué le sort du temps et de l'éternité... »[54].

C'est ainsi que le poète décrit la ville séculière. Dieu vit dans cette ville. Il ne l'a pas abandonnée, comme si elle était le lieu du Malin ou une terre de perdition. Évidemment, il faut trouver les formes, les routes pour arriver au cœur de la ville. Elle ne sera jamais une ville sacrée, dominée par les lois de la religion. Elle ne sera jamais un paradis. C'est une ville mélangée, plurielle, ambiguë, où la condition du chrétien consiste à lutter, mais aussi à sympathiser avec toutes les histoires humaines qui s'y entremêlent.

L'Église doit s'engager à réfléchir sur les langages, les conditions, les opportunités et les limites de l'horizon urbain. Le monde de la ville est aussi celui de l'Église. Dieu vit dans la ville, même si elle est un lieu de corruption et que ses habitants ne le connaissent pas. Les chrétiens ne peuvent pas fuir la ville ni se réfugier dans des coins protégés, mais ils doivent ressentir la présence de Dieu dans la souffrance,

54. *Ibid.*

la confusion, la solitude, la recherche, l'amour des hommes de la ville. L'Église est le signe que Dieu habite dans la ville. C'est pourquoi ses enfants doivent « regarder » la ville dans sa totalité. Le thème du regard est très présent dans les réflexions du pape François, qui considère comme une grande tentation le refus de voir, que celui-ci provienne de la cécité pharisienne, de la fascination pour les lumières du centre-ville, de l'indifférence….

Pour le pape, on l'a compris, l'urbanisation et la condition citadine sont une grande opportunité pour l'Église. Pour guider le chrétien en chemin dans la ville, il l'invita à trois comportements concrets :

> « Sortir de soi pour aller à la rencontre de l'autre : cela se vit dans la proximité, dans des attitudes de proximité. Notre regard doit toujours être capable de se tourner vers l'extérieur et de se faire proche. Il ne doit pas être autoréférentiel, mais transcendant.
>
> Le ferment et la semence de la foi sont le fruit du témoignage (...). C'est la dimension du martyre propre à la foi.
>
> L'accompagnement s'exprime dans la patience, dans l'*hypomené*, qui accompagne les processus pas à pas sans en dépasser les limites »[55].

Aujourd'hui, l'expérience de vie de nombreux chrétiens en milieu urbain trace les parcours d'une spiritualité renouvelée (traditionnellement, celle-ci était forgée sur la dimension de l'homme de la campagne). L'Église, à travers ce vécu d'hommes et de femmes de foi, regarde la ville du futur.

55. J. M. Bergoglio-Papa Francesco, *Dio nella città*, *op. cit.*, p. 48.

Joseph Comblin fait observer que « l'Église n'existe pas seulement au service de la ville d'aujourd'hui, mais aussi au service de celle de demain. Elle est au service de la nouvelle Jérusalem, de la ville renouvelée qui se dressera… »[56].

Dans la ligne du Concile et de l'exhortation *Evangelii nuntiandi,* le pape Bergoglio propose à nouveau la mission comme positionnement ordinaire de l'Église dans la ville. La mission permet de démystifier pacifiquement les nombreuses idoles de la vie urbaine, la vision économiste totalisante, ou encore la puissance des médias mondialisés. Bergoglio parle de l'« enchantement » que la technique exerce sur les hommes, avec sa théologie de la prospérité promettant toujours mieux, les possibilités illimitées de son économie et un consumérisme non seulement matériel, mais aussi religieux. Toutes ces influences convergent et alimentent la grande illusion de posséder les véritables réponses à tous les besoins humains.

La communication de l'Église est une leçon de réalisme et de laïcité authentique. Elle ramène à la réalité. Elle a finalement la fonction des prophètes de la Bible, celle de susciter un désenchantement que Bergoglio qualifie d'« eschatologique ». Le « désenchantement eschatologique » de la foi évangélique rappelle la valeur des biens ultimes face à l'idolâtrie de soi ou des biens immédiats. Ouvert à tous, convaincu que l'on peut apprendre de tout le monde, Bergoglio n'est pas un iréniste qui manquerait de courage pour porter un jugement prophétique sur les idoles qui naissent du culte du moi. On pense ici aux paroles du canon de saint André de Crète, que l'Église orthodoxe lit pendant

56. J. Comblin, *Théologie de la ville, op. cit.*, p. 391.

le carême, comme prière pénitentielle. Elles évoquent justement l'idolâtrie la plus profonde :

> « Je suis devenu ma propre idole,
> blessant mon âme par mes passions.
> Reçois mon repentir, attire-moi dans ta lumière,
> que l'ennemi ne me dévore pas... »[57]

Nous nous sommes blessés tout seuls par nos passions : tel est le message d'André de Crète. Ainsi, nous devenons notre propre idole en ayant toujours raison, en ne nous trompant jamais, en devenant des êtres malins, politiques, froids, peureux, calculateurs et finalement paresseux. L'« idole de moi-même » est la condition de l'homme « à l'esprit déshydraté ». Saint André de Crète affirme en effet que cet homme idolâtre de lui-même se retrouve dans le néant. Ce qui s'est passé dans la *Genèse* se reproduit. L'ennemi, le serpent, suggère de se détacher de Dieu et de sa Parole : « Dieu sait que, le jour où vous en mangerez, vos yeux s'ouvriront, et vous serez comme des dieux » (*Genèse* 3,5). L'homme et la femme s'imaginent qu'ils voient, ils croient pouvoir devenir comme Dieu, des dieux pour eux-mêmes. Pour Olivier Clément, cette affirmation de l'idolâtrie de soi est au cœur de la culture actuelle. L'auto-idolâtrie consiste à se séparer de Dieu. L'individu s'auto-divinise. Le péché consiste à « s'emmurer » en soi et dans sa propre identité, dans son propre moi, « en se concentrant tout entier sur soi-même, observe Clément, sans voie de sortie hormis son propre moi. L'individu finit par se raidir et se pulvériser, tombant dans la

57. O. Clément, *Le chant des larmes*, Paris, DDB, 2011, p. 147.

dureté de cœur comme dans un jeu de miroirs de son propre narcissisme »[58].

Cette histoire ancienne se répète aujourd'hui sous des formes nouvelles, tandis que la société tend à se fragmenter en un ensemble de « moi » sans espérance commune et sans cohésion. L'Église a pour mission d'être à la fois une prophétie vivante contre les idoles et l'auto-idolâtrie, mais aussi un appel aux cœurs éteints pour qu'ils se réveillent. Certes, le prophète et l'envoyé sont faibles devant la force de l'idolâtrie : « face à cette invasion pseudo-culturelle, qui nous présente les nouveaux visages païens des Baal d'hier, nous faisons l'expérience de la disproportion de nos forces et de la petitesse de celui qui est envoyé »,[59] affirme Bergoglio. Et il poursuit :

> « Buenos Aires est une ville païenne ; ce n'est pas un jugement de valeur, mais un simple constat. On y vénère toutes sortes de divinités… Il est vrai que la culture hédoniste, consumériste, narcissique s'étend progressivement au catholicisme. Elle nous atteint et, d'une certaine manière, relativise la vie religieuse, la paganise, fait d'elle quelque chose de mondain… »[60].

La mission chrétienne est donc différente de la propagande et de la prédication des sectes qui proposent une théologie de la prospérité en criant : « Arrête de souffrir ! ». La mission des chrétiens se vit et grandit dans le dialogue avec les personnes, avec leurs inquiétudes et leur souffrance. Il

58. O. Clément, *Questions sur l'homme*, Paris, Stock, 1972.
59. J. M. Bergoglio, *Così pensa papa Francesco, op. cit.*, p. 78.
60. J. Bergoglio, A. Skorka, *Sur la terre comme au ciel, op. cit.*, p. 234-235.

faut arriver à entrer dans le climat et le langage de nos interlocuteurs. Bergoglio dit : « De même que tous nous aimons qu'on nous parle dans notre langue maternelle – surtout si nous sommes obligés d'en utiliser une autre –, ainsi dans la foi nous aimons qu'on nous parle avec les clés de notre "culture maternelle" » [61].

La religion populaire, qui n'est ni un résidu du passé ni un compromis avec la superstition, se vit au cœur de la ville « païenne ». Bergoglio cite le pèlerinage de nombreux jeunes au sanctuaire de Notre-Dame de Lujàn. Pour beaucoup, c'est la seule expérience religieuse qu'ils font spontanément et en dehors d'une organisation. Après Vatican II, la religiosité populaire a été regardée de haut, comme si elle était l'expression d'un passé qu'il fallait effacer. Pour le pape François, la dévotion populaire a une valeur, même si elle n'est qu'un aspect de la vie, parfois en contradiction avec d'autres : c'est une « étincelle » qu'il faut aider à grandir. Dans la ville sécularisée, l'Église en mission rencontre un peuple qui n'est pas fermé à la foi : telle est sa conviction, par-delà toutes les analyses sociologiques.

Le pape ne se laisse pas aller au pessimisme vis-à-vis d'un monde contemporain qui aurait tourné le dos à Dieu. Ce pessimisme pousse à s'enfermer dans des mondes étriqués, parfois à rechercher une pseudo-perfection vue comme une adhésion à des prescriptions. Bergoglio critique ces mondes où prévalent « des règles à suivre trop rigides ». Ils inhibent la rencontre avec la miséricorde de Dieu, à laquelle tant de cœurs aspirent, peut-être inconsciemment. Dans l'évangélisation – le pape précise qu'il s'agit bien de « l'évangélisation,

61. J. M. Bergoglio, *Così pensa papa Francesco, op. cit.*, p. 109.

et non [du] prosélytisme qui, grâce à Dieu, est aujourd'hui effacé du vocabulaire pastoral » –, on découvre dans le cœur des gens une inquiétude religieuse encore bien vivante, qui n'a pas été effacée par une vision psychologique de la vie. Il faut comprendre la soif de bonheur qui anime les cœurs. L'Évangile n'enlève rien ; au contraire, il donne du sens à la vie et rend heureux. Il n'offre pas l'illusion de la prospérité. Le pape François s'emporte contre un « réductionnisme ignoble » qui diminue ou néglige le kérygme au profit de la catéchèse, des préceptes, du moralisme. Il critique une certaine pastorale ecclésiastique : « On préfère parler de morale sexuelle : ceci est permis, ceci n'est pas permis ». L'enjeu, c'est de vivre une rencontre véritable avec les personnes. Tout chrétien a son caractère et son humanité, sa façon de rencontrer et de parler. Il faut y être attentif. Bergoglio ne propose pas des plans pastoraux, il n'impose pas à l'Église un style de vie général. Au contraire, il se bat contre ceux qui veulent s'ériger en contrôleurs du peuple en instaurant une sorte de « douane pastorale ». Entre autres exemples, on peut penser au parcours rigide que doivent parfois suivre les adultes, dans certains diocèses, pour être baptisés. Le pape François pose des questions fondamentales à l'Église, il la pousse à s'interroger sur sa manière de vivre au cœur de la ville. Au Brésil, il a parlé aux évêques de l'attitude à avoir envers les fidèles :

> « Peut-être l'Église est-elle apparue trop faible, peut-être trop éloignée de leurs besoins, peut-être trop pauvre pour répondre à leurs inquiétudes, peut-être trop froide dans leurs contacts, peut-être trop autoréférentielle, peut-être prisonnières de ses langages rigides, peut-être le monde semble avoir fait de l'Église comme une survivance du

passé, insuffisante pour les questions nouvelles, peut-être l'Église avait-elle des réponses pour l'enfance de l'homme mais non pour son âge adulte »[62].

La mission consiste à sortir dans la ville, à rencontrer les gens, à parler de Jésus, à écouter les personnes, à ne pas garder les portes fermées, à vivre dans la rue en se sentant responsable. Aucune formule simple, aucune méthodologie ne peut rendre superflue la conversion personnelle des chrétiens à la mission de l'Évangile. Rien n'est simple dans la ville contemporaine. Il faut se transformer et retourner dans la rue. Certes, il n'est pas facile de vivre dans la ville : « Aujourd'hui, la vie dans les grandes villes est complexe ; les liens de race, d'histoire et de culture n'y sont pas homogènes et les mêmes droits ne sont pas partagés également par tous ceux qui y résident »[63]. Et pourtant, la vie citadine est la condition des chrétiens aujourd'hui.

Voir loin

Entre le monde local et le monde global, de nombreux faits interpellent le chrétien, depuis le pauvre qu'il rencontre sur son chemin jusqu'aux images d'hommes et de femmes en souffrance dans les pays lointains qu'il voit tous les jours à travers les médias. Il s'interroge sur la solidarité. La question posée à Jésus sur le prochain est toujours actuelle : qui est mon prochain ? C'est sans aucun doute celui qui est proche. Et pourtant, aujourd'hui, les médias nous mettent

---

62. Pape François, Discours aux évêques brésiliens, Voyage apostolique à Rio de Janeiro à l'occasion de la XXVIIIème Journée mondiale de la jeunesse, 27 juillet 2013.

63. J. M. Bergoglio-Papa Francesco, *Dio nella città*, *op. cit.*, p. 5.

en contact avec des tragédies très lointaines. Il est significatif que la Croix Rouge soit née dans un élan humanitaire au dix-neuvième siècle, à un moment où la photographie a mis sous les yeux de l'opinion publique le supplice vécu par les blessés de guerre. Cette souffrance lointaine était reproduite et pouvait être vue même par ceux qui n'étaient pas présents[64]. C'est justement lorsqu'on ressent comme « proche » celui qui souffre et qui est loin de nous géographiquement que naît la solidarité internationale. Pour Peter Singer, dans cette situation, deux conduites différentes s'imposent à l'homme contemporain : sauver l'enfant qui est en train de se noyer dans l'étang sous mes yeux et, en même temps, contribuer à sauver un autre enfant qui meurt de faim au Soudan[65].

Aujourd'hui, bombardés d'images et de nouvelles des événements douloureux qui se passent dans des pays lointains, nous nous sommes peu ou prou accoutumés à cette réalité. L'inflation d'informations a un effet déresponsabilisant. On est mis au courant de tant de situations problématiques que l'on finit par se dire qu'il est impossible de suivre. Et ainsi, entre impuissance et oubli, on se replie sur sa propre vie. En 1966, devant le problème de la faim en Inde, Paul VI a eu des paroles qui ont marqué durablement l'adolescent que j'étais et qui me marquent encore : « Regardez l'humanité ; oui, notre humanité, tellement avancée et puissante ; regardez : plus de la moitié des êtres humains qui la composent sont dans un état de souffrance que nous devons appeler ignoble et intolérable ; ils souffrent de la faim. La faim, littéralement !…

64. Cf. N. Bouvier, M. Mercier, *Guerre et Humanité, un siècle de photographie*, Genève, Skira, 1995, pp. 7-13.

65. Cf. O. Clément, *Petite boussole spirituelle pour notre temps*, *op. cit*.

Personne d'entre vous ne restera sourd à cette nouvelle inattendue »[66]. Paul VI touchait un problème qui est plus que jamais d'actualité : les médias nous apportent des nouvelles tragiques de tous les coins du monde, mais que faut-il faire ? Le monde est devenu un village global, on est informé en temps réel, mais comment réagir ? Paul VI poursuivait :

> « C'est un phénomène caractéristique de notre époque, dans lequel les rapports entre les hommes ont porté à la connaissance de tous la vie de l'humanité tout entière. Aujourd'hui personne ne peut dire : je ne savais pas. Et, en un certain sens, aujourd'hui personne ne peut dire : je ne pouvais pas, ce n'était pas mon devoir. La charité tend la main à chacun de nous. Que personne n'ose répondre : je ne voulais pas ! Eh bien, aujourd'hui, mes très chers enfants, cette main est aussi la nôtre. Et nous vous la tendons en mendiant... »[67].

Aujourd'hui, on pourrait redire ces paroles devant toutes les grandes crises humanitaires qui sévissent partout dans le monde. Une vue large mais sans cœur rend l'homme indifférent. Ces dernières années ont connu de grands moments de solidarité internationale. L'Église elle-même a stimulé cette solidarité en rendant les communautés chrétiennes du Nord sensibles aux drames de la pauvreté dans les pays du Sud. Mais aujourd'hui, avec la crise économique et la multitude de situations dramatiques, la solidarité internationale est en partie éclipsée. À l'occasion de sa visite sur l'île de Lampedusa, lieu d'accostage de nombreux réfugiés qui

66. Paul VI, Audience générale, 9 février 1966 (en italien). Notre traduction.
67. *Ibid*.

traversent la Méditerranée sur des embarcations de fortune et qui parfois y perdent la vie, le pape François a souligné combien « nous sommes désorientés, nous ne sommes plus attentifs au monde dans lequel nous vivons (...), nous ne sommes plus capables de nous garder les uns les autres ». Il y a comme une anesthésie devant la douleur de toutes ces personnes : « La mondialisation de l'indifférence nous a ôté notre capacité de pleurer ». Et pourtant, la « voix du sang », cette voix qui s'élève du cœur des tragédies humaines, pose une question radicale : « Où est ton frère ? ».

> « Ce n'est pas une question adressée aux autres, c'est une question adressée à moi, à toi, à chacun de nous. (...). Qui est le responsable du sang de ces frères et sœurs ? Personne ! Tous nous répondons ainsi : ce n'est pas moi, moi je ne suis pas d'ici, ce sont d'autres, certainement pas moi. Mais Dieu demande à chacun de nous : "Où est le sang de ton frère qui crie vers moi ?". Aujourd'hui, personne dans le monde ne se sent responsable de cela ; nous avons perdu le sens de la responsabilité fraternelle ; nous sommes tombés dans l'attitude hypocrite du prêtre et du serviteur de l'autel, dont parlait Jésus dans la parabole du Bon Samaritain (...). La culture du bien-être, qui nous amène à penser à nous-même, nous rend insensibles aux cris des autres, nous fait vivre dans des bulles de savon »[68].

Le jugement du pape est sévère : « Dans ce monde de la mondialisation, nous sommes tombés dans la mondialisation de l'indifférence. Nous sommes habitués à la souffrance de l'autre, cela ne nous regarde pas, ne nous intéresse pas, ce

68. Pape François, Homélie lors de la visite à Lampedusa, 8 juillet 2013.

n'est pas notre affaire ! »[69]. En se rendant à Lampedusa, le pape François nous a fait « voir » de près cette tragédie. Nous devons « voir » aussi ce qui se passe au loin. C'est le primat du cœur : on n'a pas la solution pour tout, mais on ne peut pas fermer son cœur sous prétexte que pour le moment on n'a pas la solution. Il faut garder au cœur cette inquiétude par laquelle on s'associe et qui pousse à chercher et à prier.

Vision et histoire

Le monde s'est élargi et le grand problème, aujourd'hui, est d'avoir une vision. La notion de vision présente une dimension géographique (selon que les mondes sont lointains ou proches), mais aussi une dimension historique et une perspective d'avenir. Le poète italien Andrea Zanzotto écrit : « Nous sommes faits pour de grands horizons, même si cela coûte ». Emilio Vergani observe que la vie publique est généralement caractérisée par une absence de vision : « Cette absence (ou cette perte) découle, en bonne partie, d'un manque de force de la pensée, d'un manque d'imagination et de volonté »[70]. L'absence de vision réduit l'espace au monde qui gravite autour de soi et limite le temps au présent. Le cardinal Bergoglio a critiqué ce « conjoncturalisme », cette « vision à court terme », cette manière de fixer « le présent comme si c'était la seule dimension du temps, [cette attitude] qui n'offre ni vision ni regard stratégique et qui fait de l'occupation d'espaces le but ultime de l'activité

69. *Ibid.*

70. E. Vergani, *Costruire visioni. Fare il mondo come dovrebbe essere*, Roma, Exòrma, 2012, p. 15.

politique, sociale et économique »[71]. On recherche son intérêt individuel, on exalte le particularisme et la fragmentation. Cette mentalité devient celle de beaucoup et l'on finit par agir en solitaire, ce qui empêche la maturation d'un projet commun pour l'avenir.

En Argentine, l'archevêque Bergoglio avait fustigé l'incapacité de la politique à réaliser une synthèse et à avoir un projet. À propos de la politique, il ne mâche d'ailleurs pas ses mots : « Nous avons plutôt tendance à insister sur ce qui nous divise plutôt que sur ce qui nous unit ; nous avons tendance à encourager le conflit plutôt que l'entente »[72]. En Italie, une politique du conflit a récemment pris le pas sur une politique qui, pour être plus idéologique peut-être, ne s'en référait pas moins à des cultures particulières, quelles que soient leurs limites. Aujourd'hui la politique a formé une alliance structurelle avec les médias, et l'invasion du numérique, en créant l'illusion d'une démocratie directe, remet en question toute médiation politique. Bergoglio dit encore :

> « La réduction de la politique à un spectacle ou à une simple image est un phénomène plus récent, qui promeut des personnages sans consistance ni propositions, incapables de gérer ou de trouver des solutions pour affronter des situations complexes comme celles que les sociétés contemporaines ont à vivre. Ce n'est pas un problème local. Il n'est pas nécessaire de donner des exemples pour que l'on se rende compte de l'émergence de responsables politiques inconsistants, produits par

71. J. M. Bergoglio, *Noi come cittadini, noi come popolo*, *op. cit.*, p. 53.
72. Pape François, *Je crois en l'homme*, *op. cit.*, p. 116.

des campagnes publicitaires ou avec la complicité des médias »[73].

La crise de la solidarité, le manque de vision, le conjoncturalisme, le divorce entre la politique et la culture sont les expressions d'une société dans laquelle l'histoire manque de profondeur, mais aussi où l'on perd l'espoir d'en écrire une nouvelle page. En 1995, le moine Giuseppe Dossetti, fin observateur du temps présent, s'inquiétait de la situation contemporaine : « Nous sommes devant l'épuisement des cultures (…). Je ne vois pas naître de pensée nouvelle, ni du côté profane ni du côté chrétien. » Et il ajoutait :

> « Nous sommes tous immobiles, fixés sur un présent que nous cherchons à rafistoler, d'une certaine façon, mais sans avoir le sens de la profondeur des changements. Ce n'est pas une vision catastrophique, mais réaliste ; ce n'est pas du pessimisme, parce que je sais que le sort de toute chose est dans les mains de Dieu. L'espérance ne faiblit pas, l'espérance qu'une ouverture à un monde différent, un peu plus vivable, se fraiera un chemin à travers des voies nouvelles et imprévisibles… »[74].

La crise de la culture, comme son repli sur le présent, sont deux grandes pauvretés des pays européens. Une époque qui n'est pas habitée par l'histoire devient cyclique, elle fait disparaître le futur et reste prisonnière d'un présent exigu. La mondialisation aplatit la vision sur un présent sans frontières qui tourne autour de l'ego, créant de petites satisfactions, mais dans un contexte de grand désarroi. L'histoire traverse

73. J. M. Bergoglio, *Noi come cittadini, noi come popolo*, *op. cit.*, p. 54.
74. G. Dossetti, *Scritti politici 1943-1951*, Genova, Marietti, 1995, p. LIX.

une crise elle aussi et n'a plus l'importance culturelle et politique qu'elle avait hier – que l'on pense aux historiographies nationales, si répandues entre le dix-neuvième et le vingtième siècle. Et pourtant, l'histoire est une composante déterminante de la culture humaniste.

Le futur pape observe qu'un peuple a un héritage, avec ses limites et ses avantages, et qu'il doit s'en charger « parce que c'est exactement le point pour pouvoir apporter notre contribution au futur »[75]. Il ajoute que « la mémoire est une force d'unification et d'intégration », même si « la mémoire des peuples n'est pas un ordinateur, mais un cœur »[76]. La famille non plus n'est pas une famille si elle n'a pas de mémoire (« une famille qui ne respecte pas ses personnes âgées et ne s'en occupe pas… est une famille brisée »). Enfin, « une famille et un peuple qui font mémoire sont une vraie famille et un peuple qui a un avenir ». Le pape a le sens de l'histoire. Si une communauté n'a pas le sens de l'histoire, si une communauté n'a pas d'histoire, elle n'a pas d'avenir.

Mutiler l'histoire, comme cela se passe dans de nombreux nouveaux pays, ou l'oublier parce qu'on l'a aplatie sur le présent, aboutit à une crise de l'espérance et des visions de l'avenir. Un des plus grands historiens du vingtième siècle, Eric Hobsbawm, parle de la « destruction du passé, ou mieux, la destruction des mécanismes sociaux qui relient l'expérience des contemporains à celle des générations précédentes ». Et il ajoute : « À la fin du siècle, la majeure partie des

75. J. M. Bergoglio, *Noi come cittadini, noi come popolo*, *op. cit.*, p. 25.
76. Cf. M. Fazio, *Con Papa Francesco*, *op. cit.*, p. 52.

jeunes a grandi dans une sorte de présent permanent »[77]. Le pape François partage cette vision des choses, lui qui a écrit :

> « Ceux qui construisent l'histoire, ce sont les générations qui se succèdent, telles un peuple en chemin. C'est pourquoi tous les efforts individuels, si précieux soient-il, toutes les étapes de gouvernements qui se relaient, si importantes qu'elles aient été, et les événements et les processus historiques qui, dans le temps, forgent l'histoire d'un peuple, porteur de vie et de culture, ne sont qu'une partie d'un tout complexe et différent qui interagit dans le temps : un peuple qui lutte pour un sens, qui lutte pour un destin, qui lutte avec dignité »[78].

Pour le cardinal Bergoglio, chaque homme, chaque femme est une « personne historique ». La nation et la politique ont besoin d'une conscience historique. Le christianisme lui-même, comme le disait Marc Bloch, est une religion historique et ses textes sacrés sont aussi des livres d'histoire. Aborder l'histoire de l'Argentine et de l'Amérique latine conduit à prendre en compte des histoires complexes que l'on ne peut éluder, comme la *Conquista* ou le péronisme[79]. Pour Bergoglio, l'histoire d'un pays ne doit pas être une épopée patriotique ou nationaliste et celle de l'Église ne doit pas être une apologie.

Car l'histoire est pleine d'horreurs, des croisades aux guerres de religion et à la *Conquista* : « Culturellement, à

77. E. Hobsbawm, *L'âge des extrêmes. Histoire du court* XXème *siècle*, Paris, Éd Complexe/Le Monde diplomatique, 1994, p. 21.

78. J. M. Bergoglio, *Noi come cittadini, noi come popolo, op. cit.*, p. 26.

79. Sur l'Église latino-américaine du vingtième siècle, voir G. La Bella, *Roma e l'America Latina*, Milano, Guerini e Associati, 2012.

une époque, on agissait comme cela. La foi et l'épée allaient de pair. C'est révélateur de la bestialité dont nous sommes parfois capables », affirme Bergoglio, tout en condamnant ces graves erreurs. En même temps, « si l'on n'étudie pas le contexte culturel, on aboutit à une lecture anachronique déplacée » ; « toute interprétation historique doit être faite avec la grille de lecture de l'époque. Dès qu'on extrapole à partir d'une autre grille de lecture, on défigure l'histoire sans la comprendre »[80]. On ne peut pas analyser l'histoire « à partir d'une pureté éthique a priori ». Bergoglio refuse que l'histoire puisse être « tribunalisée » pour juger des personnes, des événements et des peuples.

Bergoglio conclut ses réflexions sur l'histoire par une considération qui fait écho à l'analyse de Marc Bloch : « L'analyse historique doit toujours tenir compte des normes de l'époque, avec leur grille d'interprétation »[81]. Sortie de soi, rencontre, sympathie, toutes expressions chères au pape, reviennent aussi dans les travaux de l'historien, bien que d'une façon très particulière. Henri-Irénée Marrou, grand expert de l'Antiquité, affirmait que « l'historien nous est apparu comme l'homme qui (...) sait sortir de soi pour s'avancer à la rencontre d'autrui. On peut donner un nom à cette vertu : elle s'appelle la sympathie »[82]. Il ajoutait qu'il faut construire « un lien d'amitié » avec l'objet historique que l'on étudie, rappelant la belle formule de saint Augustin : « On ne connaît personne, sinon par l'amitié ».

---

80. J. Bergoglio, A. Skorka, *Sur la terre comme au ciel*, *op. cit.*, pp. 202-203.
81. *Ibid.*, p. 203.
82. H.-I. Marrou, *De la connaissance historique*, Paris, Le Seuil, 1954 p. 97.

Dans la vie de l'Église, la dimension historique n'est pas moins importante. Elle est souvent négligée dans les études ecclésiastiques, parfois par crainte que l'étudier ne mène à relativiser les vérités de la foi. Or c'est tout le contraire : l'histoire aide à comprendre la réalité, à pénétrer plus en profondeur les situations, sans se limiter à des réactions émotionnelles, cantonnées au présent. La mondialisation a une histoire, comme l'affirme l'historien Agostino Giovagnoli ; elle ne produit pas un monde d'où le temps est absent, un monde purement économique et aplati sur le présent[83]. En réalité, la fréquentation de l'histoire fait grandir une conscience et une vision humanistes de la vie des peuples et des personnes.

83. Cf. A. Giovagnoli, *Storia e globalizzazione*, Roma-Bari, Laterza, 2003.

VI
Un pape du bout du monde

Sortir de l'autoréférentialité

En 1978, l'élection d'un pape non italien, d'un pape « étranger », comme on disait à l'époque, a marqué un tournant radical. Il s'agissait malgré tout toujours d'un Européen, originaire de Cracovie, une ville profondément intégrée dans la culture de l'empire des Habsbourg (qui avait embrassé la Vénétie et la Lombardie, patries de plusieurs papes italiens du vingtième siècle). Ce qui caractérisait Jean-Paul II, c'est qu'il venait d'un pays communiste. Bergoglio, lui, vient de l'hémisphère sud. Pour la première fois dans son histoire bimillénaire, l'Église romaine a un pape qui ne vient ni d'Europe ni du bassin méditerranéen, ces premières régions évangélisées par le christianisme.

Dans son livre, *La terza Chiesa alle porte*, écrit en 1974, Walbert Bühlmann prévoyait que l'Église du « tiers-monde », quand elle s'affirmerait, allait changer le catholicisme[1]. Aujourd'hui, un fils de la « Troisième Église » n'est plus

1. W. Bühlmann, *La terza Chiesa alle porte*, Roma, Paoline, 1976.

« à nos portes », mais bien sur la chaire du pape de Rome, à la tête de la plus ancienne institution européenne et occidentale. On pourra objecter que l'Argentine est très liée à l'Europe, cela n'empêche qu'elle fait partie intégrante de l'immense ensemble des pays du Sud. Il y a deux ans, avec une grande intelligence des temps où nous vivons, le collège des cardinaux a choisi un pape non européen. C'est là toute la nouveauté. Les cardinaux n'ont pas confié à un Européen la responsabilité du catholicisme mondial. Cela ne signifie pas que l'Église catholique ait tourné le dos à l'Europe : le pape est l'évêque de Rome, et c'est de là que l'Argentin François a commencé et continuera d'exercer la majeure partie de son ministère. Il n'empêche que les cardinaux ont choisi, pour guider l'Église universelle, un homme appartenant à un monde qui n'est pas européen. Ils ont ainsi admis que le catholicisme du vieux continent ne représente plus, ou plus si fortement, le centre de gravité de l'universalité catholique.

Le catholicisme du XXIème siècle sera de plus en plus une religion du Sud, comme l'observe Philip Jenkins dans un livre intitulé *La troisième Église*. L'Amérique latine est aujourd'hui le continent le plus catholique, et de loin : 42 % des fidèles catholiques du monde (mais seulement 20 % des prêtres) y vivent. L'Europe et l'Amérique du Nord représentent seulement 35 % des fidèles catholiques du monde (mais 68 % des prêtres). L'avenir démographique du catholicisme est au Sud. Par ailleurs, contrairement à ce que beaucoup prétendent, Philip Jenkins pense que le christianisme ne sera pas dépassé numériquement par l'islam.

Tenir compte de la force du catholicisme dans le Sud du monde ne signifie pas que Rome va s'effacer dans sa mission d'être au service de l'univers catholique. Jean-Paul II et

Benoît XVI étaient tous deux profondément convaincus que si le christianisme ne perdurait pas en Europe, on allait assister à une crise au niveau universel. Le pape Wojtyła a mené sa bataille pour évangéliser l'Occident et déboulonner la domination communiste à l'Est. Le pape Ratzinger a lutté et dialogué avec la pensée occidentale. Le pape François, lui, se présente souvent comme « Évêque de Rome ». Et le monde globalisé met précisément en lumière la valeur irremplaçable du service de l'Évêque de Rome en faveur de l'unité de l'Église. Le cardinal Duval, archevêque d'Alger et père conciliaire, affirmait quant à lui l'importance de la primauté du pape pour équilibrer le catholicisme et éviter que les Églises du Nord, avec leurs puissants moyens financiers et leur force intellectuelle, ne deviennent hégémoniques[2].

Comme toutes les réalités du monde globalisé, l'Église catholique est tentée de se protéger des vents de la mondialisation par le repli autoréférentiel, de se concentrer sur son horizon local ou ses problèmes structurels propres. La globalisation accentue la peur et le conservatisme dans l'Église. Le traditionalisme et la nostalgie du passé, souvent justifiés au nom de la fidélité, cachent en réalité une crainte du présent et de l'avenir. Pour le pape, une Église qui, pour se défendre, adopte une attitude conservatrice (et arrogante en apparence, parce qu'elle a peur), devient une communauté de « chrétiens de musée ».

En raison de l'osmose qui existe entre l'Église et le vieux continent, le climat de crise et la perte de prestige des nations européennes à l'échelle mondiale renforcent chez

2. Cf. Ph. Jenkins, *La terza Chiesa. Il cristianesimo nel XXI secolo*, Roma, Fazi, 2004, pp. 277 sq.

les catholiques une tendance à l'autoréférentialité, fréquente dans les structures catholiques et parmi les fidèles. Suscité par le dépaysement que provoquent les horizons démesurés de la mondialisation, ce comportement témoigne aussi d'un souci de se protéger de la « contagion » des environnements si différents avec lesquels l'Église est en contact. On est enclin à faire ce choix quand on n'a pas de vision du monde et que l'on a du mal à comprendre les grandes transformations contemporaines.

On subit alors les changements sans dialoguer ni interagir avec eux, souvent sans leur attacher d'importance. Et pourtant, dans un monde dont le centre de gravité n'est plus en Europe et où les États-Unis ne sont plus la grande puissance hégémonique, les changements sont importants. On assiste à un déplacement de l'intérêt vers des univers où le christianisme est moins présent, tels les mondes chinois et indien. Il ne s'agit pas d'un transfert de l'hégémonie mondiale des États-Unis vers l'Asie, mais de l'affirmation d'une multipolarité complexe.

Devant la complexité de ces transformations, l'autoréférentialité devient une option confortable : elle permet aux hommes d'Église de vivre dans des environnements qu'ils croient contrôler. La pauvreté, au contraire, consiste à sortir sur les chemins de la transhumance humaine, à rencontrer, dialoguer, accompagner, comprendre et communiquer l'Évangile, à ne pas renoncer à être un peuple de croyants. Aujourd'hui, si la pensée de l'Église sur la globalisation n'est pas suffisamment développée, c'est parce que dans de nombreux milieux chrétiens on peine à regarder en dehors de son propre monde et on se borne à répéter ce qui a toujours fonctionné, alors qu'il faut saisir les signes des temps pour orienter la vie du peuple de Dieu, comme l'affirmé le Concile et comme Jean XXIII l'a fait. Lors du pré-conclave, le cardinal Bergoglio avait tracé le portrait du pape dont l'Église avait besoin :

> « À propos du prochain pape, il faut un homme qui, en partant de la contemplation et de l'adoration de Jésus-Christ, aide l'Église à sortir d'elle-même pour aller vers la périphérie existentielle de l'humanité, de sorte qu'elle soit une mère qui engendre la "joie douce et réconfortante d'évangéliser" »[3].

L'Église doit sortir d'elle-même pour entrer dans les périphéries humaines, urbaines et géographiques. Nous avons déjà évoqué cette dimension de la mission. Méditant sur l'apôtre Paul et sur son zèle apostolique, le pape affirme qu'une forme de « folie spirituelle » est nécessaire aux chrétiens : « Dans l'Église, il y a des chrétiens tièdes, avec une certaine tiédeur, qui n'ont pas envie d'aller de l'avant, ils sont bons. Il existe aussi des chrétiens de salon, ceux qui sont bien élevés, tout est bien, mais ils ne savent pas donner des enfants à l'Église par la ferveur apostolique de leur annonce »[4].

Pour Bergoglio, le chemin de l'Église ne se comprend pas seulement à partir du centre, mais à partir des périphéries. Le choix de la périphérie n'est pas qu'une option spirituelle et pastorale : c'est un choix réaliste qui prend acte de la situation du monde global, en grande partie constitué de périphéries.

---

3. *"L'intervento del cardinale Bergoglio che ha convinto i cardinali"* (cf. www.aleteia.org).

4. Pape François, Méditation du matin dans la chapelle de la Maison Sainte-Marthe, 16 mai 2013 (en italien).

Mais il faut ouvrir les yeux pour comprendre ce qui est en train de se passer. Ensuite, pour mieux comprendre l'histoire et pour l'aimer, il faut vivre une expérience spirituelle. C'est à partir du primat de Dieu dans la vie que l'on peut poser un regard différent sur la réalité, à l'exemple de la Sainte Vierge: « Le regard de Marie nous aide à regarder ceux que nous regardons instinctivement moins... »[5]. Sur le plan culturel aussi, François insiste beaucoup sur le lien entre la prière et la théologie: la « piété est, pour ainsi dire, l'herméneutique fondamentale de notre théologie »[6].

Des hommes et des femmes qui prient pourront comprendre le monde contemporain et aider l'Église à trouver la route à parcourir dans l'espérance. Ils essaieront de saisir la réalité à partir de toutes les périphéries. Une Église qui vit dans la périphérie et dans tous ces mondes fragmentés n'est pas une communauté éclatée. Les différences des territoires et des cultures s'ajustent dans la communion. C'est elle qu'il faut continuellement revitaliser. Quand elle vit la communion, aucune communauté n'est seule ni autoréférentielle. « Nous ne sommes pas seuls, nous sommes nombreux, nous sommes un peuple ! », s'exclamait le cardinal Bergoglio au sanctuaire de Lujàn[7].

Le grand débat sur l'avenir de l'Église ne porte pas sur la question du centralisme ou de la décentralisation du catholicisme, mais sur les moyens de se libérer du risque de l'autoréférentialité et de réaliser une communion véritable.

---

5. Homélie citée in M. Fazio, *Con Papa Francesco. Le chiavi del suo pensiero*, Milano, Ares, 2013, pp. 62-64.

6. J. M. Bergoglio-Papa Francesco, *Aprite la mente al vostro cuore*, Milano, Rizzoli, 2013, p. 44.

7. Texte cité in M. Fazio, *Con Papa Francesco*, *op. cit.*, pp. 62-64.

Le groupe de cardinaux que le pape a appelés pour discuter des problèmes de l'Église et de la réforme de la curie incarne cette recherche de communion, dans la mesure où leur choix a répondu à une volonté de représenter les différents continents. À l'époque du Grand Jubilé de l'an 2000, Jean-Paul II avait ébauché un projet de réforme. Il avait déjà effectué une réforme structurelle de la curie en 1988, mais il pensait qu'il fallait aller plus loin. « Faire de l'Église *la maison et l'école de la communion :* tel est le grand défi qui se présente à nous dans le millénaire qui commence si nous voulons être fidèles au dessein de Dieu et répondre aussi aux attentes profondes du monde »[8], avait-il écrit dans *Novo millenio ineunte*.

Ce grand dessein, conçu comme une réception renouvelée de Vatican II, n'a pas abouti à une mise en œuvre pratique en raison de la maladie du pape et des tensions mondiales après le 11 septembre 2001. La priorité du pape Wojtyła n'était pas de travailler sur les institutions ; il voulait avant tout « promouvoir une spiritualité de communion » en vivant et en travaillant avec les autres pour instaurer une authentique dimension d'amitié et de service. Cette réforme spirituelle centrée sur la prédication de la Parole de Dieu et sur la contagion de l'exemple reste inaccomplie, bien que Benoît XVI lui ait apporté des fondements spirituels importants. En l'an 2000, Wojtyła rêvait d'un nouvel engagement à cultiver des espaces de communion et à les dilater :

> « Une spiritualité de la communion, c'est enfin savoir « donner une place » à son frère, en portant « les fardeaux les uns des autres » (*Ga* 6,2) et en repoussant les tentations égoïstes qui continuellement nous tendent des pièges

8. Jean-Paul II, Lettre apostolique *Novo millennio ineunte,* 2001, n. 43.

> et qui provoquent compétition, carriérisme, défiance, jalousies. Ne nous faisons pas d'illusions : sans ce cheminement spirituel, les moyens extérieurs de la communion serviraient à bien peu de chose. Ils deviendraient des façades sans âme, des masques de communion plus que ses expressions et ses chemins de croissance »[9].

Or n'est-ce pas précisément cette spiritualité de communion que le pape François reprend aujourd'hui, avec le naturel de quelqu'un qui essaie d'en vivre ? Avant d'être élu pape, le cardinal Bergoglio écrivait déjà : « Et quand le dialogue entre le pasteur, le peuple de Dieu tout entier, le grand pasteur, le Christ, le pape et les évêques, quand ce dialogue emprunte la même voie, on ne peut pas se tromper parce qu'on est assisté par l'Esprit-Saint. Mais pour que le peuple de Dieu ne se trompe pas, il doit exister ce dialogue, cette loyauté et cette universalité de tout le peuple saint, fidèle à Dieu, qui va au-delà des frontières d'une paroisse, d'un diocèse, d'un pays. C'est cela, écouter l'Évangile »[10]. La route est encore longue.

Comment sortir de la crise de l'Église

Où le pape François mène-t-il l'Église ? Dans l'ensemble, depuis son élection, l'opinion publique a exprimé un jugement extrêmement positif sur le pape. Il y a dans l'air, nous l'avons dit, un sentiment de bienveillance à son égard, une sympathie toujours neuve. Les problèmes seraient-ils tous résolus ? Évidemment non, même si le pape a veillé

9. *Ibid.*

10. J. M. Bergoglio-Papa Francesco, *Aprite la mente al vostro cuore*, *op. cit.*, p. 48.

à les relativiser, en plaisantant par exemple à propos de l'IOR[11], tout en maintenant avec une grande fermeté la ligne de son prédécesseur sur le problème de la pédophilie. Mais l'attention générale s'est très tôt déplacée des aspects institutionnels vers la personne du pape et son message. La communication de l'Église a retrouvé ce clair-obscur humain qui donne une profondeur à son contenu.

Juste après l'élection du pape François, les médias avaient aplati les enjeux en braquant le projecteur sur les problèmes institutionnels et administratifs. Ils avaient été sans pitié. Un critique d'art anglais, John Ruskin, a écrit : « C'est l'excès de lumière qui rend la vie d'aujourd'hui parfaitement vulgaire »[12]. Envahie par la lumière des médias, la vie de l'Église semblait être devenue une chose vulgaire. Le pape François n'a pas fermé les volets, il n'a pas cherché à éviter que les projecteurs médiatiques ne mettent sous la lumière les questions internes – il l'a montré au cours de la longue interview qu'il a accordée lors de son voyage de retour du Brésil. Mais il a réagi à l'« idéologie de la banalité », comme disait Ratzinger, c'est-à-dire à la banalisation de la vie ecclésiale. Il n'a pas attaqué le monde pour son immoralité ou ses contradictions. Il n'a condamné personne. Il a présenté son message avec la force du vécu et la simplicité de la miséricorde.

L'Église de François ne se prétend pas parfaite. Le pape n'est pas un juge qui émet des sentences sur l'humanité. Il rappelle continuellement qu'il est lui-même pécheur et que le plus grand péché est de ne pas demander pardon à Dieu. Comme il l'a affirmé une fois, « pour être un bon

11. N.d.E. : L'Istituto per le Opere di Religione est la principale institution financière du Saint-Siège.

12. *La Repubblica*, 10 septembre 2008, p. 37.

chrétien, il est nécessaire de se reconnaître pécheur». Mais les défauts de l'Église n'enchaînent pas son message. Il y a et il y aura toujours des difficultés : c'est le propre de l'humanité de l'Église. On lui reproche de ne pas être « parfaite », de ne pas vivre en cohérence avec l'image qu'elle veut donner d'elle-même. Ce reproche est souvent l'expression d'une antipathie, d'une hostilité à l'encontre de l'Église ; il trouve sa justification dans la suffisance apparente d'une Eglise qui, en réalité, a peur.

De fait, la longue histoire de l'Église est celle d'une série de difficultés et de crises. Une histoire qui vient de la fragilité des chrétiens, mais aussi de l'adversité, des persécutions, des contradictions qu'elle rencontre sur son chemin temporel. On ne peut pas dire que les années de Pie XII n'ont pas été dures, avec la Seconde Guerre mondiale et les chrétiens de l'Est soumis aux persécutions communistes. Le pontificat de Paul VI, qui espérait un printemps de l'Église après le Concile, a été également très difficile, marqué par une contestation ecclésiale et par une polarisation sur la vie interne de l'Église. Jean-Paul II lui-même, bien qu'il ait été célébré comme le vainqueur du communisme, a connu des périodes dures, l'échec même, avec les massacres au Rwanda catholique, l'impuissance devant la guerre en Irak... La crise accompagne la vie d'une Église dont l'histoire n'est jamais triomphale.

Dans l'*Agonie du christianisme*, Miguel de Unamuno note justement que le christianisme doit être compris dans le sens « agonistique », c'est-à-dire comme une lutte : « Il faut définir agonistiquement le christianisme... »[13]. Le christianisme n'est jamais pleinement réalisé». Le philosophe français

13. M. de Unamuno, *L'agonie du christianisme*, Paris, Berg International, 1996, p. 45. Cf. aussi l'introduction de l'ouvrage par E. Poulat.

Étienne Gilson met en garde contre « l'illusion que le christianisme, qui est une révolution religieuse permanente au cœur du monde, aurait été jadis une révolution "réussie" »[14]. Pour lui, les chrétiens doivent se défaire de l'idée qu'ils vivent une phase de décadence par rapport à un âge d'or passé, parce que le véritable risque qui guette le christianisme, c'est justement de se sentir reconnu, garanti et réalisé. Ernesto Buonaiuti, figure de proue du modernisme, qui rêvait d'une nouvelle saison spirituelle, observait pour sa part que le christianisme avait commencé à décliner « précisément le jour où il a cru tenir le monde entre ses mains »[15].

Le monde de Constantin est révolu depuis longtemps[16]. Aujourd'hui, comme l'observait Karl Barth, le christianisme « ne tient plus debout, même là où il existe encore. Dans la mesure où il vit encore, il est en location chez d'autres ». Il connaît les désagréments et la précarité de celui qui vit dans une maison qui ne lui appartient pas. Mais c'était aussi cela, le christianisme des origines : être locataire chez d'autres – et quelle location pesante parfois ! La crise vient aussi des drames, des compromis, de la fatigue, de cet ensemble de comportements qu'il faut adopter pour vivre chez d'autres. Dans le christianisme, il n'existe pas d'époque à laquelle il faudrait revenir.

Il y a déjà longtemps, en 1947, le cardinal Suhard, archevêque de Paris, publiait une lettre pastorale dont le contenu, résumé dans son titre, posait une question qui eut un grand

---

14. É. Gilson, « Pas d'illusion rétrospective », in *Esprit, op. cit.*, p. 194.

15. E. Buonaiuti, *Storia del cristianesimo* (3 vol.), Milano, Corbaccio-Dall'Oglio, 1942, vol. III, p. 749.

16. Cf. G. Zamagni, *Fine dell'era costantiniana*, Bologna, II Mulino, 2012.

impact : *Essor ou déclin de l'Église ?*[17] La guerre était finie depuis deux ans, il régnait un climat de tension politique et sociale très lourd, la déchristianisation était visible dans la grande métropole qu'était Paris, le monde colonial s'orientait vers un nouvel aménagement politique… L'Église avait-elle terminé son itinéraire historique en Europe, comme beaucoup le pensaient ? Déclin ou essor de l'Église ? Pour réagir au déclin, observait le cardinal, on se réfugiait dans le traditionalisme religieux ou le conservatisme social, là où, pour lui, il fallait au contraire accepter les changements et les crises. « Le devoir de l'Église n'est pas de conserver le monde tel qu'il est, même s'il était devenu chrétien, mais de le maintenir chrétien de telle sorte qu'il ne cesse jamais de devenir autre… », écrivait-il. L'idée d'une décadence de l'Église est liée à l'illusion d'un âge d'or, qui n'a jamais existé, et au refus de cheminer dans l'histoire. La « crise » est une condition permanente de la vie du christianisme.

Pour Suhard, l'Église n'était pas en déclin ; seulement elle faisait face à des défis nouveaux et redoutables. Il entrevoyait ce qu'allait apporter la mondialisation lorsqu'il écrivait : « Les barrières tombent au-dessus de ce monde en expansion, et sous le formidable choc de cette nouvelle marée qui renverse et nivelle tout, les diaphragmes se brisent, manifestant ainsi sur tout le globe ce que l'on avait vu en petit lors de l'apogée de Rome, dans le monde méditerranéen : une civilisation commune se profilait »[18]. Il s'agissait d'une situation nouvelle et difficile pour l'Église. Telle était l'idée de l'archevêque de Paris, après les bouleversements de la guerre mondiale,

---

17. E. Suhard, *Essor ou déclin de l'Église ?*, Paris, Éditions du Vitrail, 1947.
18. *Ibid.*, p. 4.

l'instauration d'un empire communiste, les prémices de la fin des empires coloniaux… et davantage encore.

L'Église doit parfois prendre des tournants décisifs quand s'ouvrent de nouveaux horizons, tandis que d'autres disparaissent et que des murs de protection tombent. Alors que le monde romain déclinait, Grégoire le Grand eut le courage de regarder loin, vers le monde barbare, vers les Angles d'Angleterre, et il envoya ses moines les évangéliser (ce fut le début du christianisme anglo-saxon). L'Église se disloque quand un monde disparaît, mais elle-même ne décline pas nécessairement. Emilio Gandolfo, spécialiste de Grégoire le Grand, écrit ceci : « Les barbares se pressent aux portes de Rome sur le point de céder ; mais là où Rome pressent sa fin, Grégoire voit une porte nouvelle et prometteuse pour l'Évangile. Il n'identifie pas l'Évangile à la civilisation qui va disparaître ; pour lui comme pour saint Paul, l'Évangile est la puissance de Dieu pour sauver ceux qui croient, qu'ils soient romains ou barbares »[19].

« Barbare » signifie périphérique par rapport à l'Empire jusqu'alors considéré comme le centre du monde. Le pape Bergoglio (qui connaît bien Grégoire le Grand), ne nie pas la crise : il l'assume comme étant une condition permanente que l'Église ne peut vivre qu'en privilégiant l'ouverture à la mission, en se tournant vers l'avenir et vers les périphéries du monde. Il n'existe pas un passé qu'il faudrait restaurer pour éviter le déclin ; « ce type de fondamentalisme "restaurationiste" est comme l'opium, parce qu'il éloigne du Dieu vivant ». Le pape François arrache l'Église au déclin en

---

19. E. Gandolfo, *Gregorio Magno. Servo dei servi di Dio*, Milano, Istituto Propaganda Libraria, 1980, p. 86.

acceptant la crise, sans s'enfermer dans le pessimisme ou la nostalgie. C'est ce qu'écrit Jenkins à la fin de son livre :

> « Le christianisme n'est jamais aussi faible qu'il le paraît, ni aussi fort qu'il le semble. Que nous regardions l'histoire passée ou celle à venir, nous pouvons voir que le christianisme a prouvé à maintes reprises sa capacité stupéfiante à transformer la faiblesse en force »[20].

Ce dont l'apôtre Paul avait eu l'intuition dès les premiers pas de la vie de l'Église se réalise dans l'histoire du christianisme. C'est pour cela qu'il avait écrit aux Corinthiens : « Lorsque je suis faible, c'est alors que je suis fort » (*2e Lettre aux Corinthiens* 12,10). Il avait affirmé dans la même lettre : « Mais ce trésor, nous le portons comme dans des vases d'argile ; ainsi, on voit bien que cette puissance extraordinaire appartient à Dieu et ne vient pas de nous » (4,7). C'est la « force faible » du christianisme (et des religions), selon l'heureuse expression de l'évêque et théologien Pietro Rossano, qui touche le cœur de l'homme et le transforme de l'intérieur, sans rien imposer[21].

Dans un ouvrage d'exégèse biblique sur le binôme « faible/fort » dans le *corpus paulinum*, le bibliste Angelo Colacrai conclut que les Béatitudes demandent aux chrétiens de repartir « de ce qui est faible, méprisé, de ce ou celui qui ne compte pas pour le monde politique, militaire ou économique régnant, mais qui, précisément pour cette raison,

20. Ph. Jenkins, *La terza Chiesa*, *op. cit.*, p. 314.

21. P. Rossano, *Un tesoro in vasi di creta*, in Comunità di Sant'Egidio – Uomini e Religioni, *Mai più la guerra. War never again*, Brescia, Morcelliana, 1990, p. 13.

ressemble davantage au Christ crucifié »[22]. Une Église proche des pauvres, dans les périphéries, ne peut être paralysée par la peur de la crise ou par la crainte de manquer de ressources. Elle sait que c'est là la condition de son existence. L'enjeu, observe Bergoglio, c'est que l'espérance doit être plus forte que toute adversité et faiblesse et dépasser les horizons limités dans lesquels nous sommes habitués à vivre.

Prophétie ou gouvernement ?

On a beaucoup écrit sur les réformes qu'il faudrait faire, en particulier dans la curie romaine. Les cardinaux les ont demandées avant l'élection du pape. Des problèmes existent dans la curie et dans le gouvernement central de l'Église, comme dans les diocèses. Améliorer la qualité du service de la curie romaine est de fait nécessaire. Et comme l'a déclaré avec beaucoup de mesure le pape François, ce n'est pas simplement un problème de structure, mais aussi de qualité du personnel :

> « Une chose – cela je ne l'ai jamais dit, mais je m'en suis aperçu –, je crois que la Curie a un peu perdu le niveau qu'elle avait autrefois, au temps des vieux curialistes (...) le profil du vieux curialiste, fidèle, qui faisait son travail. Nous avons besoin de ces personnes. Je crois (...) il y en a, mais ils ne sont pas aussi nombreux qu'autrefois. Le profil du vieux curialiste : je dirais ainsi. Nous devons en avoir plus, de ceux- là... »[23].

---

22. A. Colacrai, *Forza dei deboli e debolezza dei potenti. La coppia « debole/forte » nel Corpus Paulinum*, Cinisello Balsamo, San Paolo, 2003, p. 568.

23. Pape François, Voyage apostolique à Rio de Janeiro à l'occasion de la XXVIIIème Journée mondiale de la jeunesse, Conférence de presse pendant le vol du retour, 28 juillet 2013.

On pourrait encore débattre sur l'exercice difficile du ministère épiscopal, parfois trop centré sur la personne de l'évêque qui a du mal à faire exister un « nous » dans la communion, entre autres à cause de la situation difficile des membres du clergé dans certains diocèses. La subjectivité devient évidente quand, dans la vie diocésaine, le successeur critique ou annule systématiquement le travail de son prédécesseur. La communion est difficile à construire. « La suffisance est un trait que l'on retrouve chez tous les faux prophètes, les chefs égarés qui se servent du religieux pour satisfaire leur ego »[24], avait déclaré Bergoglio. Une telle attitude peut exister dans n'importe quel mouvement ou communauté dès lors qu'on regarde les autres chrétiens avec suffisance et que l'on s'attribue un rôle messianique dans l'Église. Des groupes laïcs, monastiques ou autres peuvent ériger ces formes de messianisme ou d'aristocratie.

Il y a ensuite la grande question du cléricalisme. Le problème irrésolu du rapport entre prêtres et laïcs s'avère encore plus complexe aujourd'hui à cause de la réduction du nombre de prêtres. Le pape Bergoglio parle de « cléricalisation, parce que souvent les prêtres cléricalisent les laïcs et que les laïcs demandent à être cléricalisés »[25]. Il ajoute que les laïcs ont des potentialités non utilisées. Dans les faits, l'immense peuple de Dieu n'a été jusqu'à présent que marginalement impliqué dans la mission de l'Église, entre autres parce qu'on privilégie parfois des parcours ecclésiastiques ou des projets qui ne sont pas à la portée de tout le monde.

24. J. M. Bergoglio, A. Skorka, *Sur la terre comme au ciel, op. cit.*, p. 48.

25. Pape François, *Je crois en l'homme, op. cit.*, p. 73.

On pourrait aussi parler de la vie des religieuses et des religieux qui, à part quelques rares exceptions, connaît un certain déclin, avec le vieillissement des communautés. Si, d'un côté, prendre un engagement pour toute la vie est devenu aujourd'hui moins fréquent, de l'autre, une grande part du service que rendaient autrefois les religieux est maintenant reprise par les laïcs. Malgré cela, la disparition de la présence forte des religieux modifie nettement l'écologie humaine et spirituelle du catholicisme. Dans certaines régions et pendant longtemps, « la sœur » a représenté le visage féminin de l'Église.

Il reste enfin la question importante de la marginalisation des femmes et du féminin dans l'Église. Depuis longtemps, Bergoglio soutient qu'il est « nécessaire de dépasser la mentalité machiste qui ignore la nouveauté du christianisme… »[26]. Il ne s'agit pas de l'accès des femmes aux ministères ordonnés, mais de la nécessité d'avoir une nouvelle théologie solide de la femme[27].

Comment gouverner une réalité aussi complexe ? En inaugurant son pontificat, le pape François n'a pas élaboré de programme de gouvernement. Lors de la messe qui a suivi le conclave, il a affirmé : « C'est vraiment en partant de l'authentique sentiment vécu de la collégialité qui unit le Collège cardinalice que j'exprime ma volonté de servir l'Évangile avec un amour renouvelé, aidant l'Église à devenir toujours davantage en Christ et avec le Christ, la vigne féconde du Seigneur »[28]. S'agissait-il là de belles paroles

26. E. Himitian, *François. Un pape surprenant, op. cit.*, p. 164.

27. Pape François, Conférence de presse pendant le vol de retour de Rio de Janeiro, 28 juillet 2013.

28. Pape François, Audience à tous les cardinaux, 15 mars 2013.

de circonstance, ou bien du programme du pape ? Et est-il possible de gouverner sans un programme concret ?

Le pape ne se dérobe pas à la responsabilité de son ministère, même dans les décisions qu'il doit prendre personnellement. Mais il ne veut pas être isolé. La communion est le terrain sur lequel s'exerce son ministère. Au cours de sa première audience avec les cardinaux, il leur déclarait : « Quelqu'un me disait : les cardinaux sont les prêtres du Saint-Père. Cette communauté, cette amitié, cette proximité nous feront du bien à tous. Et cette connaissance et cette ouverture mutuelle nous ont facilité la docilité à l'action de l'Esprit Saint »[29].

Le pape François a supprimé les quelques signes qui associaient encore le ministère pétrinien à une forme de souveraineté monarchique. Dans l'*Annuaire pontifical* de 2013, par exemple, il a fait imprimer au verso de la page qui lui est consacrée tous les titres pontificaux (Vicaire de Jésus-Christ, Successeur du Prince des apôtres, Pontife suprême de l'Église universelle, Primat d'Italie, Archevêque métropolite de la province romaine, Souverain de la Cité du Vatican, Serviteur des serviteurs de Dieu) pour ne laisser au recto qu'un seul titre, ainsi mis en valeur : Évêque de Rome. Il n'a pas aboli les autres titres (Benoît XVI avait aboli celui de Patriarche d'Occident) : il les a simplement renvoyés au verso de la page[30]. On se souvient peut-être que le cardinal Bergoglio avait écrit à ce propos :

> « Les grands guides du peuple de Dieu ont été des hommes qui ont laissé une place au doute. Pour revenir

---

29. *Ibid.*

30. *Annuaire pontifical 2013,* Cité du Vatican, 2013, pp. 23*-24*.

> à Moïse, c'est le personnage le plus humble que la terre ait porté. Devant Dieu, il n'y a pas d'autre recours que l'humilité, et celui qui veut conduire le peuple de Dieu doit faire de la place à Dieu ; il doit donc se faire tout petit, se laisser envahir par le doute, les moments d'obscurité intérieure, l'interrogation sur la démarche à suivre. Le mauvais guide est celui qui est sûr de lui, qui s'entête. L'une de ses caractéristiques est de se montrer trop péremptoire par excès de confiance »[31].

Pour le nouveau pape, la question du cœur et de la foi est centrale pour celui qui veut être un bon serviteur du peuple de Dieu : « Dans la religion, la sainteté est indispensable chez le chef »[32]. Il choisit d'abord de parler au cœur. Pour lui, la conversion des cœurs et la place que chacun laisse au Seigneur dans sa vie personnelle sont le fondement de toute réforme dans l'Église. On ne peut pas dire que les papes précédents n'ont pas parlé de ces sujets ; Benoît XVI avait lui aussi insisté sur cet aspect. À ce propos, malgré les différences évidentes de personnalité et de style pastoral entre Ratzinger et Bergoglio, la continuité entre le pontificat de l'un et de l'autre est visible, comme le montre par exemple leur insistance sur le primat de la foi. Cette continuité s'est aussi exprimée à travers un fait inédit dans l'histoire : le pape François a assumé et signé le texte de l'encyclique *Lumen fidei* préparé par son prédécesseur, se contentant d'y ajouter

31. J. M. Bergoglio, A. Skorka, *Sur la terre comme au ciel*, *op. cit.*, p. 46-47.
32. *Ibid.*, p. 53.

quelques contributions[33]. Ce sens de la continuité est un trait distinctif des « grands guides du peuple de Dieu ».

Bergoglio a un sens aigu de la valeur des institutions. Dans les exercices spirituels qu'il a prêchés aux évêques espagnols en 2006, il affirmait que « la constance apostolique (...) crée l'institution ».

> « Rien ne peut fonctionner entre les êtres humains sans institutions. Le véritable gouvernement est celui qui légifère, qui donne à son peuple des normes en héritage. L'Église est visible, elle n'est pas dans l'air. Une Église visible signifie que son organisation est perceptible par tout le monde. Une institution pastorale a un corps et une âme, c'est une tradition et un charisme, une histoire et un présent »[34].

On perçoit dans ces paroles du pape un grand réalisme quant à la vie de l'Église. D'ailleurs, Jorge Bergoglio ne provient pas d'une réalité extérieure au gouvernement de l'Église. Ce n'est ni un ermite ni un intellectuel, mais un homme qui a été, dans sa jeunesse, provincial de la Compagnie de Jésus (qui a une tradition importante de gouvernement), puis évêque auxiliaire et coadjuteur, et enfin archevêque d'un grand diocèse. Le gouvernement de l'Église catholique lui est familier.

33. Pape François, encyclique *Lumen fidei*, 2013. Il existe des cas d'encycliques préparées par un pape, mais non publiées ou complétées, qui n'ont pas été utilisées par son successeur (comme l'encyclique sur l'égalité des peuples et contre le racisme préparée par Pie XI).

34. J. M. Bergoglio-Pape François, *Amour, service et humilité*, Paris, Magnificat, 2013, pp. 63-64.

Mais le pape François sait aussi que l'Église n'est pas faite uniquement de chefs et d'institutions. Il faut l'entendre parler du peuple de Dieu : « La foi du peuple de Dieu, qui est une foi simple, peut-être sans beaucoup de théologie, mais avec une théologie intérieure, ne se trompe pas. L'Esprit est derrière (...). Ce peuple s'approche toujours de Jésus, mais parfois il est insistant. C'est l'insistance de la foi »[35]. Le pape a élaboré une « théologie du peuple », différente de la théologie de la libération qui était souvent fondée sur l'antagonisme de la lutte des classes. Pour lui, le peuple, même s'il est simple, est habité par Dieu, sujet d'un vécu religieux et humain, doué d'une intuition de foi.

Le peuple n'est pas accessoire par rapport au pape ou à la hiérarchie : il est au contraire une partie substantielle, significative et éloquente de l'Église. C'est ce qu'a affirmé le pape François au sanctuaire d'Aparecida, cœur populaire du Brésil, en rappelant que les évêques latino-américains avaient rédigé leur fameux document pendant que se déroulaient les manifestations de la piété populaire. « On peut dire que le Document d'Aparecida est né précisément de ce mélange entre les travaux des pasteurs et la foi simple des pèlerins ». Ce brassage est symbolique et vital pour le pape. Ce n'est pas du populisme. C'est l'Église, le peuple de Dieu dans toutes ses composantes, riche de tous ses parcours religieux. Pour le pape François, le peuple ne se limite pas aux pratiquants et aux chrétiens engagés ou militants : il embrasse le monde de la religiosité populaire et tous les croyants moins facilement « classables ». Pour Bergoglio, « le peuple saint,

35. Pape François, Méditation du matin dans la chapelle de la Maison Sainte-Marthe, 25 mai 2013 (en italien). Notre traduction.

fidèle à Dieu, ne se trompe pas». Pour lui aussi, le caractère populaire du christianisme n'a pas été effacé par la sécularisation: «Dans le confessionnal, on perçoit la sainteté du peuple de Dieu…»[36]. Pour répondre à la sécularisation, il ne suffit pas de construire des communautés chrétiennes minoritaires aux contours nets, mais de soutenir la foi du peuple, en communiquant l'Évangile[37]. C'est ce qu'écrivait un intellectuel uruguayen ami du cardinal Bergoglio, Alberto Methol Ferré: «Après le Concile, on a vu émerger l'idée d'un "peuple", mais ce terme a fini par devenir abstrait ou équivalent à "communauté"». C'est pour cette raison que le pape et les évêques doivent avant tout parler de Dieu au peuple, en dialoguant avec les sentiments et les questions profondes qui l'habitent.

Le pape François a choisi de miser sur le primat de la prophétie. Nul exhibitionnisme, nulle recherche du merveilleux dans ce choix, mais seulement le service de la Parole communiquée avec simplicité et sympathie. Les gens ont l'intuition que la Parole a une place dans la vie personnelle du pape. Bergoglio se dit heureux d'être prêtre. Ce n'est pas un ecclésiastique traditionnel, ni un prêtre qui a une conception cléricale de sa vie. Car, de fait, on voit réapparaître un certain style clérical, parfois en réaction à la crise des prêtres de ces dernières décennies (contestation, affaiblissement de la reconnaissance sociale, sécularisation, baisse des effectifs…). Le cléricalisme sépare le prêtre du monde des laïcs, mais paradoxalement il lui fait aussi adopter

36. E. Himitian, *François. Un pape surprenant*, *op. cit.*, p. 113.

37. Cf. A. Methol Ferré, A. Metalli, *L'America Latina del XXI secolo*, Genova-Milano, Marietti, 2006, p. 90.

des caractéristiques spécifiquement laïques, comme la fameuse « carrière ecclésiastique ». Pour le pape François, cela doit changer :

> « Mais depuis cette époque [celle de Jésus] jusqu'à maintenant, les luttes pour le pouvoir existe dans l'Église. Et même dans notre manière de parler, quand on donne à quelqu'un une charge qui est, à nos yeux, supérieure, on dit : « Cette femme a été promue présidente de cette association, cet homme a été promu. Ce verbe promouvoir. Oui, c'est une belle expression ! Doit-on l'employer dans l'Église ? Oui, cet homme a été promu à la croix, à l'humiliation. Voilà la vraie promotion qui nous fait le mieux ressembler à Jésus »[38].

Le pape Bergoglio critique la conception de la vie comme « carrière », conception qui pose parfois des problèmes (retraite, efforts pour rester compétitifs…). L'idée de progrès de la société a son revers dans la vie des individus, même des religieux. L'historien des religions Mircea Eliade a écrit à ce sujet, avec une grande finesse : « Nous sommes tous nés avec cette superstition : des places nous attendent plus haut, jamais plus bas »[39]. Voilà la superstition du progrès individuel, à l'origine de l'insatisfaction et de l'agressivité. « Nous possédons chacun une burette d'huile de lampe, poursuit Eliade, mais, au lieu de la partager en remplissant les quinquets des pauvres gens qui croupissent dans les ténèbres, nous la gardons jalousement par-devers nous, dans l'attente du fanal que nous nous croyons destinés à allumer

38. Pape François, Méditation du matin dans la chapelle de la Maison Sainte-Marthe, 21 mai 2013 (en italien). Notre traduction.

39. M. Eliade, *Océanographie*, Paris, L'Herne, 1993, p. 77.

pour qu'il éclaire le monde entier. Et pendant ce temps-là, des gens meurent à côté de nous »[40].

Le pape en appelle à une autre conception du bonheur. Il s'adresse en particulier aux milieux d'Église où survit encore une mentalité carriériste : « On trouve une autre forme de promotion, dit-il, qui n'est pas celle de Jésus, qui est mondaine. Cela a toujours existé dans l'Église, les cordées pour arriver plus haut, le carriérisme, les arrivistes, il y en a toujours eu : le népotisme, et même la simonie, mais pas celle qui consiste à payer pour devenir quelque chose, mais une simonie cachée, une simonie bien élevée »[41]. Pour lui, l'Église possède une règle d'or : « Progresser, pour un chrétien, avancer, c'est s'abaisser »[42]. Mais pour comprendre tout cela et le vivre, une réforme institutionnelle ne suffit pas, il faut ouvrir son cœur à l'Évangile. C'est pour cette raison que Bergoglio parle sans cesse de Dieu et de l'Évangile. Voilà la « prophétie » au sens évangélique.

Le pape a exposé en termes évangéliques le problème du pouvoir dans l'Église. Le mot « pouvoir » peut paraître peu édifiant, mais c'est une réalité avec laquelle il faut composer. L'antidote à la recherche ou au goût du pouvoir n'est ni l'effacement ni le refus d'aimer, de servir et de s'engager pour changer les choses. Au contraire, démissionner sous prétexte d'impuissance ou s'effacer par complaisance ou indifférence sont des attitudes de profiteur, contraires au véritable pouvoir. Il est d'ailleurs question de pouvoir dans l'Évangile : c'est « le pouvoir de chasser les esprits impurs et

40. *Ibid.*

41. Pape François, Méditation du matin dans la chapelle de la Maison Sainte-Marthe, 21 mai 2013, en italien.

42. *Ibid.*

de guérir de toutes sortes de maladies » (Mt 10,1). En grec, *exousía,* et en latin, *potestas*. Le pape François a affirmé : « La lutte pour le pouvoir dans l'Église ne doit pas exister. Ou, si nous voulons, que ce soit une lutte pour le véritable pouvoir, celui que le Christ nous a enseigné, le pouvoir du service. Le vrai pouvoir est le service, comme il l'a fait en venant non pas pour être servi mais pour servir »[43].

Oui, l'Église a un pouvoir : servir les hommes et les femmes, transformer leur condition par amour, remettre les péchés, communiquer une Parole qui ne vient pas d'elle, guérir… Le « véritable pouvoir est de baptiser, enseigner la doctrine, aider à la vivre, bénir, soigner, pardonner… »[44]. La condition de l'Église, nous l'avons déjà souligné, est agonistique, marquée par la lutte. Elle vit sur une terre où il existe aussi un pouvoir du mal. Bergoglio a une vision engagée du service de l'Église, ni béni-oui-oui, ni superficielle. Dans une page des exercices spirituels qu'il a prêchés, il indique, sur un ton militaire aux accents très ignaciens, les signaux de l'infidélité à la mission :

> « Se chamailler avec ses amis, au lieu d'affronter l'ennemi ; discuter pour savoir lequel est le plus fort du bataillon, au lieu d'obéir aux ordres du chef de l'armée et de servir ses compagnons ; semer la zizanie avec des bavardages inutiles, au lieu de se mettre humblement au travail ; adopter le style de l'ennemi, même en période de trêve ; être un charlatan tout en militant pour une grande cause ; profiter de la guerre pour se consacrer à ses propres

43. *Ibid.*
44. J. M. Bergoglio-Pape François, *Amour, Service et Humilité*, *op. cit.*, p. 109.

affaires… Le Seigneur nous invite à être fidèles jusqu'à la mort dans les grandes comme dans les petites choses »[45].

Pour participer au pouvoir que le Seigneur donne à ses disciples, quelle que soit leur fonction, il faut un esprit de service. Il est certain qu'à travers les siècles les modes de participation ont été différents. On ne peut pas juger le passé avec la mentalité d'aujourd'hui. Et il ne suffit pas d'effectuer des changements pour se libérer d'une certaine conception du pouvoir. Dans une lecture historique rétrospective, le cardinal Bergoglio a affirmé :

> « La perte des États pontificaux a été un événement positif pour l'Église parce que, comme cela, il est clair que le pape gouverne seul sur un demi kilomètre carré. Au contraire, quand la papauté avait la souveraineté spirituelle et temporelle, les intrigues de court se multipliaient. Et maintenant, n'y a-t-il plus de mélange entre les deux plans ? Si, cela arrive encore aujourd'hui parce que, malheureusement, l'ambition et l'arrivisme existent parmi les hommes d'Église. Nous sommes des êtres humains et nous pouvons être induits en tentation, nous devons être très attentifs à protéger l'onction que nous avons reçue, parce que c'est un cadeau de Dieu. Les groupes de pouvoir, qui ont existé et qui continuent d'exister dans l'Église, sont dus à notre condition humaine. Celui qui commence à en faire partie cesse d'être élu pour le service et devient quelqu'un qui décide de vivre comme il lui plaît, en se mêlant à la bassesse intérieure »[46].

---

45. J. M. Bergoglio-Pape François, *Aprite la mente al vostro cuore*, *op. cit.*, p. 161.

46. J. M. Bergoglio, A. Skorka, *Sur la terre comme au ciel*, *op. cit.*

Le pape ne croit pas qu'une réforme des structures puisse, d'un coup de baguette magique, instaurer un esprit de service. Il sait que les hommes sont fragiles et que la tentation de réduire le ministère à une logique mondaine existera toujours. Le pape conçoit le « progrès » non comme un avancement individuel, mais comme un abaissement à l'imitation de Jésus. Le progrès consiste en une meilleure compréhension du message de Dieu. Les chrétiens et l'Église grandissent dans le temps, ils doivent le faire en réalisant un « progrès ». La constitution conciliaire *Dei Verbum* sur la Révélation parle de cette « croissance » d'une manière remarquable :

> « Cette Tradition qui vient des Apôtres progresse dans l'Église, sous l'assistance du Saint-Esprit ; en effet, la perception des réalités aussi bien que des paroles transmises s'accroît, soit par la contemplation et l'étude des croyants qui les méditent en leur cœur (cf. *Lc* 2, 19.51), soit par l'intelligence intérieure qu'ils éprouvent des réalités spirituelles, soit par la prédication de ceux qui, avec la succession épiscopale, ont reçu un charisme certain de vérité »[47].

Benedetto Calati, ce spécialiste de Grégoire le Grand déjà cité, a souligné la nouveauté de cette affirmation qui faisait écho à la théologie des Pères et rompait avec les « angoisses juridiques d'une spiritualité ecclésiale tardive ». Il faut remonter aux Pères de l'Église, disait-il, « pour trouver une affirmation courageuse de l'expérience spirituelle des différents membres du peuple de Dieu, comme coefficient

---

47. Constitution dogmatique *Dei Verbum* sur la Révélation divine, n. 8.

de la *traditio ecclesiae,* à l'égal du charisme de la succession apostolique dans l'épiscopat, ce qui ne signifie pas que l'on ignore la spécificité du charisme hiérarchique »[48].

La Parole croît. Dans la grande tradition qui vient des *Actes des apôtres,* la Parole est un protagoniste, le protagoniste : « la Parole était féconde et se multipliait » (12,24). C'est le grand enseignement de saint Grégoire le Grand, qui commente le *Livre de Job* en affirmant que la Parole « est comme si elle croissait avec celui qui la lit… ». Le Concile y fait écho, lorsqu'il affirme que l'Église, « au cours des siècles, tend sans cesse à la plénitude de la vérité divine ». Et si la Parole grandit dans l'Église avec celui qui la lit, l'Église aussi progresse en esprit et en humanité. C'est cela le « progrès » de l'Église et de tout le peuple qui la forme, et ce progrès se réalise dans l'écoute de la Parole de Dieu.

Le ministère du pape se déploie dans ce cadre : prêcher l'Évangile, prophétie d'une vie nouvelle. Le pape François n'a pas la culture du projet (les fameux plans pastoraux qui se sont développés dans le catholicisme avant et après la seconde guerre mondiale, comme en réponse aux idéologies totalisantes). Bergoglio rappelle l'épisode où le roi David voulut faire le recensement de son peuple pour en vérifier les dimensions ; le peuple tomba malade de la lèpre. C'est « l'angoisse de vouloir dominer ce qui nous entoure »[49], attitude qui, avec le temps, peut finir par vider le mystère de son sens. À la Pentecôte 2013, le pape a observé : « On peut penser que sur l'évangélisation nous devons faire des programmes très

48. B. Calati, *Sapienza monastica, op. cit.*, p. 71.

49. J. M. Bergoglio-Papa Francesco, *Aprite la mente al vostro cuore, op. cit.*, pp. 197-198.

réfléchis, en pensant aux stratégies, en faisant des plans. Mais cela ce sont des outils, de petits outils. L'important, c'est Jésus et se laisser guider par Lui. Ensuite, nous pouvons établir des stratégies, mais cela est secondaire »[50]. Il faut grandir dans la foi et dans l'écoute de la Parole de Dieu ; tout le reste se mettra en mouvement de façon surprenante. Il ne s'agit pas d'ignorer le gouvernement, les décisions et les changements, qui sont une lourde responsabilité ; il s'agit d'affirmer le primat de la foi. Ainsi, la Parole grandit aussi dans le corps de l'Église avec l'« intelligence spirituelle » du peuple chrétien.

Le christianisme n'est jamais réalisé sous une forme ou sous une autre. Un grand spirituel russe, le père Alexander Men, tué par le KGB en 1990, a écrit ces paroles d'une grande profondeur :

> Il n'y a que des hommes bornés pour s'imaginer que le christianisme est achevé, qu'il s'est complètement constitué, « au IVème siècle » selon les uns, « au XIIIème siècle » ou à un autre moment selon les autres. En réalité, le christianisme n'a fait que ses premiers pas, des pas timides dans l'histoire du genre humain. Bien des paroles du Christ nous demeurent encore incompréhensibles... L'histoire du christianisme ne fait que commencer. Tout ce qui a été fait dans le passé, tout ce que nous appelons maintenant l'histoire du christianisme, n'est que la somme des tentatives... de le réaliser[51].

---

50. Pape François, Vigile de Pentecôte avec les mouvements ecclésiaux, 18 mai 2013.

51. A. Men, *Le christianisme ne fait que commencer*, Paris, Cerf, 1996, p. 49.

Pour le salut et le bonheur

Bergoglio sait que les hommes et les femmes de notre temps ne sont pas heureux. Il s'agit d'« une génération autoréférentielle, qui suit ses caprices, en fonction d'un banal "j'aime" ou "je n'aime pas" ». Pour lui, même les personnes qui se sont « réalisées » sont condamnées à être malheureuses. Les difficultés et tous les malheurs rencontrés contribuent à faire grandir cette mentalité victimiste si répandue à notre époque, encore accentuée par la crise économique. La génération actuelle est une génération qui se plaint : « Le mal vient de ce que les hommes et les femmes ne voient que leurs problèmes et se plaignent, au lieu de prier. De cette façon, l'homme (...) se transforme en victime. Il se canonise tout seul... »[52].

À une époque où l'émotivité prime, la catégorie des « victimes », catégorie qui, dans le passé, s'appliquait à ceux qui pâtissaient des grands événements historiques, a connu une extension incroyable, au point que la victime est devenue une figure importante de la société contemporaine[53]. D'où la diffusion d'une attitude victimiste qui concentre l'attention en priorité sur soi. L'héroïsme, qui s'incarnait dans une société de type patriarcal ou machiste, a laissé la place au victimisme typique des sociétés plus déstructurées. Le sociologue anglais Frank Furedi, à la fin de son beau livre sur le « nouveau conformisme », observe que notre société occidentale est imbue d'une culture thérapeutique : elle a

52. J. M. Bergoglio, *Papa Francesco. Aprite la mente al vostro cuore, op. cit.*, pp. 208-209.

53. Cf. les réflexions de P. Novick, *L'Holocauste dans la vie américaine*, Paris, Gallimard, 1999.

l'habitude de traiter les problèmes comme une maladie, plutôt que de les résoudre. Cela crée « un sentiment de vulnérabilité, d'impuissance et de dépendance »[54].

> Qu'est-ce que le bonheur dans notre société ? À cette question, Mircea Eliade répond : « Le bonheur est une question qu'il ne faut jamais se poser pour soi-même. Elle n'a de sens et de contenu effectif que si on l'envisage pour les autres. (...) Chaque fois que l'on rapporte cette notion à sa propre personne, elle perd tout son sens. (...) À l'homme conscient de ne jamais pouvoir atteindre le bonheur par ses propres moyens, avec son ascèse spirituelle, il ne reste qu'une chose à faire (...) : réaliser le bonheur d'un autre, des autres »[55].

Mais peut-on soutenir ces positions à une époque où le prochain est mort et où le moi triomphe ?

Le discours du pape Bergoglio sur l'homme et la femme contemporains dénote une grande sensibilité psychologique. Il n'évoque pas le fait que ceux-ci ne respectent pas les principes, car pour lui l'Église doit être davantage « une Église qui facilite la foi et non pas une Église qui la contrôle »[56], mais il voit qu'ils ne sont pas heureux et il comprend leurs véritables souffrances. Le dimanche des Rameaux 2013, le pape a abordé le thème de la tristesse et du pessimisme, en proposant de faire une rencontre avec Jésus : « Ne soyez

---

54. F. Furedi, *Il nuovo conformismo. Troppa psicologia nella vita quotidiana*, Milano, Feltrinelli, 2005, pp. 247-248.

55. M. Eliade, *Océanographie*, *op. cit.*, p. 73.

56. Pape François, Discours aux évêques du Conseil épiscopal latino-américain (C. E. L. A. M.), Voyage apostolique à Rio de Janeiro à l'occasion de la XXVIIIème Journée mondiale de la jeunesse, 28 juillet 2013.

jamais des hommes et des femmes tristes : un chrétien ne peut jamais l'être ! Ne vous laissez jamais prendre par le découragement ! Notre joie n'est pas une joie qui naît du fait de posséder de nombreuses choses, mais elle naît du fait d'avoir rencontré une Personne : Jésus, qui est parmi nous ». Et il conclut : « Et s'il vous plaît ! Ne vous laissez pas voler l'espérance !.... Celle que Jésus nous donne »[57].

Le problème de l'homme contemporain n'est pas qu'il se plaint et se place ainsi au centre, mais qu'il ne se reconnaît pas pécheur. Il y a là une inversion profonde : l'homme-victime est celui qui se sent créditeur de la société, tandis que l'homme pécheur est celui qui reconnaît qu'il a une dette et qui demande la rémission de sa dette. L'homme est toujours débiteur. Le pécheur peut changer : « On peut commettre des erreurs énormes, mais on peut aussi le reconnaître, changer de vie... ». La transgression nous rend humbles parce qu'elle nous fait prendre conscience que nous avons besoin de Dieu. Bergoglio fait l'éloge de la figure biblique de David, un grand pécheur, « parce qu'il a eu le courage de dire "j'ai péché". Il s'est humilié devant Dieu ». Celui qui se reconnaît pécheur, malgré les apparences contraires, est un homme qui a une espérance.

On ne peut pas tout lire et expliquer avec les catégories de la psychologie ou de la psychanalyse. Le père Turoldo écrit : « Nous sommes devenus des hommes sans remords ni péchés ». L'ancien archevêque de Canterbury, George Carey, affirmait que la psychothérapie et la psychanalyse prenaient la place du christianisme : au Christ sauveur on substitue le Christ conseiller psychologique. Bergoglio

57. Pape François, Homélie du dimanche des Rameaux, 24 mars 2013.

connaît bien le monde de la psychologie et il l'apprécie. Mais la thérapie n'est pas le salut. La conscience du péché contient en profondeur une demande de salut et un besoin radical de Dieu. L'archevêque de Buenos Aires a affirmé un jour : « Pour moi, se sentir pécheur est une des plus belles choses qui puissent arriver à une personne, à condition de la mener jusque dans ses conséquences extrêmes ». En effet « quand nous prenons conscience que nous sommes pécheurs et que nous sommes sauvés par Jésus, en nous confessant cette vérité à nous-mêmes, nous découvrons la perle cachée, le trésor enterré ». Pour Bergoglio, c'est là la grandeur de l'homme : « Seuls nous, les grands pécheurs, possédons cette grâce (...) notre état de pécheurs est notre unique gloire »[58].

Ce n'est pas là une hyperbole. Le sentiment d'être juste, d'avoir raison, d'être victime de la vie n'est pas simplement une auto-absolution : il nous durcit vis-à-vis des autres et supprime en nous le besoin de Dieu. Il ne s'agit pas de fouiller dans la vie des personnes en les mettant à nu. Jorge Bergoglio est sensible à la dimension secrète de la conscience individuelle. Dietrich Bonhoeffer rappelle que Dieu fit lui-même des vêtements aux premiers pécheurs, et il ajoute : « Il est cynique de tout mettre à nu ; et même si l'être cynique est particulièrement franc à ses yeux et se présente en fanatique de la vérité, il passe à côté de la vérité décisive qui est celle-ci : depuis la chute il doit y avoir des choses voilées et du mystère ». Il conclut : « Ce qui est caché

58. Pape François, *Je crois en l'homme*, *op. cit.*, p. 109.

ne doit être dévoilé que dans la confession, c'est-à-dire devant Dieu »[59].

La conscience du péché est la blessure de notre être. C'est pourquoi le pécheur est à la fois en demande et dans le besoin. Il n'est pas replié sur son propre ego, dans l'arrogance à l'égard des autres ou l'autosuffisance vis-à-vis de Dieu. Bergoglio aide à se libérer d'un christianisme idéologique, fait de bonne conscience et qui s'auto-absout, pour faire faire un chemin intérieur, à partir de notre être de pécheur ; c'est là le véritable « progrès » dans la vie :

> « À mes yeux, le péché n'est pas une tache dont il faut me débarrasser. Il me faut demander pardon et me réconcilier, plutôt que d'aller à la teinturerie... En tout cas, il me faut aller à la rencontre de Jésus qui a donné sa vie pour moi. Il s'agit d'une conception du péché très différente. Autrement dit : le péché assumé avec justesse est le lieu privilégié d'une rencontre intime avec Jésus-Christ le Sauveur, de la redécouverte du sentiment profond qu'il a envers moi. Enfin, c'est la possibilité de vivre la stupeur d'avoir été sauvé »[60].

Le défi d'un christianisme spirituel

Le christianisme sera-t-il la religion du XXIème siècle, d'un siècle si mondialisé ? Les temps de l'athéisme et du matérialisme dialectique marxiste sont dépassés. Si l'athéisme résiste bien dans certains milieux, il existe une

---

59. D. Bonhoeffer, *Résistance et soumission. Lettres et notes de captivité*, Genève, Labor et Fides, 2006, p. 192-193.

60. Pape François, *Je crois en l'homme*, *op. cit.*, p. 109-110.

demande bien plus vaste de réponses religieuses, mais en dehors des cadres institutionnels des religions historiques et du christianisme même. Désormais, les « produits religieux » offerts sur le grand marché des religions sont innombrables. Les mots de « spiritualité », « silence », « méditation » ne sont pas éloignés de l'expérience quotidienne comme ils pouvaient l'être dans les années soixante-dix, quand on les accusait de pousser les gens à s'évader de la réalité. Si de nombreuses études montrent que la sécularisation est avancée, la religion et la religiosité n'ont pas disparu.

Dans un livre intéressant, *Au-delà du christianisme*, Marco Vannini, spécialiste de spiritualité, soutient la thèse selon laquelle le christianisme ne tient plus devant l'analyse scientifique, mais surtout que son contenu s'est appauvri et qu'il a divorcé de la mystique, seule capable de surmonter le « dualisme » chrétien entre le moi et Dieu. Il considère que le christianisme est dans une condition de décadence similaire au paganisme antique, tandis que ses pasteurs s'« amusent » avec les « mythes bibliques »[61]. Il cite Henri Le Saux, mystique chrétien qui a exploré les voies de l'hindouisme : « Tous des masques, ces chrétiens, ces hindous, ces musulmans… L'homme ne supporte pas d'être nu devant un autre… Des masques qui collent si fort à la peau qu'on ne peut plus les décoller ». Pour Vannini, il faut construire un christianisme post-religieux pour « dépasser tout le christianisme de ces vingt siècles »[62].

L'âge postchrétien ne serait pas un âge sans religion, mais il surmonterait la « sclérose » des institutions, des

61. M. Vannini, *Oltre il cristianesimo*, Milano, Bompiani, 2013.

62. *Ibid.*, p. 304.

contradictions entre la vie et l'esprit… Cette idée, récurrente dans l'histoire du christianisme, est réapparue avec des expériences de spiritualité qui regardent ailleurs que vers les racines juives et chrétiennes. L'Orient asiatique a joué un rôle décisif, en tant que destination de nombreux voyageurs à la recherche des sources authentiques de l'esprit. Cette tendance, qui remonte au dix-neuvième siècle, s'est transformée au XXème siècle en un enthousiasme massif pour l'Extrême-Orient, semblable à celui qu'avait suscité l'antiquité gréco-latine à la Renaissance. René Guénon aurait dit que l'Orient représente la tradition perdue qu'il faut retrouver dans des sources non polluées. Pascal Bruckner a parlé d'une foule d'Européens « en quête d'un credo de substitution, poussés sur les routes par un esprit qui rejette violemment l'Europe et ses religions », perdant tout sens critique devant un maître oriental et plongeant dans un esprit de soumission[63]. Par ailleurs, les missions et les missionnaires asiatiques, bouddhistes ou hindous, proposent en Occident une multitude de parcours pour faire participer les Occidentaux aux mondes spirituels de l'Orient.

Deux grandes personnalités, Thomas Lawrence (dans le monde arabe islamique) et Mircea Eliade (en Inde), ont remarqué que dans l'expérience du passage d'un univers religieux à un autre il existe une frontière difficile à franchir. Eliade fait une observation sur sa jeunesse en Inde : « Ce que j'avais tenté, dans mon désir de m'arracher à mes racines occidentales pour mieux me fondre dans un univers spirituel

63. P. Bruckner, *Le Sanglot de l'homme blanc. Tiers-Monde, culpabilité, haine de soi*, Paris, Seuil, 1983.

exotique, équivalait au fond à renoncer avant le temps à ma créativité »[64].

Dans *Les sept piliers de la sagesse*, Lawrence raconte quant à lui son drame intérieur : « Les années d'effort pour vivre comme les Arabes et imiter leur mentalité me dépouillèrent de ma personnalité anglaise et me montrèrent l'Occident et ses convictions sous un aspect nouveau, le détruisant complètement à mes yeux. Mais en même temps, je ne sus pas m'arabiser totalement… Il est facile pour un homme de devenir un infidèle, mais difficile de se convertir à une foi nouvelle »[65].

Olivier Clément a ressenti fortement cette attraction pour l'Inde. Mais le théologien chrétien a soutenu l'originalité irréductible du christianisme face aux tentatives « orientales » de faire le vide en soi, d'absorber Dieu et l'autre dans son propre moi. L'univers différent de l'Orient, même dans ses versions consuméristes pour Occidentaux, offre une alternative à une religion trop rationnelle, sociale, vidée de sa mystique, trop institutionnelle. Bergoglio affirme : « On recherche Dieu de mille manières ; il faut veiller à ne pas retomber dans une expérience consumériste ou, au mieux, dans une "transcendance immanente" qui ne parvient pas à devenir une véritable religiosité »[66].

La spiritualité orientale représente une alternative au christianisme. Aujourd'hui, l'Église doit relever le défi du marché des produits religieux et de l'émergence d'une spiritualité postchrétienne, là où elle affrontait celui de

64. M. Eliade, *Océanographie*.

65. T. H. Lawrence, *Seven Pilars of Wisdom*, 1922. N. T. : traduction personnelle.

66. J. M. Bergoglio, *Papa Francesco. Aprite la mente al vostro cuore*, *op. cit.*, p. 76.

l'athéisme de masse il y a quelques décennies. Devant cette réalité, on ne peut se contenter de mépriser l'ensemble de ces propositions alternatives (sur lesquelles il y aurait, bien sûr, beaucoup à dire et à réfléchir). Le défi est une interrogation. Le problème des chrétiens est peut-être qu'ils ont le cœur trop vide pour transmettre le sens de la recherche de Dieu et qu'ils ne sont guère attractifs. Bien peu savent communiquer la joie de la foi.

Or une vie chrétienne intérieure a une capacité d'attraction et de communication. Le christianisme que propose Bergoglio, dans le sillage d'une grande et ancienne tradition, n'est pas vidé de sa dimension intérieure, n'est pas uniquement préoccupé de diffuser telle valeur ou de réaliser telle œuvre. « Ce qui est fondamental et qu'il faut dire à tous les hommes, c'est de rentrer en soi… C'est cela le cœur de la question : se contenir ». L'expansion de l'ego dans une vie autocentrée amenuise la dimension intérieure. Le pape a une vive perception du problème qui est celui de tant d'adultes aujourd'hui : l'expansion de l'ego, qui auto-condamne au vide intérieur et à la recherche d'une hégémonie sur les autres.

L'invitation du pape François est celle-ci : « Ce que je dis à l'homme, c'est qu'il ne doit pas connaître Dieu par ouï-dire. Le Dieu vivant est celui que tu verras de tes propres yeux à l'intérieur de ton cœur ». Ce ne sont pas des chemins réservés à une aristocratie spirituelle. La conviction que la spiritualité serait réservée à des spécialistes s'est trop répandue. Par de nombreux aspects, une spiritualité élevée est liée à une piété simple, à la piété du peuple de Dieu. Bergoglio parle d'une foi vécue par les simples. Il cite souvent le cas de sa grand-mère, qui lui a beaucoup appris la simplicité et la profondeur. Tous les chrétiens, et pas seulement les spécialistes, sont appelés à vivre un christianisme spirituel.

Le pape François rappelle que « l'expérience spirituelle de la rencontre avec Dieu ne se maîtrise pas ». En accord avec les mystiques et la théologie orientale, il insiste sur la « dimension apophatique », sur une parole qui dit ce que Dieu n'est pas, plutôt qu'elle n'affirme ce qu'il est : « Les théologies qui ont cherché à définir avec certitude et précision les attributs de Dieu, qui ont eu la prétention de dire entièrement comment il est, moi aussi je les qualifierais d'arrogantes »[67]. Et il observe : « On croit parfois tenir en main la vérité, mais il n'en est rien ».

Il faut revenir à un christianisme évangélique : c'est la véritable réponse à la soif confuse de spiritualité de l'Occident. Il n'est pas nécessaire de se déraciner pour se transplanter dans d'autres mondes, il faut simplement retrouver ses racines chrétiennes et entrer plus profondément dans la vie spirituelle. Ce chemin intérieur ouvre à la découverte de Dieu, intimement liée à celle de l'autre. Dieu ne peut être réduit à mon ego. En homme de prière, le pape François explique que prier consiste au contraire à sortir de soi, à effectuer un exode hors de son propre ego, même lorsque l'on prie pour soi : « Emprunter le chemin de la prière signifie savoir sortir de soi. Cela ne veut pas dire fuir, ni s'aliéner, mais se mettre à la disposition du Père qui nous conduit vers la terre promise. Parfois, cela équivaut à un exil ». Prier, c'est

67. J. Bergoglio, A. Skorka, *Sur la terre comme au ciel*, *op. cit.*, p. 29-30.

s'exiler de son cœur calcifié par une vie de repli sur soi. « La prière est parole et écoute »[68].

> « Dans la prière, le silence de vénération s'accompagne d'un genre de marchandage, comme quand Abraham négocie avec Dieu pour les punis de Sodome et Gomorrhe. Moïse aussi négocie au nom de son peuple, il cherche à convaincre le Seigneur de ne pas le punir. C'est une attitude courageuse qui, avec l'humilité et l'adoration, est indispensable à la prière »[69].

Comme cela apparaît déjà dans les pages de l'Évangile ou dans les demandes de guérison, la prière du chrétien est marquée par sa vie et ses épreuves. La prière n'est pas déconnectée de notre existence humaine personnelle ou de celle des autres ; elle inclut les questions et les besoins. Par ailleurs, en se mettant au service des pauvres et en s'approchant de leur chair souffrante, on se prépare à la prière. François affirme même : « L'acte de justice que l'on commet en aidant son prochain doit être une prière en soi »[70].

Le christianisme évangélique de Bergoglio revêt une dimension spirituelle profonde et simple, mais aussi une dimension d'amitié avec les hommes, surtout avec les plus pauvres. Il ne s'agit pas d'une voie pour une avant-garde engagée ou pour une aristocratie de l'esprit, pour ceux qu'il appelle les « chrétiens amidonnés ». C'est une proposition faite au peuple : « Lorsque cette Parole a été accueillie par un peuple, incorporée dans sa culture cette synthèse est ce

68. J. M. Bergoglio-Papa Francesco, *Aprite la mente al vostro cuore*, *op. cit.*, p. 187 sq.

69. J. M. Bergoglio, A. Skorka, *Sur la terre comme au ciel*, *op. cit.*, p. 68.

70. *Ibid.*, p. 73.

que nous appelons religiosité populaire », disait-il en 2005. Bergoglio a souvent parlé de la foi qui s'exprime dans le sanctuaire argentin de Notre Dame de Luján, où l'on voit bien que la question de Dieu n'est pas épuisée : « Il y a peut-être moins de monde dans les églises (…) mais la quête religieuse ne s'est pas éteinte, elle reste forte, peut-être un peu désorientée, et se déroule à l'extérieur des structures institutionnelles. Pour moi, le vrai défi auquel doivent faire face les chefs spirituels aujourd'hui, c'est de trouver le moyen de canaliser cette force »[71]. Le pape François soutient qu'il faut parler aux personnes avec les clés de leur « culture maternelle », c'est-à-dire avec l'alphabet de leur peuple.

Méfiant vis-à-vis de la quête du miracle, des prophéties et du culte du prodige, phénomènes qui, paradoxalement, se diffusent à notre époque sécularisée, le pape raconte cette histoire pleine d'humanité. Un père de famille, ouvrier électricien, apprend un jour que sa fille de sept ans est en fin de vie et qu'il n'y a plus rien à faire pour la sauver. Le soir même, il court au sanctuaire de Luján. Le pape raconte : « Il s'est mis à prier la Sainte Vierge, les mains agrippées au portail en fer, et il priait, et il pleurait et il demandait. Il est resté là toute la nuit, luttant avec Dieu pour obtenir la guérison de sa petite fille ». Le matin, il est retourné à l'hôpital et a trouvé sa femme qui pleurait d'émotion : sa fille était inexplicablement guérie. Et le pape François de faire ce commentaire :

> « Cela se produit encore, les miracles existent ! Mais la prière, une prière courageuse, qui lutte pour obtenir ce miracle… Pas ces prières de politesse : « Je prierai pour

71. *Ibid.,* p. 235.

> toi... », non, une prière courageuse qui lutte, comme celle d'Abraham qui lutte pour sauver la ville, comme celle de Moïse qui restait les bras levés et qui se fatiguait, en priant le Seigneur, comme celle de tant de personnes qui ont la foi et qui prient avec foi. La prière fait des miracles et nous devons le croire »[72].

Le pape est convaincu que la prière n'est pas une thérapie pour obtenir la tranquillité, mais une lutte dans la compassion et dans la foi. La prière peut changer le monde parce qu'elle déplace les montagnes, comme l'affirme Jésus dans l'Évangile. Même un incrédule, quand il demande à Jésus de l'aider à surmonter son incrédulité, peut prier avec force : « Une prière humble et forte permet à Jésus d'accomplir le miracle... La prière pour demander un miracle, pour demander une action extraordinaire, doit être une prière qui nous engage tous... Dans la prière, il faut s'impliquer tout entier »[73].

La prière est aussi un acte de responsabilité de la part des chrétiens. Bergoglio observe que parfois les chrétiens peuvent se sentir fatigués et vaincus. Ils tombent alors dans le pessimisme et dans des choix réducteurs, autoréférentiels, défensifs, en pensant qu'il ne leur reste qu'à travailler pour survivre. Il rappelle qu'Abraham, lui, ne s'est pas résigné devant le destin de Sodome : « Chez Abraham, c'est son sens de la responsabilité qui a prévalu... Il ne se satisfait pas d'une seule demande, il sent qu'il doit intercéder pour sauver la situation, il perçoit qu'il doit lutter avec Dieu, se

---

72. Pape François, Méditation du matin dans la chapelle de la Maison Sainte-Marthe, 20 mai 2013 (en italien). Notre traduction.

73. *Ibid.*

lancer dans un long et difficile bras de fer». C'est cela, prier avec *parrhèsia*: «Ne pas être tranquille une fois que l'on a demandé quelque chose. L'intercession chrétienne implique que nous insistions jusqu'au bout»[74].

C'est ainsi que la prière chrétienne manifeste le sens de la responsabilité à l'égard de parties du monde qui sont peut-être loin, des lieux de souffrance que notre regard rejoint: voilà la «domination» chrétienne par la souveraineté de l'amour. «Abraham n'était pas un habitant de Sodome mais il avait pour ce peuple pécheur les mêmes sentiments que si c'était son enfant… et il décide de miser sur lui. Sa décision est courageuse, au risque d'irriter le Seigneur». C'est de cette façon que prie un chrétien simple, sans ressources particulières, qui se sent touché par une situation lointaine difficile. «L'intercession n'est pas pour les personnes faibles. Nous ne prions pas pour jouir d'une harmonie intérieure[75] purement esthétique. Quand nous prions, nous luttons pour notre peuple». La prière fatigue et donne la paix en même temps, «la fatigue et la paix vont ensemble dans le cœur de celui qui prie»[76].

La révolte de l'esprit

Malgré le consensus général qui se dégage en faveur du pape, quelques doutes s'expriment sur la dimension concrète de son programme. Tout cela ne se réduit-il pas à de belles affirmations trop simples? Les questions se bousculent. Le pape François fera-t-il une grande réforme? Son pontificat

74. J. M. Bergoglio, *Solo l'amore ci può salvare, op. cit.*, p. 133.
75. *Ibid.*, p. 134.
76. *Ibid.*, p. 137.

décevra-t-il les attentes ? Certes, depuis son élection, au fil des mois, il a pris des décisions importantes concernant la structure de l'Église. Mais si l'on veut comprendre le pape François, il faut d'abord écouter ses homélies et ses discours. S'il fait le choix de la parole, ce n'est pas pour la dispenser du haut d'une chaire, mais pour communiquer une vérité avec amour, en l'accompagnant même de gestes de tendresse. Le pape l'a redit : il veut être avant tout un pasteur, l'évêque de Rome. Son premier ministère est la parole, et non un *flatus vocis*. On se rappelle ce qu'il a dit dans la basilique Saint-Paul, au début de son ministère :

> « Cela a une conséquence dans notre vie : se dépouiller de beaucoup d'idoles petites et grandes que nous avons, et dans lesquelles nous nous réfugions, dans lesquelles nous cherchons et plaçons bien des fois notre sécurité. Ce sont des idoles que nous tenons souvent cachées ; elles peuvent être l'ambition, le carriérisme, le goût du succès, le fait de se mettre soi-même au centre, la tendance à dominer les autres, la prétention d'être les seuls maîtres de notre vie, quelques péchés auxquels nous sommes attachés, et beaucoup d'autres. Ce soir, je voudrais qu'une question résonne dans le cœur de chacun de nous et que nous y répondions avec sincérité : ai-je pensé, moi, à cette idole cachée que j'ai dans ma vie et qui m'empêche d'adorer le Seigneur ? »[77]

Ces paroles qui identifient les « idoles » du monde contemporain et de l'Église ont un ton prophétique. Le pape veut conduire à une rencontre avec Dieu et proposer un chemin de

77. Pape François, Homélie de la messe dans la basilique Saint-Paul-hors-les-murs, 14 avril 2013.

croissance spirituelle et humaine. Il s'adresse à la conscience d'un peuple nombreux qui, curieusement, vient l'écouter en masse depuis le début de son pontificat. Plus le pape s'exprime ainsi, plus les personnes s'approchent. Cela révèle clairement combien une parole comme la sienne est nécessaire. Cette attention du peuple semble presque confirmer le choix que fait le pape de communiquer par la sympathie. Si ce pape n'a pas une culture du projet ou une mentalité à faire des plans, il n'est pas pour autant désorganisé ni trop spontané. Le pape communique l'Évangile. Libre à ceux qui l'écoutent d'accueillir sa parole et de s'en sentir responsables. Chez lui, rien ne s'impose ni ne ressemble à des préceptes. De même, dans l'Église, le modèle pastoral qu'il propose peut être reçu ou refusé par les évêques et par les autres responsables.

On peut cependant se demander aujourd'hui si l'Église, au-delà des appels qu'elle lance, ne doit pas mener une politique « concrète ». Dans un monde liquéfié, l'Église ne risque-t-elle pas de rester abstraite et insignifiante ? Le grand défi du pape François est justement de parler au cœur des hommes et des femmes, pour que la Parole de Dieu les touche et change leur vie. Seuls des hommes et des femmes au cœur nouveau pourront inaugurer une nouvelle saison de l'histoire (qu'elle soit grande ou petite). Le pape n'est nullement résigné devant les souffrances des peuples et des pauvres, nullement silencieux devant les idoles, le drame des hommes désespérés, la crise de la famille, des pays entiers qui perdent leur poids et leur sens : ce monde connaît trop d'injustices et d'iniquité qui sont, selon lui, l'expression du pouvoir d'attraction et de domination du mal. Le monde vit aussi une situation tragique. C'est l'analyse qui ressort clairement de ses discours et de ses écrits. Bergoglio n'est pas le pape simple d'un monde liquéfié dans lequel on ne peut pas faire grand-chose et où il faut se limiter au spirituel. Il ne parle pas de manière évasive et n'élude pas la dimension concrète de l'histoire. Et ce sera plus en plus visible. Il veut changer le monde, parce que trop de personnes vont mal et que le mal est trop puissant.

Le pape François possède la « force faible » de la prédication chrétienne. Il ne propose pas une idéologie chrétienne. Et encore moins – ce serait impossible – une hégémonie chrétienne pour imposer une foi. L'histoire de l'Occident a connu une fracture entre le christianisme et l'humanisme. Bergoglio a une sensibilité proche de celle d'Henri de Lubac, qui voyait dans l'« humanisme athée » le drame des derniers siècles.[78] Même si les Pères du monde moderne (Feuerbach, Marx, Nietzsche, Freud...) pâlissent, selon l'heureuse expression de Clément, « leur pensée nous imprègne et imprègne l'esprit du temps ».

À Noël 1943, au cœur de la Seconde Guerre mondiale, Lubac écrivait que l'homme avait désormais montré que le monde pouvait s'organiser sans Dieu. Depuis, plus d'un demi-siècle d'histoire a confirmé abondamment cette interprétation. En effet, le monde et la vie s'organisent sans Dieu. Lubac notait : « Il est vrai, toutefois, que, sans Dieu, on peut en fin de compte l'organiser [le monde] contre l'homme. L'humanisme exclusif est un humanisme inhumain ».[79] Bergoglio partage cette analyse. Il faut donc parler de Dieu aux hommes pour que, de leur vécu et de leur pensée,

78. Cf. H. de Lubac, *Le drame de l'humanisme athée*, *op. cit.*
79. *Ibid.*

renaisse ou se renforce un humanisme « humain », qui ne soit ni exclusif ni fermé à l'expérience religieuse.

En 1979, dans un livre intéressant intitulé *La révolte de l'Esprit,* Clément écrivait dans son introduction : « Au moment où les techniques, sociologiques et psychologiques aussi, voudraient tout expliquer par ce monde et tout guérir à l'intérieur de ce monde (sauf la mort), l'Esprit nous rappelle violemment que personne n'est de ce monde mais que, dans la communion des personnes – dont la Trinité est l'exemple, la source et le lieu –, le monde peut enfin respirer ».[80] Tel est le défi d'un humanisme chrétien capable de renaître de son vécu. Le monde change quand les hommes et les femmes renaissent de l'Esprit, même de manière silencieuse ou cachée. L'ensemble de toutes ces existences ainsi vécues représente, pour Clément, la « révolte de l'Esprit » qui, « en pénétrant dans l'histoire, l'ouvre à une bénédiction insolite ». Ce n'est pas une stratégie ni un plan d'action, mais l'humble cheminement d'hommes de foi qui peuvent cependant déplacer des continents, même s'il leur semble qu'ils ne font que creuser un trou dans le sol ou ouvrir seulement un espace dans les consciences. Un grand poète musulman de l'Inde du vingtième siècle, très aimé au Pakistan, Muhammad Iqbal, écrit dans une poésie intitulée « Le destin », en 1936 :

> Non, tout autre est le sens de la résignation à l'Éternel !
>
> Aie donc l'ardeur de grandir, ose !... L'espace n'est pas si étroit !

80. O. Clément, *La révolte de l'Esprit*, Paris, Stock, 1979, p. 11.

Oh, homme de Dieu ! Le Royaume des cieux n'est pas étroit ![81]

Dans un monde difficile, l'espace des croyants n'est pas étroit, pourvu qu'ils aient l'humilité de l'habiter patiemment et qu'ils ne soient pas à la recherche de raccourcis inutiles et éphémères. Le pape François regarde ce monde et ses habitants avec sympathie, mais il rappelle sans cesse que tout ne se résout pas et n'est pas contenu dans ce qui se voit et ce qui se touche, que tout ne tourne pas autour de l'ego, devenu si fort et si gonflé, et pourtant douloureux. À une époque éclairée par les projecteurs de l'information, on ne perçoit pas la dimension spirituelle qui est au-delà de la réalité, mais qui en fait partie intégrante. L'histoire est traversée par des courants profonds, ceux de l'esprit et de l'amour, qui finissent par bouleverser la réalité.

Le pape François a affirmé : « Notre foi est tellement révolutionnaire que cela la rend perpétuellement susceptible d'être mise à l'épreuve par l'ennemi ». Au Brésil, le pape a été très exigeant avec les jeunes : « Je vous demande d'être révolutionnaires, je vous demande d'aller à contre-courant ; oui, en cela je vous demande de vous révolter contre cette culture du provisoire, qui, au fond, croit que vous n'êtes pas en mesure d'assumer vos responsabilités, elle croit que vous n'êtes pas capables d'aimer vraiment »[82]. Il faut remarquer l'emploi non rhétorique des mots « révolution » et « révolutionnaire », qui ont désormais pratiquement disparu du vocabulaire politique. Le pape invite à vivre le christianisme

81. M. Iqbal, *Poesie*, Parma, Guanda, 1956, p. 94.

82. Pape François, Discours aux volontaires, Voyage apostolique à Rio de Janeiro à l'occasion de la XXVIIIème Journée mondiale de la jeunesse, 28 juillet 2013.

comme une révolution et à être des acteurs du changement. C'est ce qu'il a dit aux jeunes de toutes les nations, rassemblés à Rio de Janeiro pour les Journées mondiales de la jeunesse :

> « Je suis les nouvelles du monde et je vois que de nombreux jeunes, en tant de parties du monde, sont sortis sur les routes pour exprimer le désir d'une civilisation plus juste et fraternelle.... S'il vous plaît, ne laissez pas les autres être protagonistes du changement ! Vous, vous êtes ceux qui ont l'avenir ! Vous... Par vous l'avenir entre dans le monde. Je vous demande aussi d'être protagonistes de ce changement. Continuez à vaincre l'apathie, en donnant une réponse chrétienne aux inquiétudes sociales et politiques, présentes dans diverses parties du monde. Je vous demande d'être constructeurs du monde, de vous mettre au travail pour un monde meilleur »[83].

Clément souligne le caractère révolutionnaire de la foi chrétienne. Mais il observe que « si le chrétien n'est pas révolutionnaire au sens d'une révolution mythique, il sait que le christianisme renferme une puissance révolutionnaire, celle du Christ vainqueur de la mort, une puissance qui peut transformer la structure de la personne »[84]. C'est un changement profond. Parce que « si cette transformation s'opère simultanément chez beaucoup, dans la communion, alors le monde aussi commence à changer et une civilisation est fondée ». La foi et la vie d'un grand nombre créent une nouvelle réalité.

---

83. PAPE FRANÇOIS, Discours lors de la veillée de prière avec les jeunes, Voyage apostolique à Rio de Janeiro à l'occasion de la XXVIIIème Journée mondiale de la jeunesse, 27 juillet 2013.

84. O. CLÉMENT, *La révolte de l'Esprit*, *op. cit.*, p. 226..

Jorge Bergoglio se veut chrétien avant tout et il invite les autres à l'être avec lui. À l'homme et à la femme d'aujourd'hui, il demande de se reconnaître pécheurs. Avec Grégoire le Grand, il leur dit : « Reconnais ton médecin ! ». Il le dit à la société. Dieu est le véritable médecin de la condition humaine. Bergoglio indique une alternative à l'égocentrisme. Il montre la voie du bonheur de se donner aux autres, du bonheur de celui qui ouvre son cœur à Dieu. C'est la vraie grandeur de beaucoup d'hommes et de femmes du monde entier, y compris des petits. Avec Jean Chrysostome, Bergoglio affirme : « Si tu ne fais pas de bien aux autres, tu ne feras rien de grand ». La grandeur consiste à faire du bien aux autres.

La conversion à Dieu entraîne une révolte de l'Esprit, un parcours humaniste qui, même s'il est caché, a une valeur significative pour l'humanité, précisément à cause de l'amour qu'il sème. C'est un chemin qui exige de la patience et beaucoup d'espérance, qui passe par l'obscurité et qui connaît des jours lumineux. Mais il est créateur d'une humanité nouvelle parce que consciente que tout ne se réduit pas à la tragédie de l'un ou à la comédie de l'autre. Les personnes recommencent à marcher avec Dieu. Elles découvrent une grande vision qui ne s'épuise pas dans une vie personnelle ni dans la génération actuelle. C'est l'histoire ancienne de l'exode d'Israël, devenue la transhumance de peuples croyants, qui irradient l'amour, qui transforment, humanisent et libèrent. La terre ne sera jamais le paradis. Mais les portes des « prisons » de l'existence et des esprits s'ouvrent. Le monde peut devenir plus humain.

La proposition du pape Bergoglio, vécue dans la communion de nombreux croyants, peut devenir une véritable révolution, une révolte dans l'Esprit. C'est un grand travail, humble et patient. Pour en saisir la portée, il faut apprendre à déchiffrer les courants profonds de l'histoire et ne pas se limiter aux sondages et à la surface des choses. Dans les années trente, le moine Silouane du mont Athos affirmait ceci :

> « L'unité ontologique de l'humanité totale est telle que toute personne qui surmonte en elle-même le mal, inflige une si grande défaite au mal cosmique que les conséquences de cette victoire se répercutent d'une manière bénéfique sur les destinées du monde entier… Un seul saint est un fait extrêmement précieux pour l'humanité tout entière »[85].

C'est le pari du chrétien, le pari du pape François : la valeur universelle d'un homme qui se convertit et qui est vainqueur du mal. Le christianisme ancien convertissait les souverains pour pouvoir baptiser les peuples. Ce fut une grande histoire, mais aussi une grande illusion. Aujourd'hui, la sainteté d'un homme, la conversion d'une femme, la foi de beaucoup dans l'avènement d'une communion sans frontières, constituent une réalité qui parcourt l'histoire en profondeur et en ébranle la surface. Et l'histoire est pleine de surprises.

---

85. Archimandrite Sophrony, *Saint Silouane l'Athonite (1866-1938). Vie-Doctrine-Écrits*, Paris, Cerf, 2010, pp. 223-224.

Table des matières

www.editions-emmanuel.fr

web

Dépôt légal : février 2015 N° imprimeur : 021550745
Imprimé en France par Présence Graphique - Monts.